Más Allá del
Firmamento

Más Allá del Firmamento

Perseverando en tu Caminata con Dios

WAGNER MÉNDEZ

MÁS ALLÁ DEL FIRMAMENTO: PERSEVERANDO EN TU CAMINATA CON DIOS

Categoría: Espiritual/Religión/Motivacional/Instrucción

Copyright© 2012 Wagner Méndez
Todos los derechos reservados

ISBN-13: 978-1523611249
ISBN-10: 1523611243

Library of Congress Control Number: 2016909384
CreateSpace Independent Publishing Platform, North Charleston, SC

Autor: Wagner Méndez

Diseño de portada: Aristóteles Morel

DEDICATORIA

Con dolor y alegría al mismo tiempo, me place dedicar este libro a personas que realmente perseveraron en su caminata con Dios y que tuve el honor de conocer y, en algún momento, de unirme en su caminata.

José Flores, Barry Beaty, María Delgado, Damian Jean-Baptiste, Rut Espinal, Wilner Cornely, Verónica Serrano y Deyanira Benítez.

Sus vidas y perseverancia, a pesar de las adversidades, inspiraron a quienes les conocimos y compartimos con ustedes algunos de sus años de existencia terrenal.

AGRADECIMIENTOS

En mi vida como cristiano he aprendido que para perseverar en mi caminata con Dios debo recurrir directamente a la fuente de sabiduría, la Biblia, y apegarme también a una vida de oración. Sin embargo, también me he dado cuenta que es difícil mantenerse en la carrera si no se cuenta con personas a nuestro lado que nos ayuden a vencer los obstáculos que enfrentamos.

Cuando pasamos por tiempos en los cuales queremos darnos por vencidos, verdaderos amigos que nos dicen la verdad con amor nos ayudan a enfrentar las situaciones. A veces no es fácil aceptar los consejos que nos van a ayudar a ser mejores para Dios, pero cuando los aceptamos, nos fortalecemos. Desde el comienzo de mi vida como cristiano siempre he contado con esos buenos amigos para ayudarme. Ellos me han inspirado a ser mejor para Dios y me han enfrentado cuando me he puesto de cabeza dura y he querido hacer las cosas a mi manera. Gracias al grupo de hermanos y hermanas que me ayudaron en Puerto Rico a dar mis primeros pasos, en especial a Jesús Nieves, a Jesús Cruz, a Rafael Ojeda, a Juan Carlos Polanco, a Roberto Carrillo, a Raúl Vásquez, a Brenda, a Nurys, a Wilma, a Cristella, a Aurora, a Ignacio y a Lourdes. Gracias al equipo misionero que vino a plantar la iglesia a la República Dominicana, John, María Santillana, Raquel, Dennis Santiago, Amauris Brea, Eva Acosta, Rosa Aponte y todos los demás que pusieron su granito de arena para ayudarme. Este libro es también propiedad de ustedes.

Gracias especiales a mi esposa Guarina Germán por siempre estar observando cada uno de mis pasos para ayudarme a mantenerme fiel a mi Dios. Aunque las correcciones y consejos no siempre los veo bien, entiendo que es una forma que Dios ha utilizado para ayudarme a no confiar en mí mismo. Gracias a mis hijas Gianna y Shainy por ayudarme a buscar la forma de aprender cómo no enfocarme solo en cuidarme a mí mismo, sino a cuidarlas a ellas.

Gracias también a mis padres Cheché y Milena por no dejarme solo en mi caminata con Dios y entender el propósito de Dios y seguirlo. Ustedes me dieron el privilegio de poder vivir más tiempo con y cerca de ustedes luego de mi partida de casa en mi adolescencia.

Gracias a Irvin y a Romelia por sembrar en mí el deseo de buscar de Dios estando lejos de mi tierra. Ustedes me ayudaron a que mi enfoque en mi vida de estudiante en los Estados Unidos no fuera solo en estudiar, sino en que pensara también en buscar de Dios.

Gracias a todos mis amigos y amigas de nuestra iglesia en la República Dominicana. Juntos realmente hemos ayudado a muchas otras personas a llegar al reino de Dios. Hemos disfrutado de las bendiciones de nuestro Dios y también nos hemos fortalecido venciendo obstáculos en tiempos difíciles.

CONTENIDO

PRIMERA PARTE:
SENTANDO BASES FIRMES

SEGUNDA PARTE:
VENCIENDO LOS OBSTÁCULOS

TERCERA PARTE: QUE SUS EJEMPLOS NO SEAN EN VANO

PRÓLOGO

Perseverar en nuestra caminata con Dios es verdaderamente un reto. También es algo fácil si decidimos de todo corazón apegarnos a los principios bíblicos. Como pastor principal de la Iglesia de Cristo de Santo Domingo y miembro del equipo original que plantó la iglesia en el año 1994, he visto personas venir a los pies de Jesús, mantenerse por un tiempo y luego dejarse vencer por las adversidades y, lamentablemente, abandonar. También he visto cómo personas han decidido mantenerse apegadas a los principios bíblicos que se les han enseñado y, conjuntamente con su gran corazón para darlo todo para Dios, mantenerse firmes y convertirse en personas de grandes convicciones para servir en el reino y ayudar a muchas otras a hacer lo mismo.

En Más Allá del Firmamento: Perseverando en tu Caminata con Dios, mi amigo y hermano Wagner Méndez, el cual también es miembro de ese equipo original que regresó a la República Dominicana en el 1994, presenta una excelente estrategia para perseverar. Utilizando esta misma estrategia muchos hemos perseverado y nos hemos fortalecido espiritualmente. Lo mismo puedes tú hacer si decides tomar el reto y aplicar estos principios.

Wagner no ha sido una de esas personas que siempre hemos estado involucradas a tiempo completo en el ministerio. Él sí ha mantenido siempre el enfoque de ser una ayuda para cubrir cualquier necesidad y estar siempre presto a ser un brazo de apoyo. Él ha pasado por situaciones muy retantes en su caminata con Dios desde el principio de hacerse un discípulo en Puerto Rico a finales del año 1993 y ha vencido todos los obstáculos que se le han presentado. Él nos presenta lo que él ha aprendido a través de la Biblia y a través de su interrelación con los demás en el reino, y lo que también ha estado haciendo para ayudar a muchas otras personas a venir a los pies de Jesús y mantenerse firmes. Esto incluye a su papá y a su mamá, personas que originalmente ni siquiera creían en la Biblia.

Comenzando por la primera parte del libro, Wagner nos presenta en detalle, y con su peculiar estilo simple de escribir, pero apegado a los principios bíblicos, elementos que, puestos en práctica, nos ayudan a sentar una base sólida para perseverar en nuestra caminata con Dios. Estos han sido principios que han guiado a muchos discípulos de Jesús a perseverar, a crecer, a fortalecer sus convicciones para Dios y a causar un gran impacto para llevar la palabra de Dios a diferentes rincones de la República Dominicana. Es una forma de poner en práctica la gran comisión de Jesús en Mateo 28:18-20 de ir a la gente de todas las naciones y hacerlas sus discípulos. El ejemplo de estos discípulos también ha sido una gran inspiración para muchas otras iglesias a nivel mundial.

En esta parte quiero resaltar el Capítulo V sobre la crucifixión de Jesús. Es cierto que cada uno de estos capítulos es importante para sentar esa base sólida, pero el entender a profundidad la crucifixión de Jesús es algo fundamental para perseverar. Si entendemos todo lo que Jesús pasó y su impacto, viviremos siempre agradecidos y ese enfoque nos ayudará a vencer cualquier obstáculo. Es imposible que pasemos por una situación más difícil que la que Jesús pasó. Con esa perspectiva y enfoque venceremos cualquier barrera que se nos presente en nuestra caminata con Dios.

En la segunda parte, el libro describe diferentes situaciones que debemos vencer para perseverar. Cada discípulo está expuesto a enfrentar todos estos obstáculos. Los mismos son retantes, pero con una base sólida como la descrita en la primera parte, es mucho más fácil vencer. Cada discípulo de Jesús hoy día se va a enfrentar con obstáculos en el ambiente académico, en el ambiente laboral, en la vida diaria e inclusive en la misma iglesia. Para vencer dichos obstáculos hay que estar preparado y tener principios firmes. Esos principios nos ayudan a tomar las mejores decisiones cuando tenemos que actuar. Sin esos principios, podemos ser vencidos cuando enfrentemos situaciones difíciles y nos dejaremos ahogar por las innumerables situaciones de este mundo, tal y como se describe en la parábola del sembrador en Marcos 4:1-8.

En la tercera parte, vemos ejemplo de personas que han sido verdaderos héroes en la fe para cada uno de nosotros. Si ellos perseveraron, nosotros también podemos hacerlo. Hoy en día hemos visto, posiblemente, mucho más que lo que ellos vieron en su tiempo.

Hoy, a diferencia de nuestros hermanos en el Antiguo Testamento, tenemos el ejemplo de Jesús. Él nos inspira por su sacrificio y su amor incondicional. También tenemos el poder del Espíritu Santo que nos ayuda a vencer cualquier situación que enfrentamos cuando nos dejamos guiar por él.

Considero que no tenemos excusa alguna para no perseverar en nuestra caminata con Dios.

Wagner concluye con la inspiración de otros ejemplos vivientes y con una gran promesa de Dios. Estos ejemplos los tenemos hoy entre nosotros. Ellos también son una inspiración. Además, cuando nos mantenemos fieles a Dios, él no nos abandona. Podemos pasar por el valle más triste y la situación más dolorosa, pero unidos a nuestro Dios y con el corazón de siempre serle fiel, podemos confiar plenamente que venceremos cualquier obstáculo y recibiremos su prometida recompensa, tanto aquí en la tierra como en el cielo.

Este libro es un excelente recurso para todo aquel que quiera perseverar en su caminata con Dios. Si ya lo estás haciendo, te exhorto a continuar poniendo en práctica estos principios y seguir peleando la buena batalla. Si estás en el proceso de llegar a Dios, úsalo como base y apégate a estos principios. Así como los mismos nos han dado resultado poniéndolos en práctica y entrenando a otros, también te servirán para hacer lo mismo.

Ángel Martínez
Pastor Principal y Evangelista Internacional
Iglesia de Cristo de Santo Domingo

Introducción

Con la intención de compartir mi experiencia académica con personas que nos siguen los pasos, en el año 2007 comencé a escribir un libro, el cual finalmente se publicó en abril del 2008 con el título "Estrategias y Tácticas para la Excelencia Académica". Más tarde me surgieron otras ideas y entre febrero y abril del 2009 publiqué otros tres libros, incluyendo uno de poesías con composiciones que había comenzado a escribir desde los 14 años.

Estos libros han sido fuente de inspiración para que otras personas se enfoquen en la búsqueda de la excelencia académica, profesional y empresarial. Inclusive, muchas personas que pensaban que no tenían el talento para hacerlo se han inspirado a escribir. Esto ha sido un beneficio colateral y la retribución de tomar la decisión de poner en marcha iniciativas de este tipo.

A raíz de mis publicaciones y como cristiano que soy, mi buen amigo y hermano, Jesús Cruz, me retó a escribir un libro con enfoque espiritual. Realmente me puso un gran reto. Siempre había pensado que escribir un libro de este tipo era una tarea de los ministros. Ellos están enfocados en trabajar a tiempo completo para el ministerio. Sin embargo, tomé el reto, como una forma de motivarme a mí mismo, ya que los psicólogos dicen que nadie motiva a nadie, sino uno mismo.

Cuando decido tomar el reto de escribir este libro de inspiración espiritual, paso por el proceso acostumbrado de pensar mucho para ver qué escribir. Me pregunto qué puede escribir alguien que todo el tiempo ha estado luchando por mantenerse a flote espiritualmente y que ha visto a muchas otras personas crecer en el reino a un ritmo más acelerado. Pero pensando también en que a pesar de todas las pruebas que he pasado en mis más de veinte años de cristiano, me he mantenido fiel y con convicciones más profundas cada día sobre mi relación con Dios, consideré que lo más adecuado era escribir un libro sobre perseverar en nuestra caminata con Dios. Además, en mis años como discípulo de Jesús han sido muchas las lágrimas que he derramado al ver personas que aman a Dios abandonarlo por dejarse atrapar por las redes del mundo y de Satanás. Nunca se me olvidan esas lágrimas derramadas al lado de un teléfono público en Puerto Rico al recibir la noticia de que María se había ido de la iglesia por haberse involucrado en una relación que no agradaba a Dios. También mantengo el dolor en mi corazón por la partida de Magalys, la cual siempre albergo la esperanza de un día recibir la noticia, como muchas que he recibido, de que está de regreso caminando con Dios. Estos son dos ejemplos que se mantienen vivos en mi corazón. Puedo mencionar el caso de Gabriel, Omar, César, Rubén, Norberto Reynoso, Nelly y muchos más.

También me hice la pregunta sobre qué título ponerle a un libro como éste. Mi último libro publicado sobre excelencia profesional se titula "El Firmamento es tu Límite". Si he escrito un libro con un título como ése, el cual se limita a la excelencia que no sobrepasa los límites de este mundo, consideré que un título que le iba bastante bien a éste era "Más Allá del Firmamento". Los beneficios de perseverar en nuestra caminata con Dios van más allá de lo imaginado. Obtenemos beneficios en esta vida al vivirla tal y como fue diseñada por Dios y, al final, obtenemos el mayor de los beneficios, al mantenernos al lado de nuestro creador por toda la eternidad.

También me hice la interrogante sobre el objetivo principal de un libro como éste. Me puse a pensar que ante Dios las cosas más grandes que hacemos en este mundo son insignificantes. Cuando hacemos exactamente lo que debemos hacer para Dios, aunque a veces queremos enorgullecernos por ello, Dios considera que simplemente estamos cumpliendo con nuestro trabajo (Lucas 17:7-10). En vez de hacer grandes cosas para tratar de impactar a Dios, impactar a los demás y llenar, inclusive, nuestro ego, lo más importante es que podamos mantenernos fieles a él hasta el final y poder decir como dijo Pablo: "He peleado la buena batalla, me he mantenido fiel...". (2 Timoteo 4:7). Mantengámonos fieles a Dios. Corramos con fortaleza y al final recibiremos la recompensa. No sirve de nada mantenernos fieles hasta el 99.99% de nuestras vidas. Si al final desistimos, es como si nunca nos hubiéramos mantenido fieles (Ezequiel 18:21-28).

Espero que este libro sea una fuente de inspiración para que jóvenes cristianos puedan fortalecer sus convicciones sobre su relación con Dios. Espero que el mismo sea también una buena fuente de referencia para personas con más tiempo como cristianas. Y, ¿por qué no?, que también pueda generar ideas a predicadores para preparar buenos mensajes de inspiración para sus iglesias. Espero que no sea para mantener a un grupo de personas en una iglesia avejentando sin convicciones, sino que les pueda retar a seguir el ejemplo de Jesús y estar dispuestas, inclusive, a dar sus vidas en la cruz por mantener sus convicciones. Amén.

PRIMERA PARTE

SENTANDO BASES FIRMES

WAGNER MÉNDEZ

Capítulo I

Definiendo la Perseverancia

"Después de escalar una montaña muy alta, descubrimos que hay muchas otras montañas por escalar."

- NELSON MANDELA

Cuando pienso en perseverancia me llega a la mente la frase que he oído desde niño que dice que el que persevera triunfa. La perseverancia es una cualidad que debemos cultivar y poner en práctica en cada aspecto de nuestras vidas. Puede ser en la vida cotidiana, en la vida profesional o en nuestra caminata con Dios.

Es seguro que cada uno de nosotros tiene una historia de éxito que contar en la cual se ha mostrado la perseverancia para el logro de algún objetivo. Yo, particularmente, tengo muchísimas. He tenido que vencer muchos obstáculos económicos, religiosos y sociales para llegar al punto donde estoy hoy, tanto en mi vida profesional como en mi vida espiritual. He perseverado en mis objetivos y he logrado más de lo que me he propuesto. Ahora bien, entiendo que lo que he logrado hasta el momento no serviría de nada si no persevero hasta el fin en mis convicciones hacia mi relación con Dios para al final lograr la corona que Dios me tiene reservada en el Cielo.

La perseverancia es la constancia en la virtud y en mantener la gracia hasta la muerte.

Como una forma de sentar las bases para el aspecto fundamental sobre el cual gira este libro, discutamos un poco sobre la definición y el significado de la perseverancia. Veamos algunas fuentes y lleguemos a lo más relacionado con nuestro propósito de perseverar en nuestra caminata con Dios.

El "WordReference.com" define la perseverancia como "Constancia, firmeza o tesón en la realización de algo". Ser perseverante significa que hay que ser constante en lo que se quiere lograr. Hay que mantenerse firme en el propósito.

Por otro lado, el Diccionario de la Real Academia Española de la Lengua (DRAE) tiene una definición muy interesante. Yo realmente quería una definición así y no me imaginaba que la iba a encontrar tan apegada a mi propósito en un diccionario regular. El DRAE dice que la perseverancia es la constancia en la virtud y en mantener la gracia hasta la muerte.

Según esta última definición, no hay un punto intermedio hasta el cual debamos perseverar en nuestra caminata con Dios que no sea hasta la muerte física y la partida de este mundo. El perseverar hasta un punto menos que la muerte significa un fracaso total. Sí, así mismo. Si no llegas hasta la meta, lo has perdido todo. Es posible que en la vida podamos establecer metas y si perseveramos hasta lograr el objetivo propuesto podemos considerar que hemos sido personas exitosas. Pero cuando se trata de perseverar en nuestra caminata con Dios, no hay otro punto que no sea hasta el final.

Si no llegas hasta la meta, lo has perdido todo.

Ahora bien, hemos visto la perseverancia desde su definición como sustantivo. Sabemos que como cristianos debemos ser personas de acción. Intrínsecamente el sustantivo no conlleva a la acción, el verbo sí. Veamos entonces qué nos puede agregar la aserción de perseverancia como verbo, es decir, perseverar.

Perseverar es un verbo intransitivo que el WordReference.com define como "continuar con constancia lo que se ha empezado" y también dice que es "durar permanentemente o por largo tiempo". Vemos en estas definiciones el sentido de continuar sin parar. Es entregar todo el corazón a lo que nos hemos propuesto. Sin embargo, podemos ver también que cuando menciona "por largo tiempo", se puede interpretar que podemos ser vencedores si duramos mucho tiempo haciendo algo para lograr un objetivo.

En el caso de la perseverancia en nuestra caminata con Dios, mucho tiempo no tiene otro sentido que no sea toda la vida. Debemos tomar acción y mantenernos enfocados siempre hasta el final. No podemos bajar la guardia.

La definición del DRAE dice "mantenerse constante en la prosecución de lo comenzado, en una actitud o en una opinión". Ambas definiciones son similares. Sin embargo, me llama la atención la definición del DRAE por incluir la expresión "en una actitud".

Quiero resaltar la palabra "actitud". Si queremos perseverar en nuestra caminata con Dios, nuestra actitud es clave para lograr la meta. La actitud nos da la energía y las fuerzas para lograr nuestros objetivos. A veces pensamos que no podemos lograrlos. Pero si tenemos la actitud correcta, y ¿por qué no decir también la fe?, vamos a lograrlo y perseveraremos hasta el final.

Nuestra actitud es clave para lograr la meta.

A veces no tenemos la actitud correcta y necesitamos un cambio de mentalidad. Thomas y Sheila Jones lo plantean bastante bien en su libro "Mind Change" (Cambio de Atitud.. por así traducirlo). Ellos describen el cambio de actitud como uno de los elementos básicos para vencer cualquier obstáculo que se presente en el camino. Una escritura que citan y sobre la cual se basa su libro es Romanos 12:2, la cual dice:

> *"No vivan ya según los criterios del tiempo presente; al contrario, cambien su manera de pensar para que así cambie su manera de vivir y lleguen a conocer la voluntad de Dios, es decir, lo que es bueno, lo que le es grato, lo que es perfecto".*

Podemos encontrarnos con obstáculos que vencer y pueden parecer insuperables. Con un cambio de actitud, las herramientas y la motivación adecuada vamos a ser más que vencedores.

No existe mejor motivación para perseverar que el ejemplo que nuestro Señor y Salvador Jesús nos dio. Él venció todos los obstáculos que se le presentaron en la vida. Él perseveró hasta el final. Luego Dios lo exaltó y le dio el más alto de los honores (Filipenses 2:5-11).

Con un cambio de actitud, las herramientas y la motivación adecuada vamos a ser más que vencedores.

Es muy difícil, y podríamos decir imposible, perseverar hasta la muerte si no tenemos la misma actitud que tuvo Cristo Jesús. Un libro como éste sería inútil si no se enfoca en analizar las características de Jesús y los detalles de la crucifixión para perseverar hasta el final. A través de todo el libro se hará referencia a Jesús y a la cruz. Sin mantenernos enfocados en Jesús y en lo que hizo en la cruz por cada uno de nosotros, (y espero que cada lector lo personalice), no perseveraremos en nuestra caminata con Dios. Además, uno de los capítulos es dedicado exclusivamente a la crucifixión y el impacto que causa en nuestras vidas. Hebreos 12:2-3 dice:

> *"Por eso, nosotros, teniendo a nuestro alrededor tantas personas que han demostrado su fe, dejemos a un lado todo lo que nos estorba y el pecado que nos enreda, y corramos con fortaleza la carrera que tenemos por delante. 2 Fijemos nuestra mirada en Jesús, pues de él procede nuestra fe y*

él es quien la perfecciona. Jesús soportó la cruz, sin hacer caso de lo vergonzoso de esa muerte, porque sabía que después del sufrimiento tendría gozo y alegría; y se sentó a la derecha del trono de Dios". Por lo tanto, mediten en el ejemplo de Jesús, que sufrió tanta contradicción de parte de los pecadores; por eso, no se cansen ni se desanimen.

Veamos también el ejemplo de Pedro. Él tuvo el honor de ser el único, además de Jesús, de caminar sobre el agua. Mientras mantuvo su mirada fija en Jesús, pudo lograrlo. Pero, ¿qué pasó? Cuando desvió su mirada de Jesús comenzó a hundirse. Lo mismo pasa con nosotros en nuestra caminata con Dios. Nos mantenemos firmes cuando estamos apegados a Jesús y lo imitamos. Cuando nos dejamos ahogar por los problemas de este mundo, comenzamos a hundirnos y a desviarnos. Reflexionemos sobre la parábola del sembrador en Marcos 4:1-8, la cual transcribo a continuación.

La combinación de trabajo y oración es poderosa.

Otra vez comenzó Jesús a enseñar a la orilla del lago. Como se reunió una gran multitud, Jesús subió a una barca que había en el lago, y se sentó, mientras la gente se quedaba en la orilla. Entonces se puso a enseñarles muchas cosas por medio de parábolas.

En su enseñanza les decía: «Oigan esto: Un sembrador salió a sembrar. Y al sembrar, una parte de la semilla cayó en el camino, y llegaron las aves y se la comieron. Otra parte cayó entre las piedras, donde no había mucha tierra; esa semilla brotó pronto, porque la tierra no era muy honda; pero el sol, al salir, la quemó, y como no tenía raíz, se secó. Otra parte de la semilla cayó entre espinos, y los espinos crecieron y la ahogaron, de modo que la semilla no dio grano. Pero otra parte cayó en buena tierra, y creció, dando una buena cosecha; algunas espigas dieron treinta granos por semilla, otras sesenta granos, y otras cien.»"

Y no puedo terminar este primer capítulo sin enfatizar el poder de la oración en la perseverancia en nuestra caminata con Dios. En mis primeros días como cristiano oí que alguien dijo que cuando estemos orando debemos orar como si todo dependiera de Dios. Debemos pensar que no tenemos poder alguno para llevar a cabo lo que queremos. Debemos depender de Dios. Eso no significa que no debamos trabajar y poner de nuestra parte. Realmente, después de terminar de orar debemos comenzar a trabajar como si ahora todo dependiera de nosotros. La combinación de trabajo y oración es poderosa.

Veamos el ejemplo de la viuda y el Juez (Lucas 18:1-6). En nuestra caminata con Dios, debemos ser persistentes en lo que queremos lograr. Hay cosas que pueden lucir imposibles. Si oramos y somos persistentes, no hay barrera que no podamos vencer. Esta viuda fue persistente y pudo, con la ayuda de Dios, hacer que este juez cambiara de actitud y la ayudara con su necesidad. Realmente el juez no cambió su actitud hacia la vida y cómo veía las cosas. Él cambió para ayudarla.

Un ejemplo de perseverancia que también quiero resaltar es el de Damián Jean-Baptiste. Ningún mortal de los que lo conocíamos nos imaginábamos que partiría tan rápido a estar con el Señor. Pero fue alguien que perseveró en su caminata con Dios y hoy está junto a él. Damián recorrió muchos lugares, desde los Estados Unidos hasta La India y diferentes lugares en El Caribe, con el único propósito de hacer discípulos de todas las naciones. También fue un padre espiritual para nuestra iglesia en la República Dominicana y una gran inspiración para mí personalmente desde antes de comenzar

Si oramos y somos persistentes, no hay barrera que no podamos vencer.

nuestra misión en el país. Cuando me hice cristiano en Puerto Rico, pude también compartir con él en la primera conferencia de iglesias del Caribe en Kingston, Jamaica, en el año 1994.

Personalmente puedo decir que he sido una persona que he perseverado en mis propósitos, tanto para Dios como en la búsqueda de mis propósitos personales antes de conocerlo. Aún sin conocer a Dios y enfocado exclusivamente en lo que en sí competía con el tiempo que podía dedicarle a él, mis estudios, yo sentí que tarde o temprano llegaría a él.

En mi búsqueda de generar poesías, en los alrededores del 1987 escribí una inspiración que titulé "Toda una Vida". Ésta describía que al final de una vida tendré que llegar a Dios. Esta composición se quedó perdida en mis libros y mascotas de apuntes, pero déjenme hacer un esfuerzo por trascribir lo que escribí aquella vez.

Toda una vida
Toda una vida cabalgando por el inmenso mundo del amor
Toda una vida
Toda una vida buscando explicaciones y sin poder comprender......
Toda una vida
Toda una vida con un corazón sediento y buscando entender
Toda una vida
Toda una vida envuelto en mis propósitos y sin a ti recurrir
Pero estoy convencido que aunque sea después de toda una vida, a ti llegaré…...
Luego continuaba describiendo todos los atributos que yo entendía que Dios poseía y por qué tenía que recurrir a él.

Realmente estaba luchando por continuar haciendo las cosas a mi modo.

No tenía disposición de dedicar tiempo para buscar de él. Pero en lo más profundo de mi corazón moraba ese gran deseo de buscarlo y conocerlo.

¿Entiendes lo que significa perseverar? Decide que lo vas a hacer. No trate. Decide. Persevera y disfrutarás el dulce de la miel que Dios te tiene, tanto en este mundo como en el más allá.

REFLEXIONES

1. ¿Qué significa perseverar para ti personalmente?

2. ¿Qué estás dispuesto/a a hacer para perseverar en tu caminata con Dios?

3. ¿Tienes tu propia historia o testimonio de perseverancia?

Capítulo II

Escucha la Voz de Dios y Deja que Él te Escuche

"En la pugna entre el arroyo y la roca, siempre triunfa el arroyo... no porque sea muy fuerte, sino porque persevera."

- H. JACKSON BROWN

Yo describo la vida cristiana como algo fácil y retante al mismo tiempo. Si hacemos las cosas básicas que debemos hacer como cristianos, nuestra caminata será fácil, aunque los retos no desaparecen. Si no hacemos las cosas básicas que debemos hacer para mantenernos firmes, el poco tiempo que duremos como cristianos lo viviremos como una vida de tormentos y con una carga más allá de lo que podemos soportar. Ese tiempo se puede tornar en la peor pesadilla. Y el problema es que esa situación no solo afectará a la persona individualmente, sino que ese sentimiento será transmitido a otras personas que quisieran buscar de Dios. Esto se puede comparar con el estudiante mediocre que nunca aprueba una asignatura y que luego trata de convencer a otros estudiantes de que el profesor es una "piedra".

¿Quieres perseverar en tu caminata con Dios? ¿Quieres experimentar del gozo de Jesús al caminar por esta tierra a pesar de las persecuciones? Escucha la voz de Dios y deja que él te escuche. Aférrate al estudio de la Biblia y a la oración. Sí, Wagner, pero ¿cómo lo hago si no conozco las Escrituras y no encuentro quién me enseñe? Me encuentro con gente en la calle que me entrega un tratado y no están dispuestas a dedicar un tiempo para sentarse conmigo. Dicen que están muy ocupadas. O asisto a la iglesia que me invitan y simplemente tengo que conformarme con escuchar el mensaje que a veces no entiendo y nadie se junta conmigo a estudiar la Biblia. O a veces me llaman a que pase hacia adelante y no quiero pasar vergüenza o tomar una decisión sobre algo que no tengo convicción. Y otras cosas similares.

Aférrate al estudio de la Biblia y a la oración.

Precisamente en ese mismo punto me encontraba yo a finales del año 1993. Y permítanme hacerles el recuento. Espero poder llegar a un punto donde parar y, cómo dice mi esposa, no adornar donde no debo. Te digo que hay esperanza y que cerca de ti hay personas totalmente comprometidas a dedicar tiempo para enseñarte la Biblia, dedicar el tiempo que sea necesario, sufrir si es necesario por ayudarte a entender lo que te sea difícil, enseñarte todo el proceso que debes seguir para que crees tus propias convicciones, enseñarte cómo entrar a formar parte del Reino de Dios, ayudarte a que hagas lo mismo y a cuidarte siempre para que te mantengas fiel y perseveres hasta el final cuando recibas tu recompensa en el cielo. Y cuando pases por tiempos difíciles en tu caminata con Dios y vengan las persecuciones, tendrás amigos a tu lado para ayudarte a vencer a través de la palabra de Dios. ¿Te parece interesante? Esto es posible. Me sucedió a mí y a muchas otras personas que estaban desesperadas por conocer una forma de llegar al Reino de Dios y mantenerse fieles y con convicciones profundas.

Dios usa todos los medios para que lleguemos a él.

Realmente, Dios trabaja de una forma sorprendente. Aunque yo tenía la esperanza de que al final de una vida iba a llegar a Dios, tenía una red muy fuerte que me ataba y que pensaba que me iba a limitar en mi conocimiento de él. Sin embargo, Dios usa todos los medios para que lleguemos a él. Cuando menos yo pensaba que Dios podía trabajar en mi vida, él estaba preparando el camino.

Como estudiante, yo era un "ratón de biblioteca". Yo no aceptaba que nada ni nadie compitiera con el tiempo de mis estudios. Y Dios se regocijaba sabiendo que estaba preparándome el camino. Fue precisamente por méritos académicos que logré salir de la República Dominicana a estudiar a los Estados Unidos y tener la oportunidad de conocer personas que me entusiasmaran a asistir regularmente a una iglesia. Aunque aparte del mensaje que escuchaba no tenía a alguien que me enseñara individualmente la palabra de Dios para ayudarme a crear convicciones profundas, mi deseo de mantenerme fiel a Dios nunca cambió a partir de ese tiempo. Cada día yo quería conocer más de su palabra. Ciertamente me era difícil leer la Biblia por mí mismo y sin una buena orientación. Yo entendía que lo que hacía significaba vivir una vida como Jesús quería. Pero no. Había mucho más que aprender todavía.

A mi regreso a la República Dominicana, mantenía mi fuego interno sobre mantenerme fiel a lo que conocía. Siempre estaba compartiendo lo que tenía con otras personas. Como estaba viviendo en Santiago de los Caballeros, siendo profesor en la universidad, cada vez que tenía que viajar a Santo Domingo, me paraba en el camino y trataba de darle bola (raite, pon, cola, o como se le quiera llamar en diferentes países hispanos) con la finalidad de compartir la fe que tenía en ese entonces y ayudar a que la gente buscara de Dios. Dios veía lo que hacía y continuaba trabajando su plan para con mi vida.

Los tiempos como profesor en la universidad y como consultor eran bien retantes. La carga de trabajo era fuerte y yo entendía que la vida era más que trabajar. Con menos de un año trabajando para la universidad, luego de mi regreso de los Estados Unidos, Dios pone en mi corazón el deseo de renunciar. Yo quería tener más tiempo para dedicárselo a él. Renuncié en septiembre de ese mismo año y me mudé a Santo Domingo. Esto fue un paso intermedio para lo que significaría mi gran aventura y solidez en mi caminata con Dios.

En Santo Domingo busqué una iglesia similar a la que asistía en Santiago, la cual también era parecida a la que yo asistía en los Estados Unidos. Se cantaban las mismas canciones, aunque en español y yo me las sabía en inglés, y había también un grupo de misioneros de los Estados Unidos. En Santo Domingo mi enfoque era en preguntar bastante sobre cómo dar más para Dios y que me enseñaran más sobre la Biblia.

Luego de dos meses viviendo en Santo Domingo, recibí una invitación para ir a México o a Puerto Rico a conocer una iglesia muy impactante y de la cual había un equipo misionero formándose en Nueva York, pero que no iría a Santo Domingo hasta mediados del año siguiente (1994). Desde México me enviaron por fax una serie de estudios bíblicos para que estudiara. Wow!!!. Esos estudios realmente me ayudaron a abrir mis ojos y a ver de una forma organizada sobre cómo podía aprender más de lo que significaba ser un cristiano, a tener convicciones profundas en la palabra de Dios, a ver el sacrificio que Jesús hizo por mí en la cruz, a entender el significado de una iglesia y todo lo que yo tenía que hacer para pasar de la oscuridad, en dónde realmente estaba viviendo, a pesar de estar asistiendo a la iglesia, a la luz. Pero todavía necesitaba de muchas otras orientaciones de otras personas para poder poner en práctica todo eso.

Al final de esos dos meses en Santo Domingo y a través de la coordinación de mi "amiga" en México, el pastor de la iglesia en Puerto Rico, me llamó a Santo Domingo. Ya yo tenía información de las coordinaciones que estaban haciendo. Cuando recibí su llamada, la cual fue la segunda que había hecho a la casa y eran casi las doce de la noche, sentí una gran alegría.

Luego de un rato de conversación, vino el reto. Era mediado de la semana y este hombre me invita a que esté en el servicio de su iglesia el domingo siguiente en Puerto Rico. Mi gran deseo de que me enseñen la Biblia me conllevó a no vacilar. Inmediatamente comencé a hacer planes para asistir. Ya en ese tiempo, luego de dos meses trabajando como supervisor de ventas para una empresa comercial en Santo Domingo, me habían despedido, conjuntamente con el otro supervisor, para contratar a un gerente de ventas. Ese despido fue parte del entrenamiento en humildad que Dios me comenzaba a dar. Mi orgullo me conllevaba a pensar que jamás empresa alguna se iba a dar el lujo de prescindir de mis servicios. Gracias a Dios también que cuando sucedió yo vi el cielo abierto. Ya yo estaba buscando la oportunidad de conocer la iglesia y la oportunidad había llegado. Dios estaba preparando el camino.

El sábado siguiente, 4 de diciembre del año 1993, tomé un avión y volé a Puerto Rico. Sentía gran entusiasmo, pero no entendía la magnitud de todo lo que Dios estaba preparando para mí. Esa misma tarde comencé a estudiar la Biblia. Este realmente fue el comienzo de mi caminata con Dios. Me ayudaron a crear convicciones profundas, a moldear mi corazón, a entender lo que significaba ser un discípulo de Jesús, a vivir agradecido y a entender qué hacer para entrar en el reino de Dios. Estuve dispuesto a tomar el reto y el viernes siguiente, 10 de diciembre a la media noche, fui bautizado para formar parte del reino de Dios.

¿Creen que todavía yo entendía la magnitud del compromiso que estaba asumiendo? Yo cría que sí. Pero la magnitud era mucho más de lo que yo me imaginaba. El reto grande vino cuando yo pensaba que el 20 de diciembre, tal y como tenía planeado al comprar mi vuelo de regreso, regresaría a Santo Domingo a esperar que el equipo misionero llegara de Nueva York a mediados del año siguiente. Pero el reto fue que me quedara en Puerto Rico, manteniéndome con mis pocos ahorros, hasta que se enviara el equipo misionero a Santo Domingo. Tomé el reto. Estuve dispuesto a vender todo lo que tenía y a invertir mis ahorros para sostenerme en Puerto Rico. Eso significó olvidarme de mi proyecto empresarial que había comenzado con un amigo y a estar dispuesto, inclusive, a pedir pasaje, de vez en cuando, para moverme de la casa a la Universidad de Puerto Rico, donde teníamos charlas bíblicas con el ministerio universitario.

Para perseverar debemos tener un ferviente amor por Dios y su palabra.

Regresé a Santo Domingo el 20 de diciembre como tenía planeado originalmente, pero listo para regresar el día 30 para despedir el año con la iglesia y quedarme hasta que el equipo misionero llegara a Santo Domingo. En esa Navidad tuvimos un servicio navideño con las personas que vinimos de vacaciones, entre las que estaban la Dra. Cristella Gutiérrez, Nurys Saldaña, Damaris de Miami y María Santillana (Hart). Tuvimos dos visitas. Qué reto para mí. Dirigir un grupo de la iglesia con menos de un mes de bautizado. Fue una buena experiencia. Después de regresar a Puerto Rico, duré allá hasta junio, cuando regresé con el equipo misionero a plantar la iglesia. Bueno, el seguir escribiendo sería comenzar a describir la historia de nuestra iglesia en Santo Domingo, todos los retos que vencimos y todas las bendiciones que hemos recibido. Esto será un tema para un próximo libro. A través de este libro iré describiendo situaciones particulares por las cuales he pasado y todas las enseñanzas que me han ayudado a perseverar.

Para perseverar en todo ese tiempo en Puerto Rico y luego en la República Dominicana, he necesitado enfocarme en escuchar a Dios y dejar que él me escuche, es decir, en apegarme a la lectura de mi Biblia y a la oración. Estas fueron enseñanzas que recibí durante mis entrenamientos para convertirme en un cristiano y han sido aspectos que me han continuado ayudando de ahí en adelante.

Para perseverar debemos tener un ferviente amor por Dios y su palabra. Necesitamos ver los grandes planes que Dios tiene para cada uno de nosotros y estar dispuestos a buscarlo de todo corazón (Jeremías 29:11-13). Necesitamos hacer nuestra la Palabra y siempre ponerla en práctica (Proverbios 2:1-5). Con esto sentamos una gran base. Pero necesitamos continuar valorando la palabra de Dios.

La escritura mencionada anteriormente en Jeremías también nos muestra que debemos dejar que Dios escuche nuestra voz. El versículo 12 dice: *"Entonces ustedes me invocarán, y vendrán a mí en oración y yo los escucharé"*. La oración, es decir, hablar con Dios, es esencial para llegar a conocerlo verdaderamente y perseverar en sus caminos. Dios quiere que hablemos con él como se habla con un amigo. Él siempre está presto para escucharnos y para responder nuestras oraciones. Dejemos nuestras cargas a él.

¿Consideras que es posible perseverar en nuestra caminata con Dios sin un conocimiento pleno de las Escrituras? Imposible. Para perseverar necesitamos conocer los fundamentos y la importancia de la Biblia. Necesitamos entender que la Biblia es la palabra de Dios y que es el manual para nuestras vidas (2 Timoteo 3:16-17). Toda la Biblia está inspirada por Dios y es útil para aprender a tener una relación con Dios y perseverar. Sin entender este fundamento es imposible continuar aprendiendo de la Biblia y entender otros aspectos más profundos.

> *Dios quiere que se hable con él como se habla con un amigo.*

Me he encontrado en situaciones con personas con un algún deseo de conocer las Escrituras. Hacen preguntas sobre temas profundos, pero no conocen los fundamentos. Situaciones de esta naturaleza, si no cambian en la persona, hacen que lleguen a una iglesia y que su permanencia sea efímera. Si de veras quieres perseverar, necesitas buscar aprender los fundamentos. Necesitas dejar que se te enseñe. Por cuenta propia es difícil entender todo lo que debes aprender de las Escrituras.

Un complemento a lo expuesto anteriormente es entender también que no debemos buscarle la quinta pata al gato tratando de hacer interpretaciones de las Escrituras a nuestro antojo. Nadie tiene el derecho de interpretar la Biblia de una forma particular (2 Pedro 1:20-21). Dios no es ambivalente. Dios envía mensajes claros a través de las Escrituras. De acuerdo a esta escritura, ni siquiera los profetas hablaron por cuenta propia. Ellos simplemente hablaban de parte de Dios dirigidos por el Espíritu Santo. Ahora bien, si ni siquiera ellos hablaban por cuenta propia, ¿quiénes somos nosotros para darle nuestra propia interpretación a la Biblia? Aceptemos la palabra de Dios tal y como es. Aunque a veces no entendemos, debemos seguir profundizando en el estudio de la Biblia para entender, crear nuestras convicciones y perseverar en nuestra caminata con Dios.

En ocasiones nos encontramos con personas que están buscando de Dios y consideran que el simple hecho de creer en Dios es suficiente. En una ocasión, Jesús estaba hablando con judíos que habían creído en él y fue claro al decirles que para ser sus verdaderos discípulos tenían que mantenerse fieles. Haciendo eso iban a conocer la verdad y la verdad los iba a hacer libres (Juan 8:31-32). Creer en Jesús no es suficiente. ¿Tú crees que Satanás cree en Dios? Definitivamente. Él cree más que cualquier humano. La diferencia es que él cree, pero no es fiel a sus enseñanzas.

Hay un poder extraordinario cuando creemos en Jesús y nos mantenemos fieles a sus enseñanzas. Ahora bien, ¿qué significa fidelidad? La fidelidad nunca puede ser a medias. La fidelidad debe ser 100%. Cuando estás en una relación de pareja es difícil que la otra persona te acepte como fiel si no lo es 100%. Me imagino que en una relación de parejas tú no te conformarías con alguien que te sea fiel 99.999999% de las veces. Tu exigirías 100% de fidelidad. Así mismo es Dios y mucho más celoso aún (Éxodo 20:5).

A veces sentimos que no tenemos las fuerzas para cambiar y nos desanimamos. Pero debemos confiar en el poder de la palabra de Dios. Debemos hacer nuestra parte de decidir depender de ella y dejar que ella haga su trabajo en nosotros. Hebreos 4:12 dice: *"Porque la palabra de Dios tiene vida y poder. Es más aguda que cualquier espada de dos filos, y penetra a lo más profundo del alma y del espíritu, hasta lo más íntimo de la persona; y somete a juicio los pensamientos y las intenciones del corazón".* Cuando leamos la Biblia, dejemos que su poder trabaje en nosotros, nos cambie y someta a juicio nuestros pensamientos e intenciones. No podemos usar como estándar de nuestras vidas el estándar de la sociedad, sino el estándar de Dios.

También continúa diciendo la escritura en el versículo 13 que "Nada de lo que Dios ha creado puede esconderse de él; todo está claramente expuesto ante aquel a quien tenemos que rendir cuentas". Un día nos encontraremos cara a cara con Dios y tendremos que rendir cuentas. Dios nos da la oportunidad de cambiar y ser personas nuevas. Debemos aprovechar esa oportunidad y cambiar ahora. El conoce el mínimo detalle de lo que hacemos en nuestra intimidad. Podemos engañar a las personas, pero nunca a Dios. El ve todo lo que hacemos.

En tu búsqueda de conocer a Dios y perseverar en sus caminos debes también cerciorarte que te enfocas en seguirlo con un corazón genuino y con convicciones de lo que haces. No debes seguir a Dios simplemente por seguir una tradición. Debes ver lo que las escrituras te dicen y no lo que la gente te ha inculcado desde tu niñez. El seguir tradiciones te puede convertir en una persona religiosa; el indagar en las

No debes seguir a Dios simplemente por seguir una tradición.

Escrituras y decidir obedecerlas te va a convertir en una persona de convicciones profundas hacia Dios y su relación con él. Jesús enfrentó fuertemente a los fariseos que simplemente se enfocaban en seguir tradiciones de hombres y se olvidaban de las enseñanzas de Dios (Mateo 15:1-9).

Algunas personas se enfocan en asistir a una iglesia específica simplemente porque ha sido la tradición familiar. Estas personas no se detienen a estudiar las Escrituras para crear sus propias convicciones. Es posible que se mantengan fieles a lo que están haciendo. Sin embargo, cuando llegan los verdaderos retos de la vida y verdaderas exigencias de hacer lo que Jesús exige ponen una excusa para mantenerse haciendo lo que tradicionalmente han hecho.

También debo destacar que hay muchas personas que han seguido tradiciones simplemente porque no han conocido la verdad a través de las Escrituras. Cuando se les ha enseñado, han sido radicales, han cambiado y se han convertido en cristianos de convicciones profundas que hoy han contribuido a llevar el mensaje de Jesús a muchos rincones de sus países y del mundo.

Permítanme resaltar el ejemplo de mi papá, el don Cheché. Si algunas personas están limitadas a hacer lo que Dios exige por seguir tradiciones, mi papá estaba a un nivel más bajo todavía. Él no creía ni siquiera en las Escrituras. Su teoría era que la Biblia había sido escrita por los ricos para engañar a los pobres. Decía también que él no le iba a bajar su cabeza a nadie en oración para que los poderosos se queden con los ojos abiertos y lo engañen. Él consideraba que la oración y el enfoque en seguir las Escrituras era una forma de alienación de las clases sociales. Además, mi papá sentía una gran desconfianza hacia los asuntos religiosos al ver personas religiosas a su alrededor que para nada eran un ejemplo de lo que significaba ser un cristiano. Tal era su desmotivación.

El enfoque de mi papá era poder ayudar a sus compañeros agricultores a través de las asociaciones rurales. Ese mismo sentimiento lo transmitió a mí. Posiblemente esto me limitó por un buen tiempo a buscar de Dios. Yo quería hacerme profesional para volver al campo a ayudar a los agricultores en la misma dirección que mi papá lo estaba haciendo. Eso era también seguir la tradición de mi papá. Inclusive, mi papá se acercó a la iglesia católica en su comunidad no porque estaba interesado en asuntos religiosos, sino por el trabajo social que veía que la iglesia estaba haciendo en favor de las comunidades.

Gracias a Dios que él me abrió las puertas y me llamó para que conociera sus caminos. Tan pronto yo pude conocer, me di cuenta que lo que había conocido sobre cómo ser un cristiano era justamente lo que veía que mi papá andaba buscando siempre. Recuerdo un comentario que alguien me hizo una vez al enterarse de que yo era cristiano. Me dijo: "a que no te atreves a hablarse de esas cosas a Cheché". Sin embargo, yo tenía la plena convicción de que cuando mi papá viera lo que las Escrituras dicen iba a tener un corazón abierto para Dios. Y justamente, ese fue el caso.

Mi papá estuvo dispuesto a trasladarse de su comunidad de El Estero de Neiba, en el suroeste de la República Dominicana, a unas cuatro horas y 220 kilómetros de la ciudad capital para asistir al primer servicio que se iba a tener en Santo Domingo para comenzar nuestra iglesia. Llegó con mi mamá y se unió al equipo misionero para invitar personas al primer servicio. Además, comenzó a estudiar la Biblia antes del primer servicio. Mi papá quedó tan impactado que de ahí en adelante jamás ha dejado de estudiar su Biblia. Una de sus preguntas fue: "¿y eso es lo que dice la Biblia? "Si eso es lo que dice la Biblia, yo quiero hacerlo". A mi papá se le vio el corazón de un discípulo de Jesús desde el primer momento. Mi mamá también estuvo interesada. Más adelante les cuento sobre ella. Déjenme dejarles descansar un poquito.

Después del primer servicio, mi papá regresó a su comunidad decidido a seguir estudiando la Biblia, a dejar el vicio del alcohol que había tenido desde joven y a dejar atrás cualquier otra red que le atara para luego regresar de nuevo a Santo Domingo. Dejó allá a mi mamá, para continuar con sus estudios bíblicos hasta hacerse un cristiano. Sus retos fueron fuetes al tener que enfrentar situaciones de enemistad que mantenía con otras personas en el campo y, principalmente, romper una relación extramatrimonial que mantenía con otra mujer y con la cual tenía cuatro hijos. Mi papá enfrentó todo eso con valentía y convicción para agradar a Dios. Alrededor de dos meses más tarde, mi papá fue bautizado en Cristo a la edad de 54 años. Mi mamá también, aunque tenía una atadura fuerte con su trabajo de maestra de escuela primaria, buscó la forma de obtener un traslado hacia Santo Domingo y fue también bautizada menos de un año más tarde. No me critiquen por hacer más énfasis en mi papá a este punto. Más adelante mostraré el ejemplo de mi mamá en una sección titulada "Heroína Anónima" en el Capítulo 23. Hoy en día, a la edad de 75 años, mi papá y mi mamá continúan perseverando en su caminata con Dios. Son un ejemplo para otros y ayudan a viejos amigos a hacerse cristianos. Entienden el compromiso, están agradecidos por el sacrifico que Jesús hizo por ellos, están apegados a la palabra de Dios y dejan que Dios les escuche a través de la lectura bíblica y la oración.

Es bueno también resaltar que es difícil que alguien que esté buscando de Dios con un corazón genuino escuche sus palabras, a través de Jesús, y no las obedezca (Juan 12: 47-48). Es realmente tonto escuchar sus palabras y el llamado que se nos hace y que no reaccionemos positivamente. Debemos entender que Jesús vino con el propósito de salvar al mundo y no de condenarlo. Su sacrificio no era necesario para que el mundo fuera condenado. El mundo de por sí ya lo estaba por el pecado. Jesús vino para que los que lo siguiéramos tengamos una vida eterna con él. Dios nos hace promesas y nos las cumple siempre (Romanos 15:8). Podemos tener la plena confianza de que si hacemos lo que la palabra de Dios nos llama a hacer, recibiremos exactamente las promesas que Dios nos hace. Él exige fidelidad de nosotros y también él es fiel con lo que nos promete.

Escuchemos la voz de Dios a través de su palabra y dejemos que él nos escuche y responda a nuestros ruegos a través de la oración para perseverar en nuestra caminata con Dios. No desmayemos. Sigamos hacia adelante. Utilicemos estos principios básicos para crear una base sólida y continuar aprendiendo. Cerciorémonos de que construimos nuestra relación con Dios sobre la roca para permanecer firmes y no sobre la arena para que se destruya cuando vengan las tempestades de este mundo y las tentaciones del maligno (Mateo 7:24-27)

REFLEXIONES

1. Dices que quieres perseverar en tu caminata con Dios, pero ¿qué tiempo estás dicando a escuchar a Dios y dejar que él te escuche? ¿Qué tiempo dedicas a tu vida de lectura bíblica y oración?

2. ¿Has reflexionado sobre la importancia de nutrirte diariamente y a cada momento o simplemente crees que tu alimento espiritual va a llegar por ósmosis?

3. Te llamas cristiano/a. Eso está bien. Pero, ¿cuál es el ejemplo que estás dando para que otros también se inspiren?

4. Decide ser una persona que crece y te fortaleces espiritualmente por tu enfoque en tener una vida de lectura bíblica y oración.

Capítulo III

Fortalece tu Carácter a la Imagen del de Jesús

*Más vale ser paciente que valiente, más vale vencerse
a uno mismo que conquistar ciudades".*

- PROVERBIOS 16:32

Diferentes situaciones por las que pasamos en la vida nos ayudan a forjar nuestro carácter. Esto se da especialmente cuando pasamos por situaciones difíciles. Éste fue el ejemplo de Jesús. Él se perfeccionó a través del sufrimiento. Veamos lo que nos dicen las Escrituras sobre este sufrimiento de Jesús en Hebreos 5:7-10.

"Mientras Cristo estuvo viviendo aquí en el mundo, con voz fuerte y muchas lágrimas oró y suplicó a Dios, que tenía poder para librarlo de la muerte; y por su obediencia, Dios lo escuchó. Así que Cristo, a pesar de ser Hijo, sufriendo aprendió a obedecer; y al perfeccionarse de esa manera, llego a ser fuente de salvación eterna para todos los que le obedecen, y Dios lo nombró sumo sacerdote de la misma clase que Melquisedec".

Para perseverar en nuestra caminata con Dios necesitamos transformar nuestro carácter particular y forjarlo a la imagen del de Jesús. El sufrimiento nos hace fuertes. Es una forma de perfeccionarnos. Dios nos llama a ser perfectos (Mateo 5:48). El camino hacia esa perfección a la que Dios nos llama es a través del sufrimiento.

Y algunas personas se preguntan si vivir una vida cristiana significa que es una vida de sufrimiento. La respuesta es definitivamente que no....perooooo.. sí. La vida de un discípulo de Jesús es la vida más llena de gozo que existe. Lo que sí debemos hacer es estar en disposición de enfrentar el sufrimiento de la forma que Jesús lo enfrentó para forjar su carácter y llegar a la perfección. Los discípulos tenemos gozo hasta en el sufrimiento. Entendemos el propósito de nuestras vidas y entendemos el por qué del sufrimiento.

Las situaciones difíciles por las que yo he pasado en mi vida antes y después de ser un discípulo de Jesús son las que mejores lecciones me han enseñado. Situaciones difíciles me han enseñado a ser agradecido y a poner mi confianza en Dios. Me han ayudado a transformar mi pesimismo en optimismo. No ha habido una situación difícil por la cual yo haya pasado que me haya dejado una situación de sufrimiento permanente sin haberme enseñado una gran lección.

El sufrimiento nos hace fuertes. Es una forma de perfeccionarnos.

A continuación voy a describir diferentes situaciones difíciles por las que he pasado en mi vida y cómo me han ayudado. También les muestro testimonios de otras personas que han pasado por situaciones posiblemente más difíciles que yo y los resultados que han obtenido. A veces pensamos que las situaciones por las que pasamos son las más difíciles.

No se me olvida el ejemplo de sufrimiento que mi amigo y hermano John Basilio, criado en la República Dominicana, pero nacido y residente en los Estados Unidos, describía en una prédica en visita a nuestra iglesia en Santo Domingo. Al describir su sufrimiento cuando niño, y verdaderamente para él lo era, mi amiga Jaquelín Duarte y yo nos acercamos ofreciéndole darle una tutoría de lo que significaba realmente el sufrimiento. John sufría al tener dinero y no tener dónde comprar comida para su hermanita cuando los colmados y otros establecimientos estaban ya cerrados en la noche. Pero como discípulo dispuesto a ir donde Dios lo mande, John tuvo luego la oportunidad de ir a Bolivia y ver con sus propios ojos el sufrimiento de la gente.

También recuerdo estando en Haití, luego del terremoto en el 2010, cuando a Stanley Dumorney, mi amigo y hermano haitiano que ahora dirige nuestra iglesia en Monreal, Canadá, Mark Ottenweller, médico de HOPE *worldwide,* le pide que le describa su situación cuando Stanley era un niño viviendo en Haití. En ese momento, yo interrumpo y me tomo la pregunta para mí. Aunque Stanley nació en Haití, en donde la situación económica es más difícil que en la República Dominicana, sus condiciones económicas particulares eran mucho mejor que las mías. Yo me crie en una comunidad bien pobre, El Estero de Neiba, en el sur de la República Dominicana. Yo viví en carne propia lo que es miseria y pobreza. También vi a muchas otras personas pasar más que lo que yo pasé. Luego, compartiendo con Jaquelín, me doy cuenta que posiblemente ella pasó más trabajo que yo en su niñez. Y si buscamos en las raíces de muchas otras personas que hoy son ejemplos, tanto en la vida pública como en el reino, también vemos mucho sufrimiento. Es posible que esas situaciones difíciles hayan sido claves para forjar el carácter y la actitud que hoy tenemos y nuestra disposición a hacer lo que sea por Jesús.

En el reino de Dios mi carácter se ha ido transformando más a la luz del de Jesús a través de diferentes situaciones. No quiero dejar de contar cómo al momento de viajar de Santo Domingo a Puerto Rico para comenzar el proceso de entrenamiento bíblico para hacerme un cristiano, viví la historia de Naamán que se describe en 2 Reyes 5. Mi expectativa era recibir las atenciones especiales de Roberto Carrillo, como pastor de la iglesia. Que me recogiera personalmente en el aeropuerto y que me diera alojamiento en su casa. Sin embargo, quien me recogió en el aeropuerto fue su asistente, y donde me llevó para alojarme fue a la casa de un grupo de discípulos.

Tal y como sucedió con Naamán, mis expectativas no se cumplieron, pero Dios me dio más de lo que yo esperaba. Roberto no me recogió en el aeropuerto, pero dedicó todo su tiempo para enseñarme la Biblia y ayudarme a entender cómo tener una relación con Dios. No me dio alojamiento en su casa, pero coordinó para que yo tuviera alojamiento en casa de los hermanos. Ellos me ayudaron a aprender cómo interactuar con los demás dentro de la iglesia y a moldear mi duro y difícil carácter.

¿De verdad, Wagner, y quién te interrumpió? Algunos pudieran preguntar. Pero sí, he sido moldeado. Lo que pasa es que el proceso no ha terminado todavía. Éste continuará hasta el final; hasta llegar a la cruz si es posible.

El carácter es un aspecto muy importante en la vida de una persona. Los problemas asociados con el carácter, si uno no se decide a cambiarlos y se justifica en continuar siendo uno mismo, influyen en que muchas personas se estanquen en su caminata con Dios. A veces no tomamos la responsabilidad por nuestras acciones y los problemas de carácter. Andamos buscando a quien culpar. Debemos tomar la responsabilidad por las situaciones que nos pasan.

Debemos tomar la responsabilidad por las situaciones que nos pasan.

A veces tenemos un carácter muy débil o muy complicado, diferente al de Jesús, que debemos transformar. Esto se convierte en una dificultad de la persona para dirigir y para ser dirigida. Todo el mundo a su alrededor puede notar el problema. Sin embargo, la persona continúa echando la culpa a las demás. No se detiene a reflexionar sobre su vida y cómo cambiar.

A veces, por asunto del carácter, otros tienen temor de enfrentarnos y ayudarnos a ver la situación. Se piensa, muchas veces, que intentar hacerlo es perder el tiempo. Yo he estado en esa situación personalmente.

¿En cuál, Wagner? En ambos lados. En la situación de lo que estoy escribiendo y que otros no quieren enfrentarme y la situación de ver otra persona en lo mismo y no querer enfrentarla. Lamentablemente, no puedo echarme a un lado y describir todo lo malo del carácter de ciertas personas sin incluirme. Posiblemente mi carácter sea uno de los más difíciles con que persona alguna se haya encontrado. Con frecuencia se me dificulta hacer un balance entre ser de carácter débil o difícil. Hay personas que tienen la facilidad de ser más balanceadas. En mi caso, cuando trato de resolver un extremo, fácilmente me voy al otro.

Cuando escribimos libros para inspirar y ayudar a otras personas podemos hacer como hacemos con las fotografías. Éstas normalmente muestran sólo el lado alegre de la vida. No se guardan fotografías de los tiempos difíciles que vivimos. Cuando se escriben libros de motivación y autoayuda podemos mostrar sólo lo supuestamente increíbles y poderosos que somos. No mostramos nuestras debilidades. Con eso, a veces alejamos a los demás y los llevamos a pensar que somos hombres o mujeres de hierro.

Cuando mostramos nuestras debilidades en el carácter y cómo el mismo se ha transformado, nos acercamos a la mayoría de las personas. Hacemos también que la gente se acerque a nosotros. Obviamente, no podemos andar desanimados por todas nuestras debilidades. Necesitamos mostrar que nuestras debilidades nos hacen, al mismo tiempo, ser poderosos. El mundo necesita de personas animadas, pero no que se crean que no tienen debilidades. Se necesita de personas honestas en cuanto a su carácter y sus debilidades.

Nuestro carácter puede ser un gran obstáculo en la perseverancia en nuestra caminata con Dios. Podemos tener las mejores intenciones y entrega de corazón para dar lo mejor para Dios y, sin embargo, no avanzamos o tenemos éxito por problemas en el carácter. Muchas veces le pedimos algo a Dios con corazón ferviente, pero no lo conseguimos simplemente porque no vamos a poder lidiar con ello o con los resultados que obtengamos. Sabiendo esto, Dios, el cual nos ama bastante, mejor prefiere no darnos eso que tanto anhelamos.

De nuestro interior salen tantas cosas que nos afectan en nuestra caminata con Dios que muchas veces nos quedamos sorprendidos. La cita de proverbios al principio del capítulo, la cual menciona que es mejor vencerse a uno mismo que conquistar ciudades, es muy atinada con respecto a esto. Queremos vencer y conquistar el mundo, pero se nos olvida trabajar nuestro interior y nuestro carácter. Nuestro carácter y lo que sale de nuestro interior nos hace más daño que lo que puede entrar (Mateo 15:10-11). Cambiemos desde nuestro interior. Venzámonos a nosotros mismos. Eso nos traerá un mejor resultado que tratar de vencer al mundo. Esto nos ayuda a transformar nuestro carácter a la imagen del de Jesús y a perseverar en nuestra caminata con Dios.

Bastantes situaciones en mi vida me han ayudado a forjar mi carácter. Aunque no es todavía lo que debería ser, por lo menos he avanzado a un punto de mucho más fortaleza y convicción que antes de haber pasado por tantas situaciones difíciles. Han habido situaciones en mi vida lidiando con personas en un ambiente informal, en el ambiente laboral y, ni decirse, del ambiente de la iglesia. En la iglesia mis buenos amigos han enfrentado mis situaciones de carácter para ayudarme a ser mejor cada día y acercarme más a Jesús.

Hay muchas anécdotas que nos suceden y situaciones por las que pasamos que no debemos pasar por alto. Yo particularmente quiero utilizar mis situaciones difíciles y las luchas con mi carácter para ayudar a otros a lidiar con eso también. Claro que mis luchas no han terminado. Continúo luchando por moldear mi carácter y poder ser cada día de más ayuda para otras personas.

El asunto de carácter puede ser un poco paradójico. A algunas personas les puede gustar el carácter de otras. Pero ese mismo carácter puede ser chocante e insoportable para algunas. Ahora bien, ¿cómo manejamos este problema? El asunto es desarrollar un carácter tal que sea moldeable y adaptable a las circunstancias con las que estamos lidiando. Esto, obviamente, sin que caigamos en la hipocresía de tratar de ser quienes no somos. Si somos personas de un carácter moldeable, cuando cambiamos para adaptarnos a la circunstancia, no estamos siendo quienes no somos. Estamos simplemente dando honor a quienes somos o a lo que hemos llegado a ser a través de las enseñanzas que hemos aprendido.

Las situaciones difíciles son las que generan los héroes cuando sabemos enfrentarlas.

El carácter de una persona puede forjarse en varios ambientes. Se puede forjar en el ambiente del hogar, en el ambiente académico, en el ambiente laboral y, mucho más, en la misma iglesia. En cada uno de estos ambientes se conjugan una serie de factores que definen, dependiendo de cómo reaccionemos a las circunstancias, lo que uno será y cómo enfrentará las situaciones futuras de la vida.

Las situaciones más difíciles de la vida, y cómo uno las enfrenta, marcan una diferencia entre una persona y otra. Cuando no existen situaciones difíciles, cualquiera puede ser un héroe. O, por otro lado, podríamos decir que no existieran los héroes. Las situaciones difíciles son las que generan los héroes cuando sabemos enfrentarlas.

Comenzando por el hogar, es responsabilidad de los padres ayudar a los hijos a forjar su carácter. Pero tampoco debemos culpar a nuestros padres por lo que somos. Debemos tomar responsabilidad por nuestros hechos. Independientemente de la influencia, o mala influencia, que hayamos recibido, siempre tenemos la oportunidad de encontrarnos con bifurcaciones, o puntos de decisiones, en los cuales tenemos por lo menos dos alternativas para elegir. En esos puntos debemos tomar decisiones que van a afectar nuestro futuro y nuestro carácter. En muchas de esas situaciones, debemos tomar decisiones personales e individuales sin acompañamiento alguno.

¿Cómo se comienza a forjar mi carácter en el hogar? Qué lecciones puedo compartir y que ustedes puedan aprender? Desde mi niñez, mi conducta ha sido de convicción con respecto a lo que quiero. Esto no significó ser un modelo de conducta en todo. Había desobediencia tanto en el hogar como en los ambientes sociales. Sin embargo, no sé cómo, tenía una convicción de no "comer cuentos" cuando se trataba de mi conducta en el ambiente académico. Mi convicción era que debía ser responsable con mis asignaciones. Realmente disfrutaba hacerlo. Esto comenzó a forjar mi carácter. Éste fue luego refinado, digamos, con las situaciones difíciles. Digo situaciones difíciles porque esas han sido las que verdaderamente han contribuido a forjar mi carácter. Las situaciones buenas normalmente no lo hacen. Al contrario, nos afectan ahora o en el futuro. Esto es así porque normalmente queremos vivir enfocándonos en el pasado y deseando, por error, que los tiempos de hoy sean como aquellos.

Durante mi niñez, aunque con un carácter terco, también recuerdo ceder en muchas ocasiones para evitar conflictos cuando los demás no lo hacían. Esto no se daba con mucha frecuencia debido a mis fuertes convicciones en cuanto a lo que quería. Hoy he aprendido que a esto se le llama orgullo. Ese orgullo malo que nos lleva a la derrota si no lo transformamos. He aprendido a ceder con gozo. Le doy cabida a la duda y reconozco que en muchos casos puedo estar equivocado. No podemos justificar siempre nuestras acciones y pensar que siempre tenemos la razón. Esto es una buena base que, bien trabajada y refinada, puede producir muy buenos resultados.

En cuanto al ambiente académico, aunque desde niño sentía una inclinación hacia esto, no todas las situaciones fueron fáciles. Hubo momentos muy difíciles. Ellos me enseñaron muchas invaluables lecciones. Hay una situación particular que quiero resaltar. Estudiantes sobresalientes en cuanto a los resultados cuantitativos, por lo general crean un sentido de individualismo y egoísmo. Esa condición puede hacer que haya una separación del resto. Se puede creer que no se necesita de los demás. Sin embargo, esto puede producir muchos dolores de cabeza en el futuro cuando se forme parte de un equipo en el ámbito profesional.

Yo no escapé a esa situación. Como autosuficiente en el ámbito académico, cuando cambié de estatus y me vi en el ambiente profesional, pude creer que no necesitaba de los demás. Sin embargo, hoy me doy cuenta de lo valioso que es trabajar en equipo y la tensión que esto evita. Como individuos egoístas, aunque a veces pensamos que es lo mejor, tomamos toda la tensión sobre nuestros hombros. Trabajando en equipo la tensión se distribuye. Se agregan también muchos otros beneficios, mucho más cuando uno no es el cuello de botella.

A veces en el amiente laboral queremos actuar de la misma forma que actuamos en el ambiente académico o cómo reaccionamos en nuestros hogares. A veces en nuestras oficinas pensamos que estamos en nuestras casas lidiando con nuestros familiares. Queremos hacer lo mismo y no establecemos una diferencia. Otro caso muy típico es arrastrar todas las situaciones que nos pasan en la casa hacia el trabajo. Reaccionamos de una forma brusca y nuestros compañeros no entienden por qué sucede.

Ya directamente en el ambiente de trabajo, han habido muchas otras lecciones para forjar mi carácter. He tenido que adaptarme a las situaciones imperantes en el mismo. Cuando he buscado que los demás se adapten a mis condiciones particulares, han surgido conflictos. Esto no quiere decir que no hagamos nuestros aportes a la organización, ya sea en asuntos técnicos o conductuales. La cuestión es que cuando tengamos que hacerlo, debemos utilizar nuestro tacto y persuasión. Esto ayuda a que no se produzca un bloqueo y nuestras ideas puedan surtir los efectos que esperamos.

La misma iglesia es el gran laboratorio para forjar el carácter. Más adelante me enfocaré en describir y discutir cómo vencer obstáculos que se presentan dentro de la iglesia. Mientras tanto, enfoquémonos en moldear nuestro carácter al de la imagen de Jesús.

REFLEXIONES

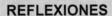

1. ¿Cuáles han sido las cosas de tu carácter que te han impedido lograr ciertas metas en tu vida?

2. ¿Qué tan fácil consideras que es para otra persona lidiar contigo?

3. ¿Cuáles son las cosas que sabes que debes cambiar en tu carácter y que te es difícil hacerlo?

4. No culpes a nadie más por tu problema de carácter. Enfócate en cambiar para ser más como Jesús.

Capítulo IV

Mantén tu Enfoque en la Misión

"Vayan, pues, a las gentes de todas las naciones y háganlas mis discípulos; bautícenlas en el nombre del padre, del hijo y del Espíritu Santo... "

- MATEO 28:19

Desde antes de ser un discípulo de Jesús, cuando Dios puso en mi corazón el deseo de buscar de él asistiendo continuamente a una iglesia, yo entendí que mi misión debía ser ayudar a otras personas a conocer de Dios. Lo hice siendo estudiante en los Estados Unidos y asistiendo a una iglesia alrededor de la universidad y también lo hacía cuando regresé a la República Dominicana.

Anteriormente mencioné sobre el hecho de aprovechar mis viajes de Santiago a Santo Domingo y pararme para darle bola a cada persona que podía en el camino. El enfoque era poder compartir el poco de fe que tenía y que las personas pudieran animarse a buscar de Dios. En ese tiempo, no entendía a cabalidad qué debía hacer para ayudar a alguien a convertirse en un discípulo de Jesús. Pero por lo menos estaba haciendo lo que entendía que debía hacer. Mi corazón realmente estaba dispuesto a hacer el trabajo para Dios.

Es muy difícil para una persona decidir mantenerse fiel a Dios sin un enfoque en ayudar a otras personas a hacer lo mismo. Jesús fue bien claro en sus últimas palabras a sus discípulos después de su resurrección y antes de su ascenso.

Las Escrituras dicen en Mateo 28:18-20:

"Jesús se acercó a ellos y les dijo:
- *Dios me ha dado toda autoridad en el cielo y en la tierra. Vayan, pues, a las gentes de todas las naciones y háganlas mis discípulos; bautícenlas en el nombre del padre, del hijo y del Espíritu Santo, y enséñenles a obedecer todo lo que les he mandado a ustedes. Por mi parte, yo estaré con ustedes hasta el fin del mundo".*

Un discípulo de Jesús dispuesto a perseverar en su caminata con Dios debe entender a cabalidad todo el alcance de estas últimas palabras de Jesús. Es muy difícil que Jesús tuviera otras palabras más importantes que éstas para decir a sus discípulos. Por lo tanto, debemos tomar sus palabras y obedecerlas.

Imagínate que tú estés a punto de partir de este mundo, ¿cuáles serían las últimas palabras de aliento o instrucción que le dieras a tus hijas, esposa o seres queridos? ¿Entiendes la profundidad o la importancia de esas palabras? O, por otro lado, imagínate que tu mamá se encuentre en su lecho de muerte a la tierna edad de 33 años y te llame para darte algunas instrucciones sobre cosas que quiere que tú hagas por ella luego de su partida. ¿La obedecería? Como persona que quieres seguir a Jesús, ¿obedecerías sus palabras de ir a la gente de todas las naciones y hacerlas sus discípulos?

Es decepcionante cuando tenemos personas dentro de nuestras iglesias que no están dispuestas a sacrificar su tiempo para ayudar a otras a venir a los pies de Jesús y ser sus discípulos. No debemos dejar que el egoísmo nos consuma y nos enfoquemos solo en nosotros mismos. Debemos enfocarnos en ayudar a los demás. Ése es el ejemplo de Jesús.

> **Vayan a las gentes de todas las naciones y háganlas mis discípulos.**

Por otro lado, es inspirante ver personas de convicciones profundas que han interiorizado las palabras de Jesús y han estado dispuestas a ponerlas en práctica literalmente. Han sacrificado sus sueños por servir a los demás y han estado dispuestas a sufrir la deshonra del mesías por mantenerse fieles. Estas personas han sufrido en su caminata con Dios, pero también han disfrutado de ver las grandes maravillas que Dios ha hecho en sus vidas y en la vida de personas a su alrededor.

Las palabras de Jesús son muy claras. "Vayan a las gentes de todas las naciones y háganlas mis discípulos". No desperdicies la oportunidad de ver las grandes bendiciones de Dios cuando pones en práctica esta instrucción de Jesús. Esto significa que debemos estar dispuestos a sacrificar nuestro tiempo, a ir a cualquier rincón de nuestro país o del mundo para ayudar a otras personas a ser discípulas de Jesús. No solo es imposible perseverar en tu caminata con Dios si no entiendes tu responsabilidad como discípulo, sino que ni siquiera vas a iniciarte.

Jesús también dice en sus últimas palabras "...bautícenlas en el nombre del padre, del hijo y del Espíritu Santo..". Esto significa que se espera que ayudemos a la gente a bautizarse. En ese proceso recibimos el poder del Espíritu Santo que nos ayuda a enfrentar y vencer situaciones que por nuestra cuenta no podríamos hacerlo.

Jesús dice también que debemos enseñar a otras personas a obedecer todo lo que se nos ha enseñado. Debemos obedecer personalmente y también ayudar a otras personas a hacer lo mismo. No podemos ser egoístas. Debemos cerciorarnos que continuamos cuidando de las personas que hemos ayudado a venir a Jesús. Este es justamente uno de los objetivos de este libro. A veces ayudamos a personas a convertirse y luego nos olvidamos de ellas. Hacemos un esfuerzo dedicando tiempo para ayudar a alguien y lo hacemos simplemente para anotarnos una pluma más en nuestro sombrero. Lo hacemos porque sabemos que la gente pregunta sobre alguien con quien estudiamos la Biblia. Consideramos que la meta es simplemente ayudar a que la persona se bautice y entre al reino. Luego que la persona se bautiza y que ya no se pregunta por ella, también cometemos el error de olvidarnos de ella. Esto no es lo que Jesús quiere. Jesús quiere que continuemos ayudando a las personas a perseverar en su caminata con Dios hasta alcanzar la meta final de llegar al cielo a morar con nuestro Dios.

Y para concluir con estas palabras de Jesús, viene la gran promesa. Si hacemos lo que él nos está mandando, él promete que nunca nos abandonará y que estará con nosotros hasta el fin del mundo. Podemos estar en cualquier rincón del país o del mundo, pero nunca estaremos solos si estamos haciendo lo que Jesús nos manda en su gran comisión. Él promete siempre estar con nosotros.

Jesús espera que nos mantengamos fieles haciendo lo que él también hacía durante su ministerio en esta tierra (Juan 8:31-32) ¿Entiendes esta gran bendición?

Retomando de nuevo lo que mencioné más arriba, quiero abundar un poco sobre el significado de ser un discípulo de Jesús. A veces pensamos que existe una diferencia entre ser un cristiano y ser un discípulo de Jesús. ¿Qué tú crees? ¿A quién sigue un cristiano? ¿A quién sigue un discípulo de Jesús? ¿Quién es Cristo? ¿Quién es Jesús? Son exactamente la misma persona. Por lo tanto, un discípulo de Jesús es lo mismo que ser un cristiano. Un cristiano no necesita esperar a alcanzar un nivel espiritual más alto para llamarse un discípulo de Jesús. El problema es que algunas

Un discípulo de Jesús es lo mismo que un cristiano.

personas se llaman ser cristianas sin estar viviendo una vida como Jesús quiere y piensan que tienen que esperar para poder llamarse discípulas. Es cuestión de obedecer a Jesús.

Hechos 11:25-26 ilustra muy bien esto que he mencionado cuando Bernabé y Saulo (Pablo) fueron de Tarso a Antioquía. Fue allá en Antioquía cuando a los discípulos de Jesús se les llamó cristianos por primera vez.

¿Qué significa eso? Realmente a los discípulos de Jesús se les está llamando cristianos. No es a otras personas distintas, sino a sus seguidores. En realidad, Jesús nunca se refirió a sus seguidores como cristianos, sino como sus discípulos. La palabra cristiano solo aparece tres veces en la Biblia. La palabra discípulos aparece más de 250 veces en el nuevo testamento. Según se dice, la palabra cristiano era usada despectivamente por personas que los veían siguiendo a ese "tipo" que se llamaba ser el Cristo. Más tarde la palabra *cristiano* se generalizó.

Como discípulos de Jesús, necesitamos imitar su ejemplo y también imitar el ejemplo del corazón de sus primeros seguidores. Un ejemplo del enfoque de Jesús en hacer discípulos y de la reacción de sus primeros seguidores se encuentra en Marcos 1:16-17 que dice:

"Jesús iba caminando por la orilla del lago de Galilea, cuando vio a Simón y a su hermano Andrés. Eran pescadores, y estaban echando la red al agua. Les dijo Jesús:
-Síganme y yo haré que ustedes sean pescadores de hombres.
Al momento dejaron sus redes y se fueron con él.
Un poco más adelante, Jesús vio a Santiago y a su hermano Juan, hijos de Zebedeo, que estaban en una barca arreglando las redes. En seguida los llamó, y ellos dejaron a su padre Zebedeo en la barca con sus ayudantes, y se fueron con Jesús".

Es de entender el por qué las últimas palabras de Jesús fueron de motivación para que hagamos discípulos. Él fue un ejemplo viviente. Él no solo nos dijo con palabras que debíamos hacer discípulos, sino que nos lo mostró con su ejemplo. Por dondequiera que Jesús iba, su enfoque era hacer discípulos y ayudar a las personas con sus necesidades espirituales y físicas. No existía algo más importante para Jesús que eso. Como discípulos de Jesús nuestra misión es imitarlo.

> *Por dondequiera que Jesús iba, su enfoque era hacer discípulos y ayudar a las personas con sus necesidades espirituales y físicas.*

También nos muestra esta escritura que para alguien que desea seguir a Jesús no existen redes que lo aten y le impidan seguirlo. Si nos descuidamos, ponemos cualquier excusa barata (y me veo tentado a escribirla con *v* para para que se vea peor) para no seguir a Jesús.

Pero también podemos convertirnos en personas que, al igual que estos primeros discípulos de Jesús, no tengan ninguna red que pueda atarlas.

Estos primeros discípulos eran pescadores y estuvieron dispuestos a dejar sus redes para seguir a Jesús. Esto significaba dejar sus instrumentos de trabajo con lo que se ganaban la vida. Bajo condiciones normales estas personas estaban corriendo el riesgo de morir de hambre y de no encontrar el sustento para sus familias. Sin embargo, ellos confiaron en Jesús. Cuando Jesús los llamó, estuvieron dispuestos a seguirlo de todo corazón. ¿Qué te puede atar a ti hoy para no seguir a Jesús? ¿Tienes algo que pueda ser de más valor?

No sólo en los tiempos de Jesús hubo personas dispuestas a dejar todo lo que tenían. A través de la historia y continuando en el día de hoy, existen muchas otras de convicciones profundas dispuestas a sacrificar todo en esta vida para enseñar el mensaje de Jesús cueste lo que cueste.

Me impacta la vida y el sacrificio del grupo de misioneros que llegó a Santo Domingo en junio del 1994 para plantar nuestra iglesia. Mientras muchas personas en la República Dominicana están ansiosas por conseguir una visa para viajar o irse a vivir a los Estados Unidos, este grupo estuvo dispuesto a hacer lo contrario. Sacrificaron el sueño americano, sus carreras, sus familias y sus estudios para venir a la República Dominicana con la simple misión de imitar a Jesús y poner en práctica la escritura de ir a la gente de todas las naciones para hacerlas sus discípulos.

Cada una de estas personas tuvo que pagar el precio del sacrificio de seguir a Jesús. Ángel Martínez, por ejemplo, habiendo sido nacido y criado en Nueva York de mamá dominicana y papá puertorriqueño y prácticamente no conocer este país, dejó la universidad sin terminar para venir en esta misión. Esto hubiese sido bien retante para mí. También está el caso de Juan Carlos Polanco. Aunque dominicano, había decidido mudarse a Nueva York buscando el mismo sueño de cualquier otro dominicano. Sin embargo, cuando Dios lo llamó para ser un discípulo y regresar, no vaciló. Tomó sus "motetes" y regresó. Amauris Brea, un niño que logró escapar de las calles de la República Dominicana e irse a Nueva York, no vaciló tampoco en regresar al país en la misión. Cada uno de ellos enfrentó diversos retos de adaptación a una nueva vida. Pero confiaron en Dios y hoy son grandes testimonios vivientes de lo que es estar dispuesto a hacer su voluntad.

¿Y qué de ti, Wagner? A mí no. Sáquenme del paquete. El yo regresar de Puerto Rico era lo normal. Aunque alguien puede tildarme de "locoviejo" al regresar al país, en ningunas de mis estadías en los Estados Unidos, tanto en mis tiempos de estudiante como cuando volví a Puerto Rico a estudiar la Biblia, pasó ni una pizca de idea de quedarme viviendo allá. En ambas ocasiones, de los momentos más felices de esas estadías fueron el día de mi regreso. Y más que cuando regresaba de estudiar, cuando regresaba como parte de la misión.

Yo me considero como un Pablo que no pertenecía al grupo y Dios mismo me insertó al buscarme en Dominicana y darme el privilegio de ser parte de esta misión. Mi reto estuvo cuando tuve que dejar de trabajar en Dominicana para irme a Puerto Rico con la sola misión de conocer a Dios y ser entrenado, mientras otros se iban por la situación difícil que se estaba viviendo en nuestro país.

Algo que Jesús también nos pide y que nos ayuda a perseverar en nuestra caminata con Dios es olvidarnos de nosotros mismos (Lucas 9:23-26). ¿Por qué es tan importante esto? En vez de contestar directamente, déjame preguntarte si sabes cuál es la principal persona que te puede impedir ser un discípulo de Jesús y mantener fiel. Tú. Nadie más te puede impedir seguir a Jesús, sino tú mismo.

Como personas luchamos con el egoísmo. Un discípulo de Jesús que se mantiene fiel se sobrepone a sus propios deseos. Se enfoca primeramente en hacer lo que a Jesús le agrada. Es decir, está dispuesto a cargar su cruz cada día para seguirlo.

¿Y qué significa eso de cargar una cruz? Realmente, en aquellos tiempos se entendía claramente lo que significaba cuando alguna persona llevaba una cruz a cuesta. Eso significaba que iba a su condenación por las maldades que había cometido.

Para perseverar en nuestra caminata con Dios debemos entender desde el principio que necesitamos estar dispuestos a llegar hasta la muerte por seguir a Jesús. Es cierto que Jesús nos dice que dejemos nuestras cargas a él y que él nos da una carga más ligera (Mateo 11:28-30), pero eso no significa que no vamos a hacer un sacrificio en nuestras vidas como cristianos. Debemos estar preparados para ir hasta la cruz si es necesario. Cuando tenemos el corazón dispuesto a hacerlo, Dios nos da todos los recursos necesarios para soportar y cumplir con nuestra misión y hacerlo con gozo.

Pedro no estuvo dispuesto a aceptar la carga inicialmente. Por eso negó a Jesús (Juan 18:15-18, 25-27). Pero, luego de la crucifixión de Jesús, él se convirtió en un hombre poderoso y en un pilar para la iglesia, sobre el cual Jesús depositó su responsabilidad de continuar su ministerio (Juan 21:15-25, Hechos 2:14-46). Finalmente, según se dice, Pedro murió también crucificado al igual que muchos de los demás apóstoles. Ese es un ejemplo de negarse a sí mismo luego de ver el poder de Jesús en la cruz y estar agradecido (Juan 21:18-19).

No debemos enfocarnos en salvar nuestras vidas, dice la escritura. Como discípulos de Jesús, necesitamos estar dispuestos a dar nuestras vidas en este mundo, la cual valoramos bastante, para ganar la vida que realmente vale; una vida eterna en unión con nuestro Señor Cristo Jesús. Una vida de poder.

Protegiendo nuestra vida terrenal no daremos los frutos que se espera de nosotros. Debemos hacer como hace la semilla; morir para poder dar otros frutos (Juan 12:24-26).

También Jesús nos pide que no nos avergoncemos de él y de su mensaje. ¿Y cómo podemos avergonzarnos? Una forma es siendo un "cristiano de la secreta". Diciendo que somos cristianos, pero no damos testimonio de Jesús. No hacemos el trabajo que debemos hacer. Muchas veces no queremos mostrar que somos cristianos por temor a la presión social. En el ambiente donde nos movemos, ya sea el ambiente laboral o con nuestros amigos, seguimos la corriente de todas las cosas y chistes sucios que se dicen por temor a ser rechazados.

Jesús nos pide que no nos avergoncemos de él y de su mensaje.

Un discípulo de Jesús que quiera perseverar siempre necesita mostrar lo que es para ayudar a otras personas a hacer lo mismo. También necesita enfrentar cualquier situación desagradable que se presente en el ambiente social sin temor a ser rechazado.

A Jesús lo rechazaron por sus convicciones. Pero otros pocos lo siguieron y han causado el impacto que hoy conocemos para transformar este mundo. No te avergüences de llevar el mensaje de Jesús con poder a cada rincón de tu país y del mundo. Al final recibirás tu recompensa, ya sea en este mundo o en la vida venidera.

Un discípulo de Jesús no se aferra a su comodidad, ni a su familia, ni pone excusas (Lucas 9:57-62). Este es un gran reto, pero fue lo que Jesús hizo y es lo que espera de sus discípulos. No todo el mundo está dispuesto a tomar este reto. Es por eso que los que siguen a Jesús son los que deciden entrar por la puerta angosta (Mateo 7:13-14).

Cuando personas con un corazón para Dios andan buscando de él y se les entrena para seguir a Jesús, ven esta escritura, toman el reto y nada los detiene. Sin embargo, el alcance de la misma no se entiende hasta que se enfrenta el reto. El grupo de discípulos enviados desde Nueva York hacia Santo Domingo entendieron esto y lo pusieron verdaderamente en práctica. Para muchas personas es difícil dejar a un lado el sueño americano para mudarse a pasar trabajo a un país subdesarrollado. Además, es difícil para muchos dominicanos que ya han logrado escapar del país para establecerse en los Estados Unidos buscando una mejor vida. En mi caso, en realidad no fue difícil regresar de Puerto Rico hacia Santo Domingo. De hecho, ese era mi deseo. Estaba ansioso porque la misión saliera de Nueva York para juntarme con ella y formar parte de la misma. Aunque si lo miramos desde el punto de vista del mundo, esto puede lucir una tontería. ¿Por qué querer regresar de un territorio americano para la República Dominicana? Simplemente por entender la misión que tenía como discípulo.

Bueno, la cuestión es que mi sacrificio fue a la inversa. Mi sacrificio fue cuando me fui de Santo Domingo a Puerto Rico y tuve que quedarme por seis meses sin trabajar enfocado en la misión. Recuerdo las palabras de ánimo que Rafael Ojeda me escribió en la Biblia que me regaló cuando me bauticé: "Mientras unos salen de la República Dominicana buscando su mejoría económica, tú has salido para buscar de Dios". Conjuntamente con eso estaba la escritura de Deuteronomio 28. Ésta era una advertencia a mantenerme firme viendo los beneficios de la obediencia a Dios y también las consecuencias de la desobediencia. No sé si mi firmeza se debe en sí a las bendiciones, pero estoy seguro que sí me mantengo firme también por todas las consecuencias que esta escritura menciona cuando no obedecemos.

Para nadie es un secreto el flujo de personas que constantemente arriesgan sus vidas viajando en frágiles embarcaciones desde la República Dominicana a Puerto Rico. En mi caso particular era extraño que yo haya salido de la República Dominicana y haya decidido dejar de trabajar por un período de seis meses para ir a Puerto Rico a estudiar la Biblia. La pregunta era, ¿y no hay iglesias en la República Dominicana? Bueno, la cuestión es que el que busca de Dios con un corazón ferviente está dispuesto a sacrificar lo que sea e ir donde sea con tal de encontrar a alguien dispuesto a enseñarle cómo mantenerse fiel a Dios. Hay que estar dispuesto a imitar a Jesús. Él no buscó comodidad.

Hay que estar dispuesto a imitar a Jesús. Él no buscó comodidad.

A este punto de mi vida, Dios había preparado mi corazón para sacrificar para él. Realmente yo no sentía que estaba haciendo un sacrifico. Todo para mí fue de gozo y alegría. Y no porque estaba viajando a otro país. Realmente me hubiese gustado quedarme en mi país generando ingresos y estableciendo una buena base profesional. Tenía menos de un año de haber recibido un entrenamiento de maestría en economía y negocios y de haber establecido un proyecto empresarial que tuve que abandonar. Lo hacía porque Dios me había preparado.

Entiendo que un sacrifico para mí hubiese sido que Dios me hubiese llamado a sacrificar mi tiempo cuando yo era estudiante de grado. Con todo mi enfoque en la excelencia y en terminar mis estudios de ingeniería en menos del tiempo previsto (cuatro años en vez de cinco), ceo que hubiese sido bien retante para mí pensar que otros de mis compañeros se iban a graduar primero que yo. Pero yo sé que Dios prepara a cada quien para poder enfrentar sus retos. Si Dios me hubiese llamado en ese tiempo, posiblemente no hubiese vacilado. He visto muchos estudiantes en nuestra iglesia que han sacrificado mucho por hacer lo que Dios manda y todavía han mantenido su excelencia y han causado un impacto en la vida universitaria.

Realmente el sacrificio de irme a Puerto Rico significó una pérdida de dos o tres años de mi vida profesional. Pero, a pesar de todo, lo que he recibido de ahí en adelante ha sido todo ganancia. Dios nunca se equivoca en sus planes. Puedo poner un simple ejemplo. Antes de ser un discípulo de Jesús, mi plan era casarme alrededor del 1993 o 1994. Si eso sucedía, ¿quién podía asegurar que sin Dios mi matrimonio no iba a correr la misma suerte que corren más del 50% de los matrimonios hoy en día, el divorcio? Afortunadamente, hoy puedo disfrutar de la tranquilidad de tener un matrimonio estable y confiable con mi bella esposa Guarina Germán, una mujer totalmente comprometida a obedecer a Dios y que me reta a dar lo mejor para él.

También tengo dos bellas niñas, Gianna y Shainy, que también aman a Dios y que me llena de gran emoción el oír sus oraciones y también saber que ya Gianna, a la edad de 15 años, es una discípula. Ya entiende el sacrificio que Jesús hizo en la cruz por ella. O también la gran bendición de ver a mis padres fieles a Dios. También veo a mi sobrina Yaroidis ser una discípula y haberse graduado de doctora en medicina en un tiempo normal, sin quejarse de que el tiempo de la iglesia le haya afectado con sus planes. Bueno, y si sigo escribiendo las bendiciones recibidas, escribo un libro de un volumen mayor que éste.

Y aun así todavía la gente sigue poniendo excusas cuando se les llama a seguir a Jesús. ¡Cuántas excusas tontas y baratas! "Déjame ir a enterrar a mi padre". "Déjame ir a despedirme de los de mi familia". ¿Cuáles son las excusas que pones hoy en día? Existe alguna que tenga suficiente peso para no seguir a Jesús? No. No la hay. Ninguna excusa tiene sentido cuando se trata de sacrificar por Jesús para mantenerse fiel.

Cuando Guarina y yo contrajimos matrimonio, después de desayunarnos al otro día de la boda, fuimos directamente a la iglesia a por lo menos tomar nuestra comunión antes de irnos fuera de la ciudad a continuar nuestra luna de miel. ¿Qué te puede impedir ir a la iglesia? Ver Hebreos 10:25 que dice que no debemos faltar a nuestras reuniones.

Ninguna excusa tiene sentido cuando se trata de sacrificar por Jesús para mantenerse fiel.

Para mantenerse fiel a Jesús y perseverar en nuestra caminata con Dios también debemos cerciorarnos de que amamos a Jesús por encima de todo. Por encima de padre, madre, esposa, hijos, hermanos, hermanas, y aun más que a sí mismo (Lucas 14:25-26). ¿Por qué pone Jesús estos ejemplos de personas por encima de las cuales debemos amarlo a él primero? No pudo él tomar otros ejemplos menos retantes? No. Él supo lo que dijo. Estas son las personas que pudieran atravesarse en nuestras vidas para impedirnos seguirlo a él y mantenernos fieles. Si estamos dispuestos a amarlo por encima de estas personas, cualquier otro retro de amor que pueda competir con nuestro amor a Jesús va a ser un reto suave.

He visto esta escritura cumplirse en muchas personas. No se me olvida cuando uno de mi mejores amigos, Jesús Cruz, de la Iglesia de Cristo de Puerto Rico, me contó lo que tuvo que decirle a su mamá cuando, antes de ser una discípula, se estaba interponiendo en su relación con Dios. Realmente yo me sentí que fue algo fuerte. Pero él fue directo con Mateo 12:47-50:

"Todavía estaba Jesús hablando a la gente, cuando acudieron su madre y sus hermanos, que deseaban hablar con él. Como se quedaron fuera, alguien avisó a Jesús:

-Tu madre y tus hermanos están ahí fuera, y quieren hablar contigo.

Pero él contestó al que le llevó el aviso:

-¿Quién es mi madre, y quiénes son mis hermanos?

Entonces, señalando a sus discípulos, dijo:

-Éstos son mi madre y mis hermanos. Porque cualquiera que hace la voluntad de mi Padre que está en el cielo, ése es mi hermano, mi hermana y mi madre".

Estas son cosas retantes y que duelen. Pero un discípulo de Jesús está dispuesto a sufrir enfrentando cualquier situación que pueda afectarle en su caminata con Dios para mantenerse firme. Recuerdo también una vez que tuve que enfrentar a un familiar mío que estuvo visitando nuestra iglesia y quiso venirme con un chisme sobre algunas de mis hermanas que la estaban ayudando a hacerse discípula. Conociendo yo el corazón de mis hermanas y el sacrificio que estaban haciendo para mantenerse firme, esta persona me dice que veía hipocresía en ellas. Realmente yo no toleré ese comentario y tuve un fuerte enfrentamiento verbal, aunque con mucho respeto, diciéndole que yo no aceptaba que hablara así de mis hermanas.

El salir de sí mismo no es algo que surge naturalmente. Hay que trabajarlo.

¿Hipocresía? Ustedes no se imaginan lo que voy a decir. Realmente eso fue algo con lo que yo luché cuando primero llegué a la iglesia en Puerto Rico. Inclusive, hasta después de bautizarme, todavía yo no podía creer lo que estaba viendo. El amor que se respiraba en el ambiente de la iglesia y la entrega de sus miembros era tal que era difícil creer que no había hipocresía. Hay que adentrarse y vivir eso directamente para creerlo. Ese amor es lo que todavía hoy en día predomina en este ambiente. Es lo que buscamos que las personas que llegan a la iglesia por primera vez vean. Queremos que el amor que nos mostramos los unos a los otros nos identifique como verdaderos discípulos de Jesús (Juan 13:34-35).

El salir de sí mismo no es algo que surge naturalmente. Hay que trabajarlo. A veces veo en la iglesia hermanos que están confraternizando entre ellos mismos y veo también a alguien que llega por primera vez y está solo sin atención. Cuando veo esto, me duele. Simplemente pienso en que esa persona no va a sentir el mismo impacto que yo sentí cuando llegué a la iglesia. Si es que yo estoy ocupado con otras actividades propias del servicio que se está llevando a cabo, rápidamente me acerco a los hermanos para animarlos a cuidar de la persona que nos visita.

¿Y qué ustedes creen, que a mí no ha habido también que darme mis "jalones" de oreja para que cuide de las personas que nos visitan? Claro que sí. Si uno se descuida, la tendencia es a ser egoísta. Pero hay que reconocer que debemos mostrar el mismo amor que mostró Jesús para causar el impacto que él causó. Todo el impacto que él causó lo hizo por amor. La crucifixión es la mejor muestra de amor por las demás personas que alguien haya podido mostrar en la vida (1 Corintios 1:18, Romanos 5:7-8).

La muestra de amor de Jesús durante todo su ministerio y finalmente en la cruz fue lo que hizo que personas de convicciones lo siguieran y continuaran el trabajo hasta después de su muerte. Así su mensaje continúa impactando hasta el día de hoy. Con una muestra de amor como el de Jesús, los frutos en nuestras vidas, ya sean en cuanto a cambios personales como también a ayudar a otras personas, van a venir automáticamente. Jesús quiere que nos mantengamos unidos a él para que demos muchos frutos y glorifiquemos de esa forma a Dios (Juan 15:8)

Cuando amamos como Jesús amó los frutos van a venir automáticamente. A veces no vemos los frutos en nuestras vidas porque no estamos amando como debemos. Si no estamos haciendo el trabajo que Jesús nos encomendó, nos mentimos a nosotros mismo (1 Juan 2:6) y no tendremos poder en nuestras vidas.

Cuando amamos como Jesús amó, los frutos van a venir automáticamente.

No dejemos de obedecer esa gran misión que Jesús nos ha encomendado. Vayamos a todos los rincones del mundo a hacer discípulos que puedan unirse al trabajo de transformar el mundo para Jesús. Seamos pescadores de hombres. No podemos pescar los peces y luego soltarlos al agua de nuevo. Ningún buen pescador hace eso. Un pescador se cerciora de que va a los lugares donde sabe que hay más posibilidad de pescar, pesca, prepara los pescados, los lleva a su casa y los comparte con su familia o los vende para obtener los recursos para hacer frente a otras necesidades financieras.

Un pescador de hombres debe llevar a cabo el proceso completo de pescar hombres, ayudarlos a hacerse discípulos de Jesús, bautizarlos y continuar entrenándolos hasta que puedan llegar al cielo para la gloria de Dios, nuestro Padre. No hay atajo en cuanto a esto. Debemos estar dispuestos a sembrar con lágrimas para cosechar con gritos de alegría (Salmo 126:5). Jesús hace una gran promesa de que siempre estará con nosotros y que nunca nos abandonará. Confiemos también que Dios es fiel a lo que nos promete. Perseveremos en nuestra caminata con Dios haciendo lo que le trae gloria y honra.

REFLEXIONES

1. ¿ ¿Qué tan enfocada/o estás en llevar a cabo la misión que Dios te ha encomendado de ayudar a otras personas a que vengan a sus pies?

2. ¿Qué tan difícil te es negarte a ti mismo/a para permitirte ser un buen instrumento al servicio de Dios y llevar su mensaje a cualquier lugar?

3. ¿Qué cosa te está impidiendo enfocarte en la misión?

Capítulo V

Deja que la Crucifixión Impacte tu Vida

"El mensaje de la muerte de Cristo en la cruz parece una tontería a los que van a la perdición; pero este mensaje es poder de Dios para los que vamos a la salvación".

- I CORINTIOS 1:18

Muchas de las enseñanzas de la Biblia nos conllevan a tomar acción inmediata sobre lo que aprendemos. Por ejemplo, si aprendemos sobre la importancia de la Biblia y su valor para perseverar en nuestra caminata con Dios, se espera que siempre estemos leyendo nuestra Biblia y aplicando lo que aprendemos. Si aprendemos más sobre el carácter de Jesús, necesitamos trabajar en moldear nuestro carácter a la imagen del de Jesús. Si aprendemos sobre lo que hace un discípulo de Jesús y queremos ser uno de ellos, se espera con hagamos las cosas que hace un discípulo de Jesús.

En el caso de las enseñanzas sobre la crucifixión de Jesús y todo su sufrimiento, la situación es diferente a la descrita anteriormente. Las enseñanzas sobre la crucifixión tienen un efecto directo en el corazón. Cuando entendemos realmente el por qué Jesús estuvo dispuesto a hacer lo que hizo en la cruz por nosotros, y es bueno que leas esto en singular aplicándolo a tu vida particular, debemos tener un corazón transformado, agradecido y dispuesto a ir a la cruz también, si es necesario, por agradecimiento a Jesús.

Como personas sociales y como cristianos, con frecuencia nos encontramos en situaciones donde nos estamos esforzando al máximo para servir a alguien más y mostrar nuestro amor. Entendemos qué es lo correcto hacer y lo hacemos. Sin embargo, llega un punto en el cual no resistimos y "tiramos la toalla".

Muchas personas llegan también a la iglesia cargadas de problemas. Andan en busca de una solución a los mismos. Entienden, en parte, que la solución está en buscar de Dios y que si lo hacen van a recibir bendiciones. Andan en busca de que se les sirva, pero no se imaginan que el enfoque correcto que se debe tener es de venir a la iglesia por agradecimiento a lo que Jesús hizo por ellas. Una persona con una actitud así puede durar cierto tiempo en la iglesia, pero no perseverará en su caminata con Dios hasta el final. Las personas que perseveran en su caminata con Dios son las que entienden el sacrificio que Jesús hizo por ellas y viven eternamente agradecidas.

Las personas que perseveran en su caminata con Dios son las que entienden el sacrificio que Jesús hizo por ellas y viven eternamente agradecidas.

La crucifixión de Jesús ha sido el acontecimiento más grande que ha sucedido en la historia de la humanidad. Es en lo que debemos enfocarnos siempre para mantenernos firmes. El día en que perdemos el agradecimiento por lo que Jesús hizo por nosotros, la carga como cristianos se hace insoportable. Vemos todos los problemas que están en nuestro alrededor y no podemos lidiar con ellos. Necesitamos mantenernos siempre enfocados en la cruz.

Un discípulo de Jesús no debe vivir con la expectativa de que las situaciones económicas y sociales van a mejorar. Posiblemente empeoren cada día más. Sin embargo, en nuestro interior la situación puede mejorar si vivimos una vida sin quitar nuestra vista de Jesús y del sacrificio que hizo por nosotros en la cruz.

Han sido muchas las personas con las cuales he estudiado la Biblia durante mis años de discípulo de Jesús. En estos años, todavía no he encontrado una sola persona que cuando lee la escritura en 1 Corintios 1:18 diga que para él la muerte de Jesús en la cruz parezca una tontería. Todos dicen que es poder. No quieren lucir raros. Ahora bien, esto que dicen con la boca se demuestra si es verdad o mentira con sus hechos. Puedo decir que menos de un 1% de las personas con las que he estudiado la Biblia y les muestro esa escritura, en realidad muestran que es poder, transformando sus vidas y viviendo agradecidos por la muerte de Jesús.

¿Qué pasa? ¿Es que la gente no entiende? No. La mayoría entiende. Es que no están dispuestas a vivir la vida de sacrificio y entrega que vivió

Jesús para hacer la voluntad de Dios. Éste es un reto para verdaderos hombreas y mujeres que están dispuestas a caminar en los mismos pasos de Jesús. El mantenerse fiel es un gran reto. Pero la verdad es que luego de ver a Jesús crucificado muchos de los que lo seguían y se había alejado regresaron a él con poder. Un caso especial sobre esto es el caso de Pedro. Pedro negó a Jesús (Mateo 26:30-35). Pero luego de la crucifixión, regresó y se convirtió en alguien poderoso. Se convirtió en un pilar para la iglesia (Hechos 2:14-40).

Otros que posiblemente ni siquiera se imaginaban que algún día podían creer en Jesús, también creyeron al ver el acontecimiento de la crucifixión (Mateo 27:54-56). El poder de la crucifixión va más allá de lo que cualquiera puede imaginarse. La crucifixión es el poder del amor de un hombre por la humanidad. Es el poder de la entrega incondicional. Es entregarse sin esperar nada a cambio. Es el poder de la fe. El amor de Cristo debe gobernar nuestras vidas (2 Corintios 5:14). Cuando decidimos esto es más fácil negarnos a nosotros mismos y decidir vivir para Jesús.

Pero debemos tener muy en cuenta que es difícil vivir agradecidos por la muerte de Jesús en la cruz si no entendemos en sí todo lo que él pasó. Es por esta razón que no puedo dejar fuera un análisis detallado del proceso de todo lo que Jesús pasó durante las últimas 24 horas de su vida hasta llegar a la cruz y finalmente morir crucificado. Este proceso se describe bastante bien comenzando en Mateo 26:36-62 y Mateo 27: 32-55. Luego muestra la reacción de las personas a la crucifixión.

La crucifixión es el poder del amor de un hombre por la humanidad. Es el poder de la entrega incondicional.

Es imposible que alguien que entienda bien todo lo que Jesús pasó y su crucifixión no reaccione y se convierta en una persona de poder que contribuya, comenzando con los apóstoles, a transformar este mundo para Cristo. Los que no lo entienden simplemente consideran esto como un acontecimiento más en la historia y una locura que alguien con poder haya permitido que esto le pase.

Bueno, considero que otros van más allá en su incredulidad. Otros ni siquiera creen que esto puede ser real. Lo pueden considerar como una fábula. Y como dice 1 Corintios 1:18, esos son lo que van a la perdición.

El sufrimiento de Jesús en sus últimas horas de vida y finalmente en la cruz fue más allá del sufrimiento que cualquier humano haya podido tener o tendrá. En Jesús podemos ver su sufrimiento emocional, su sufrimiento físico y, finalmente, su sufrimiento espiritual, cuando se separa de Dios al hacerse pecador tomando nuestros pecados en la cruz.

Comencemos viendo el sufrimiento emocional de Jesús cuando está con sus discípulos en Getsemaní. (Mateo 26:36-46). Jesús está pasando por el sufrimiento emocional más grande de su vida. Ahora bien, ¿cuál fue su enfoque? Orar. Él se sentía "muy triste y angustiado". Él les dice a los discípulos: *"Siento en mi alma una tristeza de muerte".* Sin embargo, podemos ver la reacción de sus discípulos. Mientras Jesús estaba lidiando con sus emociones, la debilidad de sus discípulos los conllevó a que simplemente estuvieran descansando y durmiéndose. Realmente, ni siquiera ellos estaban entendiendo a plenitud lo que estaba pasando y, mucho menos, lo que vendría después.

¿Cómo te sentirías si en el momento más difícil y retante de tu vida no sientes la compañía de tus amigos para darte apoyo emocional? Eso realmente hiere emocionalmente. Eso puede conllevar a cualquier ser humano a crear un resentimiento hacia sus amigos que lo conlleven a tomar venganza en cualquier momento más tarde. Pero este no fue el enfoque de Jesús. Jesús entendió la debilidad humana y siempre tuvo una gran actitud.

En situaciones difíciles en tu vida ora.

Esa buena actitud es clave para perseverar en nuestros propósitos de mantenernos fieles a Dios, de hacer su voluntad y de perseverar en cualquier aspecto de nuestras vidas en que debamos vencer dificultades.

Con este sufrimiento por el cual Jesús estaba pasando emocionalmente, se notaba también que, como todo ser humano, Jesús no quería morir. Jesús oraba porque Dios lo librara de ese trago amargo que tenía que tomar. Decía: *"Padre mío, si es posible, líbrame de este trago amargo.."*. (v. 39) Pero se ve también que él estaba dispuesto a hacer la voluntad de Dios cuando dice: *"pero que no se haga lo que yo quiero, sino lo que quieres tú"*.

La voluntad de Dios es lo mejor para nosotros aunque momentáneamente no lo veamos.

¿Cuál es tu enfoque cuando estás pasando por situaciones difíciles? ¿Te enfocas en hacer la voluntad de Dios o simplemente piensas que Dios te ha abandonado y te llenas de amargura? Éste no fue el enfoque de Jesús. Como mencioné, él siempre mantuvo una buena actitud y su confianza en Dios. Es un ejemplo que debemos seguir para también perseverar en nuestra caminata con Dios. Imitemos su ejemplo aunque estemos pasando por el valle más oscuro de nuestras vidas.

En esa difícil situación, la oración fue el arma poderosa de Jesús. También motivó a sus discípulos a hacer lo mismo. La oración le dio a Jesús la convicción para aceptar la voluntad de Dios en su vida. Luego de orar, Jesús estuvo determinado a morir y glorificar, de esa forma, a Dios al hacer su voluntad. ¿Qué tanto recurres a la oración cuando estás pasando por situaciones difíciles?

Siempre tengo presente las palabras de motivación de mi amigo y hermano, compañero de misión, Amauris Brea. Como líder de grupo en nuestra iglesia, Amauris siempre motiva a su gente a orar. Él dice que prefiere tener a un grupo de personas que oran a tener a un grupo de personas haciendo un esfuerzo sobrehumano para lograr sus metas, aunque dichas metas sean espirituales. Piensan, que el resultado va a depender de su esfuerzo y no de Dios. Esto también me recuerda el Salmo 127:2 que dice que *"de nada vale trabajar de sol a sol y comer un pan ganado con dolor, cuando Dios lo da a sus amigos mientras duermen"*. Y tengamos presente que ésa no era la razón por la cual los discípulos estaban durmiendo a pesar del sufrimiento de Jesús. Era más por su debilidad espiritual.

En situaciones difíciles en tu vida ora. Vivamos una vida de oración y veremos cómo se hace la voluntad de Dios en nuestras vidas. La voluntad de Dios es lo mejor para nosotros aunque momentáneamente no lo veamos.

Si continuamos leyendo en estas escrituras, continuamos viendo más episodios que contribuyeron al sufrimiento de Jesús (Mateo 26:47-56). ¿Y hasta dónde va a llegar su sufrimiento? ¿No hay otra forma de Dios cumplir su voluntad? Bueno, creo que pudiera haber alguna otra forma, pero no hay otra forma de lograr el impacto que Jesús ha causado hoy en día. Dios sabía lo que estaba haciendo para el bien de la humanidad y que no quedara ninguna duda de su amor.

Jesús fue traicionado por un amigo íntimo al que amó, Judas Iscariote (v. 48). ¿Alguna vez ha sido traicionado por un amigo? ¿Cómo te has sentido? ¿Cuál fue la reacción de Jesús? Jesús lo perdonó sin reservas ni resentimiento (v. 50). Jesús estuvo dispuesto a continuar con su plan, inclusive para salvar a Judas. Su propósito no se limitó a salvar a los que lo estaban siguiendo. Su enfoque fue en morir incondicionalmente por toda la humanidad, presente y futura. No le importó si uno iba a ser agradecido o no.

¿Alguna vez ha sido traicionado por un amigo?

Esto se aplicaba a todos los crueles a su alrededor. ¿Es ésa nuestra visión, o solo hacemos las cosas para el beneficio de quienes nos aman? Inclusive, Jesús estuvo dispuesto a defender a su enemigo y curarlo (v. 52), cuando le pegó la oreja al criado del Sumo Sacerdote, al cual Pedro se la había cortado para defenderlo.

Es obvio que Jesús no tenía que morir. Él tenía el poder para salvarse y no lo hizo. El amor de Jesús lo conllevó a morir por la humanidad para reconciliarla con Dios (v.53). La relación de Jesús con Dios era tan íntima que él podía pedirle que enviara ejércitos de ángeles para ayudarle. ¿Crees que Dios podía ayudarlo? Definitivamente que sí. Pero Jesús escogió no recurrir a sus poderes. El prefirió someterse. Luego podemos ver el resultado de su gran obediencia y su sumisión. Él se sometió aunque le costara la vida. ¿Hasta qué punto estás dispuesto a someterte a Dios? ¿Tienes un límite? Jesús no lo tuvo. Su límite fue la muerte.

También podemos ver que no solo Judas traicionó a Jesús. En cierta forma también sus otros discípulos lo hicieron. En el momento de dificultad cuando Jesús fue arrestado, todos sus discípulos lo dejando solo y huyeron. Viendo lo que sus seguidores hicieron, ¿hubieses tú continuado con tus planes de sacrificarte por ellos?

El amor de Jesús lo conllevó a morir por la humanidad para reconciliarla con Dios.

Jesús lo hizo. No hubo nada que pudiera pararlo. Él entendía su propósito y no dejó que ningún factor externo le impidiera llevarlo a cabo. Él estuvo dispuesto a morir.

En Mateo 26:57-68 vemos el sufrimiento físico de Jesús. Cuando nosotros sabemos que vamos a pasar por una situación de sufrimiento físico que necesite de nuestra resistencia, nos preparamos previamente, si tenemos la oportunidad de hacerlo. En el caso de Jesús y el plan de Dios para su vida se ve algo paradójico. Lo que antecede al sufrimiento físico de Jesús es sufrimiento emocional. ¿Es eso una preparación para más sufrimiento? No lo creo. Pero todo esto sucede para que veamos todo el amor de Jesús y su disposición de dar hasta la última gota de sangre por nosotros.

Jesús fue acusado falsamente. Él no hizo nada malo que amerite tal acusación (vs. 59-61). ¿Cómo te sientes cuando te acusan falsamente? La tendencia del ser humano es defenderse y demostrar que los demás están equivocados. Inclusive, tendemos a hacer eso hasta siendo culpables y acusándonos con razón. Tendemos a buscar la forma de lucir mejores en cada situación. Escondemos nuestras faltas y maldades para que la gente vea solo el lado bueno de nuestras vidas. En el caso de Jesús no fue así. Jesús fue acusado falsamente y no se defendió. ¿Por qué? ¿Qué tú piensas? Lo hizo todo por amor a ti. Él estaba dispuesto a morir por ti.

Jesús fue golpeado, condenado, escupido y burlado. Sólo personas crueles pueden burlarse del sufrimiento de otra persona. Solo personas malvadas pueden hacer eso. Es por esa razón que Jesús no incluyó a estas personas en su plan de salvación. No, no, no…. Eso es lo que haría cualquiera de nosotros para tomar venganza. El amor de Jesús fue tan grande que no dejó ni siquiera a los que lo acusaban, lo golpeaban y lo condenaban fuera de su plan de salvación. Él murió por todos. El dejó que sea Dios quien hiciera justicia (Mateo 5:38-41, Lucas 6:29-36, Romanos 12:19-21). Y aun así, no fue que solo dejó todo en las manos de Dios, él fue más allá en su muestra de amor. Él oró porque Dios los perdonara porque no sabían lo que estaban haciendo (Lucas 23:34). ¿Lo harías tú? Estoy seguro que si estás agradecido por la muerte de Jesús y su amor, estarás en disposición de hacerlo.

El sufrimiento físico de Jesús llegó a un extremo que a veces no nos lo imaginamos. Por el maltrato físico que Jesús recibió, él estaba tan desfigurado que perdió toda apariencia humana (Isaías 52:14). ¿Qué parecía? Muchas veces vemos películas sobre Jesús que no muestran la realidad de su sufrimiento físico. Posiblemente los que han hecho estas películas o no han querido causar problemas en personas débiles o no han entendido verdaderamente por lo que Jesús pasó. Podemos ver la película de Mel Gibson "La Pasión" sobre esto que estoy escribiendo en este capítulo. Podemos decir que es la mejor descripción, de todos los relatos, que se acerca al sufrimiento de Jesús. Y aun así, yo considero que este productor se queda corto sobre todo el sufrimiento de Jesús. Por favor, si no has visto esta película, no dejes de verla. Realmente te conmoverá.

A todo este sufrimiento de Jesús, se agrega otro más. Uno de sus amigos más cercanos, Pedro, no tuvo el valor de seguir a su lado cuando Jesús llegó a este punto. Yo digo que entiendo la genuinidad de Pedro cuando dijo: "-Aunque todos te abandonen, yo no te abandonaré" (Mateo 26:33, TLA).

Yo no creo que Pedro lo haya dicho por decirlo. Considero que lo dijo de corazón. Sin embargo, considero también que lo que él vio que Jesús estaba pasando fue tan horroroso que, como humano, no tuvo el valor de resistir.

Posiblemente si Jesús se hubiese rendido a ese punto, nunca más hubiésemos oído hablar de Pedro. Pero Jesús no se rindió. Él llegó hasta el final. Él sabía que necesitaba hacerlo para transformar la vida de muchas personas de corazón duro y el de Pedro.

El estar aislado de los creyentes debilitó la fe de Pedro. Pedro negó tres veces a Jesús, aun después de la advertencia de que lo haría (Mateo 26:69-75). No fue que esto lo agarró de sorpresa. Me imagino que él estaba preparándose para seguirlo hasta el final, pero no se imaginaba de todo lo que iba a suceder. Pero lo bueno fue que Pedro, a diferencia de Judas, el cual se ahorcó, se arrepintió de no haberle sido fiel a su maestro.

La muestra de este arrepentimiento de Pedro podemos verla posteriormente en el hombre poderoso para Dios en el que se convirtió (Hechos 2:14-40). Jesús confió en que Pedro lo haría. Jesús vio siempre el corazón de Pedro y confió en sus convicciones a pesar de sus debilidades. Jesús no se enfoca en quiénes somos. Él se enfoca en lo que podemos llegar a ser. ¡Qué líder!

Al final, también podemos ver un mayor sufrimiento de Jesús. Jesús pudo soportar todo el sufrimiento por su unión con Dios, su padre. Sus oraciones y sus convicciones lo ayudaron a perseverar. Pero, además del sufrimiento emocional y físico, Jesús tuvo otro sufrimiento que pudo ser peor que el sufrimiento anterior. Jesús tuvo también un sufrimiento espiritual, cuando gritó con fuerza: "Elí, Elí, ¿lema sabactani?" (es decir: "Dios mío, Dios mío, ¿por qué me has abandonado?)".

¿Consideras que Dios realmente abandonó a Jesús? No, imposible, talvez te digas. ¿Cómo es posible que Dios pueda permitir que su unigénito hijo amado pueda pasar por todo este sufrimiento. Pero sabemos que por su naturaleza, Dios no puede negarse a sí mismo. La naturaleza de Dios es perfecta y no puede haber unión entre él y el pecado. En la cruz Jesús toma el pecado del mundo y se hace él mismo pecador. ¿Estará Dios unido a un pecador? Dios no necesariamente se alejó de Jesús. Pero al Jesús tomar todos los pecados del mundo, se levanta una barrera entre él y Dios (Isaías 59: 1-2).

Al crearse esa barrera, Jesús se vio separado de Dios y, posiblemente, sintió el dolor más fuerte que haya sentido en toda su vida. Su unión con Dios le ayudaba a resistir el dolor y cualquier sufrimiento. Al no estar unido a Dios por esa barrera, Jesús tiene un sufrimiento mayor.

Vemos que el sufrimiento de Jesús nunca aminoró. Este sufrimiento iba en aumento cada día. Pero hay un dicho que dice que no es más oscura la noche que cuando va a amanecer. Este sufrimiento era el punto final para entrar a un estado de gloria nuevamente.

Para muchos, Jesús estaba llegando al final de su vida y de su poder. Para otros, él estaba realmente llegando al punto de más poder y gloria en el cual estaba venciendo a quien estaba pensando que lo estaba venciendo, a Satanás.

¿Te has hecho la pregunta sobre cómo menosprecias a Jesús en tu diario vivir? ¿Crees que tienes agradecimiento por su sacrificio y lo que hizo por ti? ¿Estás en disposición de seguir sus pasos? ¿Crees que te voy a pedir que si muestras agradecimiento ores, reces o leas una oración que te va a transformar en una persona cristiana? No. Lo que sugiero es que vivas en total agradecimiento por lo que Jesús ha hecho por ti. Que estés en disposición de decidir llegar hasta la muerte, si es necesario, por ese agradecimiento. Vemos personas que han luchado por diferentes ideales y han dado hasta sus vidas. Debemos estar en disposición de hacer lo mismo por Jesús para perseverar en nuestra caminata con Dios.

REFLEXIONES

1. Reflexiona sobre el sacrificio de Jesús y qué tan agradecido/a estás siendo por lo que él hizo por ti.

2. ¿Has pensado sobre el alcance del sacrificio de Jesús y su entrega incondicional por ti?

3. ¿Consideras que tienes alguna responsabilidad sobre su muerte?

4. ¿Qué vas a hacer?

Capítulo VI

Crea tus Propias Convicciones sobre la Iglesia

"Pedro y los demás apóstoles contestaron: -Es nuestro deber obedecer a Dios que obedecer a los hombres".

- HECHOS 5:29

Muchas personas tienen una idea de lo que significa creer en Dios y en sí quisieran seguir a Jesús. Algunas personas consideran que no es necesario congregarse para hacerlo. Consideran que pueden hacerlo sin necesidad de asistir a una iglesia. Dicen también que la iglesia no salva a nadie. En realidad no están equivocadas. La iglesia no fue escogida por Dios para salvarte. La iglesia no fue a la cruz por ti. Jesús lo hizo. Fue a Jesús a quien crucificaron para el perdón de tus pecados. Ahora bien, ¿Conoces verdaderamente qué significa una iglesia? ¿Conoces su rol para ayudarte a perseverar en tu caminata con Dios?

Tus convicciones no pueden ser pasadas de otra persona a través de un proceso de ósmosis.

Otras personas, por el contrario, entienden perfectamente que necesitan congregarse en una iglesia. Entienden que como discípulas de Jesús entran a formar parte de su cuerpo. Saben que es imposible para un miembro del cuerpo vivir separado del mismo (1 Corintios 12:12-28). Un miembro fuera del cuerpo sin alimentarse del mismo va a morir indudablemente.

Partiendo de que entiendes la importancia de la iglesia para perseverar en tu caminata con Dios, vienen también varias interrogantes. En la búsqueda de una congregación, muchas personas se confunden por la existencia de tantas iglesias hoy en día. Muchas personas se preguntan: ¿Y si Jesús es uno solo, por qué hay tantas iglesias? ¿No estableció él una sola? ¿Cuál es la iglesia verdadera, si existe alguna? Para perseverar en tu caminata con Dios, debes desarrollar tus propias convicciones. Tus convicciones no pueden ser pasadas de otra persona a través de un proceso de ósmosis. Alguien te puede enseñar y te puede guiar, pero finalmente, basado en lo que te enseñan, debes crear y mantener tus propias convicciones.

La Biblia es muy clara en cuanto a las respuestas a estas interrogantes. Las mismas no se pueden entender yendo de persona a persona y de iglesia en iglesia preguntando sobre las respuestas. Tú misma eres la persona que necesitas contestarte estas interrogantes a través de la Biblia.

Si, Wagner, pero es que este tema es tan confuso que no logro entenderlo. Es cierto. Esto es confuso, pero claro a la vez. Es confuso si tratas de entender todo por tu cuenta sin alguien que te guíe. Necesitas alguien que te guíe a buscar las respuestas directamente en las Escrituras. Ellas te darán la luz que necesitas. Ahora bien, cuando encuentres esas respuestas, debes decidir tomar el reto, cueste lo que cueste, de mantenerte unida al cuerpo para perseverar en tu caminata con Dios. Fuera del cuerpo morirás espiritualmente (Hebreos 10:25).

No busques un atajo justificando el faltar a la iglesia para darle prioridad a otros asuntos.

En este capítulo me enfocaré en explicar lo que he aprendido sobre la iglesia y lo que me ha ayudado a tener una luz para mantenerme firme. No busques un atajo justificando el faltar a la iglesia para darle prioridad a otros asuntos. Lamentablemente, hoy en día se ven tantas personas poniendo excusas tan tontas para no llegar a la iglesia que a los primeros discípulos les apestaría si estuvieran con nosotros. Mi enfoque es en ayudarte a tener una convicción tal que puedas aprovechar todos los recursos que la iglesia te ofrece para perseverar. Muchas personas no perseveran por falta de convicción sobre lo que hacen para Dios y su falta de entrega hacia el cuerpo de Cristo, la iglesia.

Comencemos hablando sobre la escritura en Efesios 1:22-23. Esta dice lo siguiente:

"Sometió todas las cosas bajo los pies de Cristo, y a Cristo mismo lo dio a la iglesia como cabeza de todo. Pues la iglesia es el cuerpo de Cristo, de quien ella recibe su plenitud, ya que Cristo es quien lleva todas las cosas a su plenitud".

Entender esta escritura es clave para crear nuestras propias convicciones sobre lo que significa una iglesia. Cuando lo entendemos y tenemos un corazón para Dios, no vamos a descansar hasta encontrar una iglesia donde congregarnos y unirnos al cuerpo de Cristo. Esto significa que es importante congregarnos. También es importante la iglesia a la que asistimos. Esta iglesia debe estar dirigida por Cristo y no por los hombres. Con esta idea vamos aclarando un poco más el concepto. Poco a poco iremos construyendo la fuerte zapata de nuestras convicciones.

Antes de continuar, entremos a definir el significado de la palabra iglesia desde sus raíces. Si nos vamos a la definición del DRAE o cualquier otro diccionario normal posiblemente nos confundamos más.

Según el diccionario bíblico, la palabra iglesia viene del griego ekklsía; de ek ["fuera"] y kaléÇ ["llamar"]). El diccionario dice que en el griego secular, el término significaba una reunión de gente, tal como un cuerpo político debidamente citado, o, en general, una asamblea. No se hace referencia a su uso religioso. Dice también que "ekklsía" es traducción casi exclusiva del hebreo qâhâl, "congregación", "reunión", "asamblea". Según su origen, el significado de iglesia es enfocado en una reunión de un grupo de personas con un propósito. Y si nos descuidamos, las iglesias se convierten en simples reuniones sociales y hasta políticas.

En el Nuevo Testamento sí se hace más referencia a la iglesia como el grupo de personas que siguen a Jesús, lo consideran como el Mesías, viven sus enseñanzas y se unen en una organización donde Jesús es la cabeza (1 Corintios 12:12, 1 Corintios 3:11). En todo el Nuevo Testamento se pueden ver esas referencias sobre las reuniones de los primeros cristianos y las referencias a la iglesia. Se entiende perfectamente lo que es y lo que un seguidor de Jesús debe hacer atado a la iglesia. Pero muchas veces las personas no quieren tomar el reto y quieren que la iglesia se adapte a sus condiciones particulares y no se adaptan a las exigencias de la iglesia según las enseñanzas de Jesús y los apóstoles.

Más que continuar analizando definiciones, considero que es mejor enfocarnos en la parte práctica. Las escrituras también dicen que hay un solo cuerpo. (Efesios 4:4). Y tratándose del cuerpo de Cristo, hay una sola iglesia. De nuevo recordemos que Cristo es la cabeza de la iglesia. Siendo éste el caso y existiendo un solo Cristo, es imposible que haya más de un cuerpo normal atado a una cabeza. De la misma forma, en la iglesia no puede haber más de una cabeza. Si existen dos cabezas atadas a un mismo cuerpo, es algo anormal. Es anormal que haya varias iglesias actuando independientes. Cada persona es responsable de hallar esa iglesia dirigida por Cristo.

Considerando esta escritura anterior, ¿cómo es, entonces, que existen tantas iglesias? Y muchas veces tantas iglesias en pugna unas con otras. ¿Debe ser la iglesia católica? ¿Debe ser una iglesia evangélica? ¿o debe ser alguna otra iglesia de cualquier otra denominación? En realidad Cristo no dejó un cuerpo dividido. Él dejó un grupo de personas siguiéndolo y decididos a llevar su mensaje a todas partes del mundo. Él dejó su iglesia y punto.

¿Y por qué existen tantas denominaciones, incluyendo la iglesia católica? A mí me suena "gracioso", y también me molesta en cierta forma, cuando la gente, comenzando con los mismos católicos, hace la diferencia entre ser cristiano y ser católico. A veces le preguntas a una persona, ¿tú eres cristiana? Y la respuesta es "No, yo soy católica". Y no quiero agregar la reacción en su cara o sus gestos. Por otro lado, vemos también a un grupo de personas protestantes, no católicas, defendiendo con uñas y dientes sus denominaciones, independientemente del enfoque en Jesús. Defienden a carta cabal sus ideas particulares de esa denominación y muchas veces pierden el enfoque de dejarse dirigir por Cristo como cabeza. A veces se establecen ciertos lineamientos y enseñanzas internas que van desplazando las enseñanzas de Jesús. Es cierto que a veces hay ciertas orientaciones y consejos que se dan en la iglesia que funcionan, pero debemos diferenciar las enseñanzas de la Biblia de las enseñanzas particulares de un grupo.

Cada persona es responsable de hallar esa iglesia dirigida por Cristo.

Las denominaciones surgen cuando las personas se enfocan en seguir a un hombre en particular en vez de enfocarse en seguir a Cristo. Normalmente detrás de una denominación existe la figura de una persona a quien se sigue y se defiende. Para entender esto es bueno remontarse a los inicios de la iglesia. En 1 Corintios 1:10-13 se muestra el origen de estas divisiones. En ese tiempo, algunas personas comenzaron a mostrar inclinación por uno de los líderes y otras por otros. Algunas personas estaban más inclinadas a seguir a Pablo, otras a seguir a Pedro y otras a seguir a Apolos. Y me imagino que otras a seguir a no sé quién. Y Pablo lo enfrenta y lo pone bien claro. No debemos seguir a hombres. Debemos seguir a Cristo.

No debemos seguir a hombres. Debemos seguir a Cristo.

Ninguno de nosotros hemos muerto por ustedes, plantea; el único que ha muerto por cada uno de nosotros es Cristo. Por lo tanto, todos debemos estar unidos en torno a Cristo, independientemente de nuestras preferencias en cuanto al liderazgo. Y los líderes deben estar muy claros en esto. Ninguna persona, por más liderazgo que tenga en la iglesia, debe buscar que la gente la siga y que se desenfoque de seguir a Cristo.

El problema que comenzó inicialmente con estas divisiones no paró. Hoy en día podemos ver el fruto de todo este desorden y la confusión de muchas personas de corazón noble que no saben qué hacer. Lo bueno es que Dios es tan grande y poderoso que siempre hace que las personas que lo buscan sinceramente y de todo corazón lo encuentren.

También me suena raro el comentario que he oído de ciertas personas defendiendo la existencia de tantas denominaciones. Estas personas dicen que las denominaciones existen porque existen diferentes gustos y preferencias en la gente. Por lo tanto, para complacerlas, Dios establece diferentes tipos de iglesias. ¿Qué les parece? Perdón, pero a mí no me parece lógico. Hoy en día existen iglesias de todos los colores, tamaños y enfoques porque mucha gente no está dispuesta obedecer la Biblia y a sacrificarse por seguir a Jesús hasta la muerte. Prefieren obedecer reglas y enseñanzas de los humanos. Por lo tanto, se buscan a alguien que sea complaciente cuando les predique. Quieren oír lo que quien y no lo que tienen que oír. Les han dado la espalda a la Biblia para seguir sus tradiciones (2 Timoteo 4:3-5). Van a la iglesia que más se adapte a sus ideas y no están dispuestas a cambiar su carácter y su orgullo. Quieren defenderlo con uñas y dientes. Y si alguien les pide que hagan algún sacrificio para Cristo, se arma la de Troya y, posiblemente, hasta ese día llega su presencia en la iglesia.

Para perseverar en nuestra caminata con Dios necesitamos tener estas cosas bien claras con fundamentos bíblicos. Debemos cerciorarnos que buscamos y nos dejamos enseñar la palabra de Dios y no opiniones humanas. Es por eso que necesitas tener el entrenamiento correcto cuando quieres hacerte cristiano. Necesitas crear tus propias convicciones. No debemos tomar las convicciones de otra persona, aunque sí debemos aprender de personas que son un ejemplo con sus vidas de las enseñanzas y la vida de Jesús.

La iglesia debe funcionar como un verdadero cuerpo. No es en vano que se hace la comparación de la iglesia con el cuerpo humano (1 Corintios 12:12-27). Esta escritura envuelve bastante. Para perseverar en nuestra caminata con Dios hay que entender esto a plenitud.

Comencemos analizando esta escritura con lo que se refiere al cuerpo. Dice que un cuerpo está compuesto por varias partes. Cada una de esas partes tiene una función y en conjunto realizan la función total del cuerpo. Las partes se unen, le dan vida al cuerpo, hacen que se desarrolle y ninguna de estas partes puede vivir sin la otra. Algunas son consideradas más importantes y otras menos importantes, pero no dejan de ser importantes y desempeñar su función. Ahora bien, Dios es tan genial que a las partes que el humano considera de menos importancia les da su función especial para que ninguna se sienta al menos.

Así como en el cuerpo cada parte tiene una función especial, en la iglesia también cada miembro tiene una función especial. Así como ninguna de las partes del cuerpo humano le puede decir a otra no te necesito, tampoco ningún miembro de la iglesia le puede decir a otro no te necesito. Sí, Wagner, pero lo que tú planteas es algo ideal. Eso no es lo que yo veo que sucede en la iglesia. Lo que yo veo es que el pastor es el más importante y los demás miembros no son tan importantes. Inclusive, yo veo discriminación. Exactamente. La visión de Jesús es que la iglesia funcione como él la diseñó. Precisamente, ésta es una de las razones por las que incluimos este capítulo en este libro sobre perseverancia en nuestra caminata con Dios. Si la iglesia no funciona como debe ser, no va a crecer y finalmente desaparecerá. Eso ha sucedido a través de la historia y continúa sucediendo hoy en día.

Hablemos un poco sobre el bautismo. ¿Es necesario el bautismo? Definitivamente que sí. Es parte del plan de salvación. Y no me digas que es parte del plan de salvación, pero no es para salvación. A través del bautismo entramos a formar parte del reino de Dios, su iglesia. 1 Corintios 12:13 dice: *"Y de la misma manera, todos nosotros, judíos o no judíos, esclavos o libres, fuimos bautizados para formar un solo cuerpo por medio de un solo Espíritu; y a todos se nos dio a beber de ese mismo Espíritu".*

¿Es necesario el bautismo? Definitivamente que sí. Es parte del plan de salvación.

Fuimos bautizados para formar un solo cuerpo. Fuimos bautizados para entrar en el cuerpo de Cristo. Señores, no seamos miopes. No seamos ciegos. Estudiemos la Biblia. No hagamos las cosas por contar con muchos miembros en su iglesia. Ese no era el enfoque de Jesús. Además, Mateo 28:19 nos muestra también sobre la instrucción de Jesús acerca del bautismo. Y Juan el Bautista estaba bautizando, y Jesús fue para que Juan el Bautista lo bautizara. ¿Por qué tenemos que esperar? Hay que entender que es urgente bautizar a alguien para que forme parte del reino de Dios y para que los pecados sean perdonados y comience a vivir una nueva vida. A ese punto, se recibe también el don del Espíritu Santo. Bueno, si sigo escribiendo sobre esto, no tendré espacio para todo lo demás que quiero compartir.

Es imposible vivir una vida apartado cuando se quiere ser un discípulo de Jesús y queremos perseverar en nuestra caminata con Dios.

Ya como parte del cuerpo de Cristo, necesitamos cerciorarnos que no nos convertimos en "llaneros solitarios" o "cristianos de la secreta". Es imposible vivir una vida apartado cuando se quiere ser un discípulo de Jesús y queremos perseverar en nuestra caminata con Dios. Necesitamos de la unidad. Necesitamos preocuparnos los unos por los otros. Necesitamos romper con cualquier conducta que contribuya a romper la unidad en el cuerpo. Necesitamos romper con la envidia, las rivalidades y el favoritismo. Cada miembro debe ver cuál es su función y desempeñarla con excelencia como un embajador de Cristo (2 Corintios 5:20).

Como cristianos, no podemos separarnos de la iglesia. Si nos separamos de la iglesia morimos automáticamente. Es como el caso de un órgano que nos cortamos. Si dura un tiempo fuera del cuerpo va a morir. Inclusive si ese órgano tiene la posibilidad de insertarse de nuevo en el cuerpo, si ha durado un buen tiempo fuera, le va a ser muy difícil reinsertarse. Es imposible vivir fuera del cuerpo. Es imposible para un cristiano vivir fuera de la iglesia.

A veces también nos encontramos con personas que entienden un poco sobre esto que he mencionado y están dispuestas a ponerlo en práctica. Sin embargo, consideran que no necesitan tener un gran compromiso con la iglesia y las reuniones. Consideran que venir de vez en cuando es suficiente.

Hebreos 10:24-25 nos dice: *"Busquemos la manera de ayudarnos unos a otros a tener más amor y a hacer el bien. No dejemos de asistir a nuestras reuniones, como hacen algunos, sino animémonos unos a otros; y tanto más cuanto que vemos que el día del Señor se acerca".* Además de entender que somos parte de un cuerpo, necesitamos entender que juntos nos animamos los unos a los otros a tener más amor y a hacer el bien. Necesitamos asistir siempre a cada una de las actividades del cuerpo. Es imposible que un día yo decida ir a algún lugar y pueda dejar una de mis piernas guardada o que la pierna se resista a ir. Es imposible. Asimismo, dondequiera que esté el cuerpo reunido, ahí deben estar cada uno de sus miembros.

Es también cuestión de entender lo que significa el reino de Dios y su importancia. Es como se describe en la parábola del tesoro escondido o la perla de mucho valor en Mateo 13:44-46 que dice: *"El reino de los cielos es como un tesoro escondido en un terreno. Un hombre encuentra el tesoro, y lo vuelve a esconder allí mismo; lleno de alegría, va y vende todo lo que tiene, y compra ese terreno. Sucede también con el reino de los cielos como con un comerciante que andaba buscando perlas finas; cuando encontró una de mucho valor, fue y vendió todo lo que tenía, y compró esa perla".*

Necesitamos asistir siempre a cada una de las actividades del cuerpo.

Cuando entendemos el verdadero valor de estar en el reino de Dios, la iglesia, estamos dispuestos a dar todo lo que tenemos, nuestro tiempo, nuestro dinero e, inclusive, entregarnos a nosotros mismos como ofendas vivas (Romanos 12:1).

El cuerpo, la iglesia, es una familia (Efesios 2:19-22). ¿Cómo tratas a los miembros de tu familia? Bueno, digamos una buena familia. Hoy en día realmente la sociedad se ha convertido en un desastre. Es por eso que necesitamos restaurar en las personas el deseo de venir a Dios y de perseverar en su caminata con él. No podemos venir a la iglesia y considerarlo como un simple grupo social con el cual interactuamos por un rato y no tenemos ningún compromiso. Una vez nos bautizamos, formamos parte de una familia especial. Ya no somos extranjeros. Nos convertimos en una familia escogida y apartada para un propósito especial, servirle a Dios (1 Pedro 2:9).

> *El cuerpo, la iglesia, es una familia.*

Entendamos lo que significa la iglesia. Valorémosla y demos todo nuestro corazón para cumplir con nuestras funciones individuales como miembros de ella. Cumplamos con sus funciones de mantenernos unidos a la cabeza que nos dirige y, de esa forma, perseverar para darle gloria y honra a nuestro Dios.

REFLEXIONES

1. ¿Qué tan fuertes son tus convicciones sobre la iglesia?

2. ¿Son estas convicciones tuyas propias o dependen de otras personas?

3. ¿De dónde vienen tus convicciones, vienen de lo que oyes o vienen del estudio de tu Biblia?

4. ¿Por qué asistes a la iglesia, por tradición o por convicción?

Capítulo VII

Ilumina tus Zonas Oscuras

"Nada de lo que Dios ha creado puede esconderse de él; todo está claramente expuesto ante aquel a quien tenemos que rendir cuentas".

- HEBREOS 4:13

En la búsqueda de tener una relación con Dios y perseverar hasta el final a veces queremos hacer lo que hacemos con las fotografías. Si nos fijamos, en las fotografías normalmente solo mostramos la mitad de nuestras historias. Y posiblemente menos. Normalmente guardamos en las fotografías los tiempos de gozo y alegría. Cuando venimos a Dios a veces pensamos que él es tonto y que podemos engañarlo mostrando solo un lado de nuestras vidas a las personas que están a nuestro alrededor. Pero es imposible engañar a Dios (Hebreos 4:12-13).

Dios sabe exactamente que somos pecadores. Por eso ha diseñado la mejor estrategia para ayudarnos a regresar a él.

Dios sabe exactamente que somos pecadores. Por eso ha diseñado la mejor estrategia para ayudarnos a regresar a él. Él entiende que como pecadores necesitamos de su ayuda (Romanos 3:23). En esta vida todos hemos pecado. Todos tenemos zonas oscuras que no queremos mostrar. El esconder dichas zonas solo nos mantiene prisioneros. Nos hace cargar una carga muy pesada. Por el contrario, cuando decidimos mostrar nuestras zonas oscuras, nos liberamos de una carga muy fuerte. Mostramos quiénes verdaderamente somos. Y Dios se alegra de eso. Dios ve la honestidad en nosotros y nos promete perdonarnos. El pecado nos aleja de Dios. Pero Dios quiere que nos acerquemos a él.

Dios quiere que iluminemos esas zonas oscuras que tenemos. Dios quiere que nos acerquemos a él saliendo de la oscuridad. Él nos ha llamado a salir de la oscuridad y a vivir en su luz maravillosa (1 Pedro 2:9-10). Ésta es una muestra de la gran compasión que Dios tiene por cada uno de nosotros. Insisto, debes personalizar esto y leerlo en singular para que se aplique a tu caso particular.

Cuando vivimos en la oscuridad, Dios ni siquiera nos considera pueblo. Cuando iluminamos nuestras zonas oscuras y recibimos la ayuda para entrar en la luz, pasamos a ser un pueblo especial escogido y apartado por Dios. Dios nos tiene compasión y nos salva. Al final, llegamos al cielo.

El pecado que nos mantiene viviendo en la oscuridad crea una barrera entre nosotros y Dios (Isaías 59:1-2). Inclusive, cuando Jesús murió en la cruz, los pecados que tomó levantaron esa barrera. Pecado es pecado y nos separa de Dios independientemente del tipo y la naturaleza. No podemos compararnos con otras personas y creer que nuestros pecados son menos malos que los de ellas. Debemos buscar la manera de romper esa pared que nos separa de Dios, iluminar las zonas oscuras y entrar en su luz maravillosa.

> *Debemos buscar la manera de romper esa pared que nos separa de Dios, iluminar las zonas oscuras y entrar en su luz maravillosa.*

Se entiende que las personas que trabajan en el sector de la construcción y están levantando un nuevo proyecto, se enfrentan a veces con situaciones en las cuales tienen que derrumbar alguna pared. Para tener éxito en derrumbar dicha pared y hacerlo de la forma más eficiente posible, hay que saber cuál es la estructura de la misma. Necesitamos saber de qué está compuesta. Cuando entendemos esto, buscamos las herramientas adecuadas para tumbarla. Se puede hacer una analogía con esto en términos espirituales. Si queremos acercarnos a Dios pasando de la oscuridad a la luz y derrumbar la barrera de pecados que nos separa de él, necesitamos primero saber cuál es la estructura de esa pared. Si no lo sabemos, es muy probable que fracasemos en nuestro intento.

Al igual que en el sector construcción, el buscar iluminar las zonas oscuras de nuestras vidas es un trabajo forzado y doloroso. Se requiere de una preparación previa para enfrentar dicho trabajo. Lamentablemente, muchas veces no se quiere sufrir en el proceso.

Hay algunos pecados que son obvios, pero hay otros que no lo son (Gálatas 5:19-21, 2 Timoteo 3:1-5, Apocalipsis 21:8 y otras). Para llegar al reino de Dios pasando de la oscuridad a la luz rompiendo esa barrera que nos separa y perseverar en nuestra caminata con Dios, necesitamos confesar nuestros pecados. Esto era uno de los requisitos que exigía Juan el Bautista cuando iban a él. La confesión es necesaria si queremos ser perdonados (Levíticos 5:5, Salmo 32:5, Mateo 3:5-6, Santiago 5:16). Es imposible que puedas iluminar tus zonas oscuras y puedas tener luz si no decides eliminar todo lo que produzca oscuridad en tu vida.

Santiago 5:16 dice que debemos confesarnos unos a otros nuestros pecados. La escritura no dice que debemos confesarle a una persona específica. No dice que debemos confesarle al "padre", ni al pastor, ni al líder. Dice que debemos confesarnos los unos a los otros. Ésa es la forma en que también creamos fuertes lazos de amor en el reino. Cuando permitimos que otras personas conozcan nuestras intimidades estamos permitiendo también que nos ayuden mejor. Ayudamos también a tener una iglesia más unida y sólida. Proverbio 28:13 también dice que no debemos disimular el pecado. Dice que al que disimula el pecado no le irá bien, pero que al que lo confiesa y lo deja será perdonado. Por otro lado, el salmo 32:5 también menciona sobre el confesar sin reservas. Realmente Dios bendice las personas que tienen un corazón entregado para hacer lo que es recto para él aunque le duela.

Santiago 5:16 dice que debemos confesarnos unos otros nuestros pecados.

¿Quieres recibir el perdón de tus pecados? ¿Crees que es posible entrar al reino de Dios sin ser perdonado? ¿Crees que si disimulas el pecado podrás ser perdonado?

Una de las cosas que también a veces nos limita para ser abiertos en nuestras vidas es el temor al qué dirán cuando lo hacemos. Cuando reaccionamos de esa forma, estamos temiendo más a la gente que a Dios. Pero realmente no debemos dejarnos dominar por ese temor. Job es un ejemplo a imitar. Él no tuvo temor a lo que dijera la gente (Job 31:33-34). Job entendía que su pecado solo le hacía daño a él mismo y que el confesar solo lo beneficiaba. Entonces, ¿por qué dejar esa basura en nuestro interior para que nos haga daño? Es una tontería hacerlo.

Nadie puede engañar a Dios. Dios conoce todo lo que está en tu interior aunque lo hagas en el lugar más secreto.

No te engañes. El engañarte sobre lo que hay en tu interior y tu vida privada tiene sus consecuencias. Primeramente, nunca vas a entrar en el reino de Dios si hay engaño en tu vida. Además, tarde o temprano Dios va a exponer lo que está dentro de ti si estás alrededor del reino haciendo creer que todo está bien contigo. Por más que trates de avanzar, no lo vas a lograr (Salmo 32:3-5).

Es mejor exponer lo que está dentro de ti lo más rápido posible. Es mejor ahora que después. Tarde o temprano Dios lo va a exponer (1 Timoteo 5:24-25). Nadie puede engañar a Dios. Dios conoce todo lo que está en tu interior aunque lo hagas en el lugar más secreto (Hebreos 4:12-13).

A veces se comete el error de no ayudar a los cristianos a exponer sus intimidades. No en público por supuesto. Es un error que se dé seguimiento para que la gente esté bien con la iglesia y no con Dios. Pero hay que ver también que la responsabilidad es personal. Dios se fija en personas con corazones que le buscan de todo corazón y les abre el camino.

Decide iluminar tus zonas oscuras y decide vivir en la luz.

Decide iluminar tus zonas oscuras y decide vivir en la luz. Ten la disposición de tomar el reto de abrir tu vida para recibir la ayuda. Decide cambiar desde el interior y no vivir una vida de apariencias. Decide contribuir con la unidad de la iglesia al crear lazos de unión exponiendo quién eres verdaderamente y no solo mostrar una pantalla. Mantente exponiendo lo que pasa en tu vida y persevera en tu caminata con Dios para su gloria y honra.

REFLEXIONES

1. ¿Cuáles son tus zonas oscuras? ¿Las conoces? ¿Las expones?

2. Te dices ser cristiano/a, pero ¿existen zonas oscuras en tu vida, las cuales no estás en disposición de iluminar?

4. ¿Estás dispuesto a abrir tu vida a otra para recibir ayuda y que puedas iluminar tus zonas oscuras?

Capítulo VIII

Construye un Buen Presupuesto Espiritual

"Pues los que han conocido a nuestro Señor y Salvador Jesucristo, y han escapado así de las impurezas del mundo, si se dejan enredar otra vez en esas cosas y son dominados por ellas, quedan peor que antes. Hubiera sido mejor para ellos no haber conocido el camino recto que, después de haberlo conocido, apartarse del santo mandamiento que les fue dado".

- 2 PEDRO 2:20-21

Finalmente, quiero terminar la primera parte de este libro con este capítulo sobre la elaboración de un presupuesto espiritual. Esto no quiere decir que para perseverar en su caminata con Dios un discípulo debe tener un buen presupuesto de sus finanzas y hacerlo en una forma espiritual. Aunque en sí las finanzas es uno de los aspectos de la vida de un discípulo que se necesita mantener en orden para poder estar enfocado en las cosas espirituales sin distracción. A lo que me refiero es que debemos entender a plenitud lo que cuesta seguir a Jesús y saber si contamos con todos los recursos espirituales para no dar marcha atrás.

...debemos entender a plenitud lo que cuesta seguir a Jesús....

Debemos entender que el dar marcha atrás no es solo una pérdida de tiempo al regresar a donde estábamos originalmente. Esto es algo peor. Cuando conocemos a nuestro Señor y Salvador Jesucristo y lo abandonamos, nuestras vidas quedan en una peor situación que la que teníamos viviendo la vida de pecados que teníamos antes de conocerlo (2 Pedro 2:20-21).

Cuando alguien se aleja del cuerpo, es difícil volverse a insertar.

En innumerables ocasiones me he encontrado con personas que han sido cristianas con muchas convicciones y luego se han dejado enredar por las cosas del mundo como dice la parábola del sembrador. En la mayoría de los casos, se ve no solo que las personas han perdido su enfoque espiritual, sino que también sus vidas, en sentido general, han desmejorado. Se nota también un deseo de regresar. Sin embargo, el orgullo o la atadura del mundo les impiden hacerlo. A veces las personas se desvían y creen que luego de un tiempo pueden volver. Cuando alguien se aleja del cuerpo, es difícil volverse a insertar.

Es bueno comenzar esta discusión con una escritura que habla exactamente sobre presupuesto espiritual. Veamos lo que nos dice Lucas 14:28-33.

"Si alguno de ustedes quiere construir una torre, ¿acaso no se sienta primero a calcular los gastos, para ver si tiene con qué terminarla? De otra manera, si pone los cimientos y después no puede terminarla, todos los que lo vean comenzarán a burlarse de él, diciendo: "Este hombre empezó a construir, pero no pudo terminar." O si algún rey tiene que ir a la guerra contra otro rey, ¿acaso no se sienta primero a calcular si con diez mil soldados puede hacer frente a quien va a atacarlo con veinte mil? Y si no puede hacerle frente, cuando el otro rey esté todavía lejos, le mandará mensajeros a pedir la paz. Así pues, cualquiera de ustedes que no deje todo lo que tiene, no puede ser mi discípulo".

Para comenzar tu caminata con Dios y perseverar es muy importante que calcules todos los costos.

De nuevo, podemos ver una analogía de Jesús con el sector en el cual él estaba además de ser el Mesías; el sector de la construcción. Él era un carpintero. Cuando construimos, debemos calcular los costos para ver si tenemos con qué terminar el proyecto en el cual nos hemos involucrado. Esto es especialmente importante cuando el proyecto es bien costoso y se requiere de una gran inversión inicial. Sería una gran pérdida de recursos y una gran vergüenza cuando nos involucramos en un proyecto y luego lo dejamos a medias porque no planificamos bien; no hicimos un buen presupuesto de todos los costos que el mismo conllevaba.

Para comenzar tu caminata con Dios y perseverar es muy importante que calcules todos los costos. Debes cerciorarte que no te quedarás a medias. Dios no quiere que nos volvamos atrás. Él quiere que perseveremos y alcancemos la salvación porque tenemos fe (Hebreos 10:39).

Cuando venimos al reino sentimos el fuego y la convicción de seguir a Jesús. No podemos dejar de compartir lo nuevo que tenemos. Compartimos con todos nuestros amigos, familiares y relacionados. Muchas de estas personas que conocían nuestra vieja vida apuestan a que lo que estamos haciendo no es en serio y que luego nos cansaremos. Es vergonzoso volver atrás y mostrar nuestra falta de convicción. Sería vergonzoso enfrentar a estas personas que aseguraban que no íbamos a perseverar.

Es vergonzoso volver atrás y mostrar nuestra falta de convicción.

Dios no se fija en sí en quien comienza la carrera. Él se fija en quien termina. Lo he mencionado anteriormente y no me canso de repetirlo. Me duele bastante ver tantas personas que vienen al reino con un deseo ferviente de seguir a Jesús y luego se quedan por el camino y dan marcha atrás. Ésta es una de las razones por las cuales he decidido hacer este libro. Es ayudar a que podamos tener esta referencia para mantener las convicciones y perseverar hasta el final. Estamos en una carrera de resistencia y no de velocidad.

Lo que menciono me recuerda la carrera de Derek Redmond, el atleta británico favorito para ganar los 400 metros y se lesionó en la prueba semifinal (http://es.wikipedia.org/wiki/Derek_Redmond. Tomado el 3 de junio del 2014). Esta situación nos enseña innumerables lecciones. Dentro de ellas se encuentra la lección de llegar a la meta a pesar de los obstáculos. Él se lesiona, pero a pesar de eso, su decisión es de terminar la carrera y llegar a la meta. Él no se dio por vencido. También podemos ver en esto un ejemplo de que cuando tenemos el corazón de llegar a la meta, recibimos la ayuda necesaria. El padre de Derek entró a la pista y le ayudó. De la misma forma, cuando queremos llegar a la meta espiritual, nuestro padre celestial busca todas las formas posibles de ayudarnos y nos ayuda a terminar la carrera. En el reino recibimos la ayuda necesaria para perseverar. Sin embargo, la decisión de hacerlo es totalmente nuestra. La intención del padre fue entrar a la pista a ayudarlo a levantarse, pero la decisión de Derek fue terminar lo que había comenzado.

No se trata de todo lo que hacemos al principio. Se trata de perseverar. En mis entrenamientos en Puerto Rico para ser un discípulo, hubo momentos en los cuales quise parar y no tomar los retos que tenía que enfrentar. Quise dejar todo a medio camino y regresar a la República Dominicana. Si no hubiese perseverado, no sé qué hubiese sido de mi vida. No hubiese recibido todas las bendiciones que he recibido tanto para mí individualmente como para mi familia en sentido general.

Siempre mantengo vivo en mi memoria lo que vi en un derby de Jonrones de las grandes ligas de béisbol en el año 2008. El jugador de los Rancheros de Texas (Texas Rangers), Josh Hamilton bateó un récord de 28 jonrones en su primera ronda. Yo, conjuntamente con mi hija Gianna, disfruté de esos jonrones. Ese derby fue el show de Josh Hamilton. Sin embargo, Justin Morneau ganó la competencia, llevándose los premios y el trofeo, al ganarle 5 a 3 en la ronda final. Independientemente de cualquier favoritismo que tuviéramos por algún jugador de un equipo, es indudable que cualquiera quisiera ver a alguien que ha establecido un récord en la primera ronda ganar la competencia. Pero ese no fue el caso. Josh Hamilton comenzó bien, pero no perseveró en cuanto a tener la misma intensidad y la cantidad de jonrones hasta el final. En la ronda final solo pudo dar tres jonrones. Les comento que desde ese momento, yo he estado loco por llegar a este punto de este libro para escribir esta historia. Más de seis años han pasado desde entonces. Quiero que sepan también que el nombre que más me sonaba en la memoria era el de Justin Morneau. ¿Por qué? Porque él fue quien ganó. (http://mlb.mlb.com/mlb/events/all_star/_y2008/ hr_derby.jsp, tomado el 3 de diciembre del 2012).

> *No se trata de todo lo que hacemos al principio. Se trata de perseverar.*

Así como Dios se fija en quien termina, la historia también se fija en quien gana. Aunque Josh Hamilton quedó con su récord, y eso fue muy bueno, Justin Morneau quedó registrado como uno de los ganadores del derby de jonrones. ¡Ah!, también recuerdo una vez que fui a revisar los nombres de los ganadores del abierto de judo del Estado de Michigan en el año 1991. Pensé que iba a encontrar mi nombre en el libro. Para mi decepción, solo los ganadores del primer lugar de cada categoría estaban registrados. Yo había quedado en segundo. En este caso, hubiese sido bueno ver mi nombre, para aumentar un chin mi ego nadamás (parece que Dios lo sabía).

Debemos perseverar hasta el final para recibir el premio que Dios nos ha prometido. Pablo lo describe muy bien cuando dice:

> *"Ustedes saben que en una carrera todos corren, pero solamente uno recibe el premio. Pues bien, corran ustedes de tal modo que reciban el premio. Los que se preparan para competir en un deporte, evitan todo lo que pueda hacerles daño. Y esto lo hacen por alcanzar como premio una corona que en seguida se marchita;*

en cambio, nosotros luchamos por recibir un premio que no se marchita. Yo, por mi parte, no corro a ciegas ni peleo como si estuviera dando golpes al aire. Al contrario, castigo mi cuerpo y lo obligo a obedecerme, para no quedar yo mismo descalificado después de haber enseñado a otros" (1 Corintios 9:24-27).

Si no perseveramos en nuestra caminata con Dios, al final vamos a quedar descalificados y no recibiremos ningún premio. ¿De qué nos vale comenzar bien si al final vamos a perder la competencia? Podemos disfrutar temporalmente de ir a la vanguardia, pero al final nos quedará el mal sabor de perder para siempre.

No hay ninguna excusa para no perseverar.

Lucas 14:28-33, específicamente comenzando en el versículo 31 relata también sobre la situación que se puede dar entre un rey con diez mil soldados que vaya a enfrentar a otro con veinte mil. Bajo condiciones normales lo que se espera es que el rey de los veinte mil gane. En ese caso se puede hacer la analogía entre tú y Dios. Dios será el rey de los veinte mil y te va a derrotar. Por lo tanto, lo más prudente es que no sigas luchando en contra de él y que le pidas la paz. Debes analizar si tienes los recursos suficientes para perseverar en tu caminata con Dios. Realmente Dios te equipa cuando te unes a él. No hay ninguna excusa para no perseverar. Pero en sí debes entender todo lo que conlleva antes de comenzar la carrera.

Sería una desconsideración, un abuzo y un pecado, finalmente, entusiasmar a alguien para que camine en los pies de Jesús y no decirle todo lo que eso conlleva. Cuando las personas vienen al reino deben saber todas sus implicaciones y sacrificios.

La vida cristiana, repito, es retante. Somos seguidores de Jesús. Si a Jesús le hicieron todo lo que le hicieron, ¿qué no le harán a sus seguidores? (Lucas 23:31). Debemos estar dispuestos a pagar el precio. Como cristianos, no debemos esperar que las situaciones mejoren. Al contrario, cada día empeorarán. Lo que sí va a mejorar, a través del aumento de nuestras convicciones, es nuestra actitud y nuestras fuerzas para enfrentar cualquier situación que se nos presente. Como cristianos cada día debemos enfocarnos en tener una mejor actitud hacia las situaciones hostiles

Como cristianos cada día debemos enfocarnos en tener una mejor actitud hacia las situaciones hostiles que enfrentamos.

que enfrentamos. Esas situaciones nos llevarán a la perfección a través del sufrimiento.

Un aspecto retante que no quiero dejar de mencionar, y que cada persona que quiere seguir a Jesús debe entender, es cuando se trata de dinero y contribuciones y ofrendas en la iglesia. Esto era algo que a mí me retaba y me alejaba también. De vez en cuando, al acceder a invitaciones que amigos me hacían a sus iglesias, no me sentía cómodo cuando pasaban una canasta para recolectar dinero. No confiaba en lo que se iba a hacer con ese dinero. Pero cuando yo entendí lo que la iglesia significa y el corazón de las personas a mi alrededor y cómo se manejan los recursos, y que cada quien debe rendir cuentas a Dios por sus actos, mi corazón se ablandó. Ahora yo estoy dispuesto a dar todo lo que tengo para que el mensaje de Dios se expanda y muchas otras personas puedan llegar a conocer lo que yo he conocido. Bueno, yo espero que mi esposa no me haga quedar mal y no diga que esto no es verdad. Si yo digo que tengo un corazón para Dios en cuanto a las finanzas, también debo decir que mi corazón le queda muy corto al de mi esposa. Aunque en sí siento que lo tengo, también debo admitir que, como economista, soy más racional que mi esposa cuando nos conseguimos recursos adicionales. Pienso cómo distribuirlos de la mejor forma posible. Mi esposa me cae encima para cerciorarse que soy fiel a Dios y no caigo en pecado con el dinero. Eso es una forma de mantener nuestro hogar puro en este sentido. Y amén por eso.

Recuerdo una vez que estábamos en nuestra casa en Santo Domingo cenando con una pareja de Amigos, Luis y Jaquelín Pujols. Estábamos en el proceso de comenzar a construir nuestro edificio. Luis y Jaquelín nos contaron de todos sus planes de sacrificar para la iglesia. Iban a vender una propiedad que tenían y casi todo lo iban a donar para la iglesia. Era una forma de poner el ejemplo para otros también. Aunque ese fue un gran reto, el reto mayor vino cuando mi esposa hizo la propuesta de que nosotros también debíamos dar más y con sacrificio.

El dar a Dios es enviar nuestras riquezas directamente a un banco en el cielo.

Bueno, yo tragué en seco y decidimos decir adiós al inicial del carro de mi esposa. Realmente, Dios no nos desamparó. Fue cuestión de posponer nuestros planes. Más adelante Dios nos bendijo y mi esposa pudo tener su carro. Un pequeño Toyota Yaris, al cual mi esposa considera como su Yipeta. Todavía hoy en día los retos que mi esposa me pone no paran.

Dicen las Escrituras que no debemos amontonar riquezas en la tierra, sino en el cielo (Mateo 6:19-20). El dar a Dios es enviar nuestras riquezas directamente a un banco en el cielo. En la tierra nuestras riquezas se pueden perder, alguien las puede robar. Perdón…no estoy hablando de esas gentes…Cualquier situación puede hacer que las perdamos por la pérdida de valor. Y al final, ¿de qué nos sirve el tanto trabajar? Debemos cerciorarnos que actuamos con sabiduría honrando a Dios con nuestras riquezas.

Construye un buen presupuesto espiritual en tu caminata con Dios. No dejes que tus recursos se gasten antes de terminar. Ahorra en el cielo para que no te roben tus riquezas y no se te echen a perder. La carrera es de resistencia y no de velocidad. Persevera hasta el final y recibirás la recompensa.

REFLEXIONES

1. ¿Consideras que tu presupuesto espiritual te permitirá llegar hasta el final y perseverar en tu caminata con Dios? ¿Qué más crees que necesitas?

2. Por si acaso consideras que tus finanzas espirituales se están agotando, ¿sabes a que banco recurrir para conseguir más recursos financieros espirituales? La Biblia es tu mejor fuente de recursos.

3. ¿Estás permitiendo que te ayuden con tu presupuesto espiritual? Existen personas a tu alrededor que están dispuestas a ayudarte. Búscalas.

4. Decide, primeramente, recurrir a Dios en oración para que llene tus necesidades y puedas perseverar en tu caminata con él.

SEGUNDA PARTE

VENCIENDO LOS OBSTÁCULOS

Capítulo IX

Venciendo los Obstáculos en tu Vida Diaria

"El camino de la vida va cuesta arriba, pero libra al sabio de bajar al sepulcro".

- PROVERVIOS 15:24

El llegar a formar parte del reino es solo el comienzo de una vida comprometida con Dios. La verdadera caminata y los verdaderos retos comienzan en este punto. A este punto se es una persona nueva. Sin embargo, debes estar consciente que Satanás no te dejará en paz. Él te va a atacar y a tentar de todas las formas para que no perseveres en tu caminata con Dios. Lo hará de la misma forma que atacó y tentó a Jesús. Pero Jesús venció las tentaciones de Satanás bombardeándolo con escrituras que tenía memorizadas (Mateo 4:1-10).

Jesús venció las tentaciones de Satanás bombardeándolo con escrituras que tenía memorizadas.

Además de esos bombardeos directos de Satanás, también él usará situaciones de la vida diaria y a otras personas para buscar que tú caigas. Vendrán múltiples situaciones que tratarán de ahogarte y desanimarte. Pero imitando el ejemplo de Jesús y sus convicciones, el de nuestros hermanos del primer siglo y todos los que están a tu alrededor hoy en día te vas a mantener firme.

Los obstáculos que enfrentes en la vida como cristiano deben ayudarte a fortalecer tus músculos espirituales. Ellos te darán resistencia para llegar hasta la meta final. Un camino sin obstáculo posiblemente no te lleve a ningún buen lugar. Si ese camino conduce a un buen lugar, y se sabe, es muy probable que pronto esté lleno de obstáculos. Por lo menos comenzará a estar lleno de personas transitando el camino y serán un obstáculo para otras que también quieren transitarlo.

Un camino sin obstáculo posiblemente no te lleve a ningún buen lugar.

La parábola del sembrador es un buen ejemplo de situaciones que se pueden dar en nuestra vida diaria y que pueden tratar de ahogarnos. La misma dice:

"Otra vez comenzó Jesús a enseñar a la orilla del lago. Como se reunió una gran multitud, Jesús subió a una barca que había en el lago, y se sentó, mientras la gente se quedaba en la orilla. Entonces se puso a enseñarles muchas cosas por medio de parábolas.

En su enseñanza les decía: 'Oigan esto: Un sembrador salió a sembrar. Y al sembrar, una parte de la semilla cayó en el camino, y llegaron las aves y se la comieron. Otra parte cayó entre las piedras, donde no había mucha tierra; esa semilla brotó pronto, porque la tierra no era muy honda; pero el sol, al salir, la quemó, y como no tenía raíz, se secó. Otra parte de la semilla cayó entre espinos, y los espinos crecieron y la ahogaron, de modo que la semilla no dio grano. Pero otra parte cayó en buena tierra, y creció, dando una buena cosecha; algunas espigas dieron treinta granos por semilla, otras sesenta granos, y otras cien'." (Marcos 4:1-8).

Las situaciones se pueden presentar al principio o en cada una de las etapas de nuestras vidas como cristianos. Cuando nos bautizamos y entramos a formar parte del reino de Dios tenemos un fuego, un gozo y una paz que puede sobrepasar todo entendimiento (Filipenses 4:7). Este estado puede apagarse si dejamos que los espinos que crecen a nuestro alrededor, es decir, las situaciones del mundo, nos ahoguen. A veces no entendemos estas cosas. Pensamos en ese momento que

Tarde o temprano, por el simple hecho de decidir seguir a Jesús las situaciones van a llegar.

esas situaciones nunca llegarán. Pero hay que prepararse. Tarde o temprano, por el simple hecho de decidir seguir a Jesús las situaciones van a llegar (2 Timoteo 3:12). No hay que buscar estas situaciones. Ellas vendrán automáticamente.

Esto me recuerda la expresión de Fabio, un joven discípulo en nuestra iglesia. Él me comentó que estaba orando porque llegaran persecuciones a su vida. Como joven creyente, realmente él no sabía lo que estaba haciendo. Él no entendía que como discípulo de Jesús las persecuciones y los obstáculos llegarían automáticamente. Me imagino que hoy en día, casi veinte años más tarde, él ha entendido esto claramente por todas las situaciones que ha tenido que pasar.

Una comparación que puedo hacer en cuanto a los obstáculos en nuestra caminata con Dios es la carrera de atletismo con obstáculos. Estos obstáculos, en vez de ser un problema para Félix Sánchez, doble campeón olímpico y doble campeón mundial en los 400 metros de esta modalidad, fueron los que le ayudaron a convertirse en héroe. Aunque esos mismos obstáculos lo hicieron caer en ciertos momentos, por ellos mismos alcanzó su más anhelado deseo de llegar hasta la cima y darle a la República Dominicana su primera mellada de oro en unos juegos olímpicos.

Yo puedo decir que en los primeros seis o siete meses de mi vida como cristiano no enfrenté situaciones que pusieran en juego mi vida para perseverar. Hubo situaciones retantes, indudablemente. Pero yo veía el por qué de todo y lo enfrentaba. Además, lo hacía con valentía y gozo. Pero hay que entender, que algunas situaciones que nos pasan no son persecuciones de Satanás. Son situaciones de Dios para ayudarnos.

Dios tiene sus formas de exponer nuestro interior de una manera u otra.

Considero que si yo me hubiese quedado viviendo en Puerto Rico, luego de ser bautizado, y no hubiese venido a la misión a la República Dominicana, hubiesen habido aspectos de mi carácter que no se hubiesen revelado. Bueno, por lo menos de la forma en que Dios lo hizo. Dios tiene sus formas de exponer nuestro interior de una manera u otra.

El simple hecho de ir de la República Dominicana a Puerto Rico buscando conocer más de Dios y perseverar en esta caminata era un hecho que animaba a los demás hermanos y hermanas allá. Además, yo continuaba con mi enfoque en lograr la excelencia en todo lo que hacía, tal y como lo había hecho en mi vida de estudiante y mi vida profesional. Esto impactaba a los demás. Pero no necesariamente por la parte espiritual, aunque sí ayudaba bastante. Realmente, debo agradecer a Dios toda la fuerza que me ha dado para trabajar fuerte en el logro de mis metas.

En Puerto Rico me encontré con un grupo de personas que, aunque tenían un corazón para Dios, eran muy parecidas a los discípulos del primer siglo. Muchos de ellos también eran jóvenes que estaban todavía en la universidad o eran personas sin un enfoque académico, las cuales buscaban un simple trabajo no profesional para vivir. Pero también había otros que eran retantes para mí. La cuestión era que me estaba moviendo más en el ambiente universitario y realmente me veían como alguien que daba mucho para el reino. Era como poner a alguien de grandes ligas a jugar en ligas menores por un tiempo en cuanto al ambiente académico.

Pero mi corazón se expuso al regresar a la República Dominicana y juntarme con un grupo de discípulos de la ciudad de Nueva York con una visión de ganar la República Dominicana para Dios. Aunque yo trabajaba fuerte y estaba dispuesto a hacer lo que sea para Dios, era obvio que necesitaba trabajar bastante en transformar mi carácter. Recuerdo una vez que Roberto Carrillo, en busca de aminarme, me dice: "Tú has crecido bastante, Wagner. La cuestión es que el hoyo en el que tú estabas era muy profundo". Eso fue animante y retante al mismo tiempo. Es bueno cuando ven que uno está creciendo espiritualmente, pero es también retante cuando le hacen ver cosas que uno en sí no está viendo. Los aspectos del carácter son difíciles de enfrentar cuando a uno se los exponen.

En la vida como cristianos podemos estar seguros que llegará un tiempo en el cual se nos va a retar a ir más allá en cuanto a nuestro carácter y en cuanto a lo que estamos haciendo para Dios. De estas dos cosas, lo del carácter es lo más difícil de enfrentar. Y este reto es mayor cuando consideramos que hemos aprendido y crecido espiritualmente y no vemos cómo cambiar las cosas que se nos reta a cambiar.

Los retos sobre mi carácter fueron fuertes desde el principio. Yo enfrentaba situaciones difíciles con la persona que me ayudaba espiritualmente. Para mí no era difícil trabajar fuerte. Si recibía algún reto al respecto, lo enfrentaba. Ahora bien, si se trataba de algún aspecto de mi carácter, la situación era más difícil.

En la República Dominicana, yo continué trabajando fuerte. Era evangelístico y daba frutos para Dios, incluyendo el bautismo de mi papá y mi mamá. Pero los problemas de mi carácter se mantenían. Uff…se mantenían!!! Realmente se mantienen…aunque he trabajado en ello y me he fortalecido y buscado la ayuda de Dios para cambiar. Si no me fortalecía y cambiaba, era seguro que a este punto no lo estuviera contando. Estuviera muerto espiritualmente desde hace mucho tiempo.

Viniendo de un ministerio latino en Puerto Rico y siendo puro dominicano al mismo tiempo, muchas veces yo me creía que sabía todo lo que se debía hacer en el ministerio. Como bebé cristiano que había estado desde antes de cumplir un mes en el grupo de liderazgo en Puerto Rico y que sentía que había absorbido todo lo que se me estaba enseñando, yo entendía que todas las iglesias en el mundo tenían que hacer todo exactamente de la misma forma como yo veía que se estaba haciendo en Puerto Rico. Me chocaba bastante cuando en Santo Domingo se estaban haciendo cosas de una forma diferente. A mí también se me olvidaba de que la misión para Puerto Rico se envió desde la ciudad de Nueva York y que había mucha más experiencia y madurez en la Gran Manzana que en Borinquen.

Yo tuve que ser enfrentado y retado para someterme y aprender de las personas que me estaban dirigiendo. Y, justamente, éste fue uno de los consejos que Roberto Carrillo me dio en Puerto Rico como preparación para mi regreso e integración a la misión con solo seis meses de ser un discípulo. Roberto me enfatizó que yo debía venir con un corazón dispuesto a servir a los demás. Que, como dominicano, debía ayudar a que los demás se adaptaran también. Sin embargo, cuando algunas cosas me eran chocantes y fuera de lo que mi corazón me decía, mis emociones afloraban. No les hacía la vida fácil a los demás. Agradezco a todos los hermanos y hermanas que no se dejaban controlar por mis emociones y mi orgullo. Me enfrentaban porque me amaban. Me ayudaron a aprender y a ver que Dios es el centro y no yo.

Recuerdo enfrentar a Deisy y a Melissa, las cuales tenían mucho más tiempo que yo en el reino, con cosas que yo creía que debían ser de una forma y para ellas era obvio que yo estaba equivocado. Y en realidad así lo era. Yo estaba equivocado. Recuerdo también a María Santillana (Hart) cuando veía mi orgullo y me decía: "I am Wagner Méndez, I don´t need a lawyer, I am my defender". (Soy Wagner Méndez, no necesito un abogado, soy mi propio defensor). Y eso era una forma sutil de recalcar todo mi orgullo malo.

Si digo que entendía todas las cosas que me decían, miento. Realmente yo estaba ciego espiritualmente a muchas de esas cosas. Pero de una cosa yo estaba seguro. Mi corazón estaba dispuesto desde el primer momento, y todavía continúa, a hacer todo lo que fuera para Dios sin importar las situaciones que tuviera que enfrentar. Yo no temo a hacer las afirmaciones que hizo Pedro de que nunca dejaría a Jesús.

Agradezco también que los hermanos y hermanas no daban un paso atrás en su deseo de ayudarme. Eso que hicieron Ángel Martínez, Juan Carlos Polanco, Amauris Brea, Edward Carbuccia, Dennis Santiago, y Carlos Polanco es invaluable. Bueno, realmente no puedo dejar de mencionar toda la ayuda recibida de Luz Martínez.

Dios no descansa haciendo su trabajo con cada uno de nosotros.

A pesar de las situaciones por las que yo estaba pasando, en que la iglesia se movía en una dirección y yo me estaba moviendo en otra, yo me mantenía siendo yo mismo. Pero Dios no descansa haciendo su trabajo con cada uno de nosotros. Dios no se paraba de trabajar conmigo a través de los hermanos.

Hubo una vez en que mi situación espiritual estaba tan en el suelo que ni yo mismo puedo explicar cómo sobreviví. Yo sentía que nadie me animaba. Veía como que todo lo que yo recibía eran represiones. Bueno, eso era lo que yo merecía en ese entonces. Un aspecto clave fue llevarme de los consejos que me daban aunque no entendiera lo que estaba pasando.

(Proverbios 15:22). Entiendo que la fuerte base que recibí sobre las Escrituras fueron claves para ayudarme a sobrepasar esos tiempos retantes.

Recuerdo esa reunión especial con Ángel Martínez, la cual pudo haber sido la última reunión que yo pude haber tenido como parte del reino si mi actitud no cambiaba. Como en muchas otras situaciones en las cuales Ángel se reunía conmigo para tiempos de discipulado, él siempre me ponía el ejemplo de su vida. Ángel me retó fuertemente y me contó sobre situaciones por las cuales él había pasado también en Nueva York. También me contó sobre lo que él había hecho. Ángel me dijo que realmente no sabía si yo quería o no quería continuar siendo parte del reino y que lo dejaba en manos mías y de Dios. Eso realmente me retó, me asustó y me conmovió mi duro corazón. Él sentía que no sabía qué más podía hacer conmigo.

No sabemos exactamente lo que Dios nos tiene reservado.

Ángel me decía todo eso basado también en su propia experiencia difícil cuando estaba en Nueva York. Me contó cómo lo retaron y lo que él hizo para mostrar a Dios su deseo de permanecer en el reino. Y, viendo todo lo que Ángel ha hecho por el reino y por la República Dominicana, considero que todos debemos aprender de su ejemplo para perseverar en nuestra caminata con Dios. No sabemos exactamente lo que Dios nos tiene reservado.

Ángel me contó sobre un ayuno que hizo de 21 días. Me dijo cómo eso lo ayudó a ablandar su corazón. Yo también estuve dispuesto a hacer lo mismo. Y tomé el reto. Como yo estaba ayunando ya por esa semana, mi ayuno se extendió por 28 días. La semana que yo estaba ayunando era solo de pan y agua. Nada más pasaba por mi boca. Luego, para proteger el estómago, lo cambié a pan y leche. Luego continué por otra semana con un ayuno diario de una sola comida al día. Después otra semana de una sola comida al día de frutas y vegetales. A veces nos sentimos retados a ayunar un día. En ese tiempo mi decisión fue hacer ayunos diarios por la semana. Alguien puede pensar que eso puede ser insignificante. Pero yo entendía que era mucho. Después de eso, coroné mi ciclo de ayunos con una semana de abstención total de solo agua. Uno de esos días, creo que a mediado de la semana, me desmayé en el baño de mi cuarto estando solo y perdí el conocimiento. Por un momento vacilé si debía continuar ayunando o no. Realmente decidí que sí y continué con mi promesa a Dios.

¿Y funcionó ese ayuno? ¿Qué te parece? Si le peguntas a mi papá, con el cual vivía en ese tiempo, o a mi esposa, posiblemente te digan que no. Mi papá se quejaba con los demás de que yo ayunaba demasiado y que no cambiaba. Él me veía tan delgado y se asustaba. Creo que hasta yo me asustaba al mirarme en el espejo. Mi esposa, por otro lado, se queja porque espera mucho mí. En ambos casos, las reacciones se deben al ardiente amor de mi papá y de mi esposa por mí. Por mi parte, yo digo que sí funcionó. Si no hubiese funcionado, yo no lo estuviera contando ahora.

Esos tiempos de ayuno, combinados con mi enfoque en apegarme cada día más a la Biblia, moldearon y ablandaron mi corazón. Mis oraciones eran con lágrimas. Realmente considero que Dios vio mi corazón. Él vio el deseo que yo tenía de cambiar y me trajo tiempos muy refrescantes y de crecimiento espiritual. Mi corazón fue transformado, mis amistades con los demás hermanos se fortalecieron y pude ser más útil para el reino. Me animan algunos hermanos que se acercan a mí y me cuentan cómo fueron impactados por mis palabras la primera vez que vinieron a la iglesia y me oyeron dando la bienvenida o haciendo algún mensaje. Me animan también las palabras de Arturo Rodríguez cuando me recuerda el miedo que me tenía porque siempre veía que mi enfoque era en retar a los demás. Me veía como un azote. Pero también recuerdo todos esos buenos tiempos de madrugada pasando tiempos juntos con Dios en lectura de la Biblia y en oración, ya fuera presencial o por teléfono.

> *Cuando transformamos nuestros corazones nos damos cuenta que somos trabajadores inútiles al servicio de Dios.*

Al transformar mi corazón, Dios me utilizó para ayudar más en la iglesia. A veces queremos hacer cosas en la iglesia solo para que los demás nos vean y nos den gloria y honra en vez de dárselas a Dios. Cuando transformamos nuestros corazones nos damos cuenta que somos trabajadores inútiles al servicio de Dios (Lucas 17:7-10). Nos damos cuenta de que es él quien merece toda la gloria y la honra.

> *Dios se encarga de que tengamos suficientes retos para mantener nuestros corazones en el nivel que deben estar.*

Dios me estaba usando tanto para su servicio que llegó un tiempo en que, en vez de buscar hacer algo en los servicios en la iglesia, ya quería que Dios escogiera a alguien más para algunas de las actividades. Me di cuenta lo fácil que es ir a la iglesia a solo escuchar un mensaje y a ver a los demás estar haciendo todo lo que se hace en el servicio. Hubo un tiempo en el cual yo tenía que estar cantando en el coro, dando la bienvenida y haciendo los comentarios finales después de la prédica principal. Además, cuando se me asignaba un mensaje de comunión o de contribución, no me eliminaban alguna de mis otras responsabilidades. Eso era retante realmente. Algunas personas llegaban a la iglesia en busca de hablar con el pastor y, ¿a quién se dirigían? A mí. Yo tenía que conducirlas a donde Ángel y los demás dirigentes.

Y, ¿qué les parece, que las pruebas y los tiempos difíciles terminaron? Esos tiempos nunca pasan. Dios se encarga de que tengamos suficientes retos para mantener nuestros corazones en el nivel que deben estar. Todavía mi carácter tenía que continuar siendo moldeado. Necesitaba someterme a los dirigentes y hacerles la vida más fácil (Hebreos 13:17). Pero había otras áreas de mi vida que tenían que ser transformadas. Tenía que transformar mi corazón para valorar el reino mucho más y no enfocarme en las cosas del mundo.

Las cosas del mundo son siempre tentadoras. Y mucho más cuando estamos dejando atrás cosas que tienen un valor monetario. Antes de ser discípulo mi vida giraba en torno a lo académico y a lo profesional. Estas cosas muchas veces hacían que me desenfocara del reino. Inclusive, mi enfoque era en traer cosas del mundo a la iglesia. Yo creía que ciertas cosas en la iglesia se debían manejar de una forma "más profesional". Yo no estaba mirando todo lo que el mundo necesitaba imitar del reino, sino lo que el reino necesitaba imitar del mundo. Y, ¿qué necesita el reino del mundo? Absolutamente nada.

Uno de mis sacrificios en términos profesionales, por un buen tiempo, fue el no tener un buen trabajo fijo. Dios me bendijo inmediatamente llegué a la República Dominicana con un trabajo de consultoría por unos tres meses. El mismo me ayudó a generar algo de ingreso para sobrevivir por un tiempecito. El tiempo que pasé en Puerto Rico hizo que se me agotaran todos los ahorros que tenía. Regresé de Puerto Rico con algo de dinero que me dio la iglesia de los fondos de benevolencia y un regalo en efectivo de cincuenta dólares que me hizo la Dra. Cristella Gutiérrez, los cuales había decidido darme mensualmente durante mi estadía allá para que me ayudara a sostener. De esos trescientos cincuenta dólares, tuve que pagar ochenta y nueve en el aeropuerto porque mi boleto aéreo de regreso ya se había vencido y las condiciones habían cambiado.

Para mí era particularmente retante ver mis amigos y compañeros de universidad con buenos trabajos fijos, buenos ingresos y vehículos mejores que el mío. Por la misericordia de Dios, en ese tiempo me quedó mi carro, el cual Dios no me permitió que lo vendiera. Bueno, Dios supo que si lo vendía la iglesia se iba a quedar en ese tiempo sin carro alguno. El mío era el único que existía en la iglesia en ese momento. En él se hacían todas las diligencias que había que hacer cuando se necesitaba un carro.

Recuerdo una ocasión especial en que tenía que ir al Hotel Cervantes, en donde nos reuníamos. En ruta, sorprendentemente me encuentro con mi compañero de carrera y de tesis que me dio una bola al hotel. En ese tiempo, él era gerente de un banco y tenía un carro Peugeot. No puedo negar cuanto tuve que orar para que Dios eliminara de mis pensamientos la envidia que sentí. Y realmente Dios me ayudó a manejarlo bastante bien al entender la misión que estaba cumpliendo y saber que lo que yo tenía era de más valor que todo lo que el mundo me podía ofrecer. (Filipenses 3:7-9). En otra ocasión me encuentro con otro amigo, al cual le soy honesto y le cuento mi situación económica, y me llenó el tanque de gasolina. ¡Qué alivio!

Otro aspecto que a veces también nos afecta, y a lo cual yo no escapo, es cuando miramos hacia atrás y vemos las cosas que hemos dejado inconclusas por decidir caminar en los pasos de Jesús. A veces tenemos que dejar una carrera inconclusa o cambiar nuestro enfoque profesional. Yo admiro particularmente a Ángel Martínez y a Juan Carlos Polanco en ese aspecto. Para venir a la República Dominicana, Ángel tuvo que dejar a un lado su carrera de publicidad, específicamente, producción de cine y videos. Juan Carlos, por otro lado, vio tronchado su sueño de ser abogado. Cuando quiso reinscribirse en la universidad, a su regreso en la misión, se dio cuenta de que todos sus créditos de cuatro años de estudios se le habían perdido por haber estado fuera por más de cinco años.

En mi caso particular, aunque al punto de hacerme un discípulo de Jesús había terminado todo lo que me había propuesto hasta el momento, en términos académicos, me queda una sensación similar a ellos. Siento que he dejado mi carrera y entrenamiento a medias. Antes de hacerme un discípulo, yo tenía mis metas bien definidas. Me había propuesto terminar mi ingeniería en República Dominicana, hacer mi maestría en los Estados Unidos, regresar al país por un tiempecito y posiblemente casarme. Luego regresar a los Estados Unidos para terminar mi doctorado (Ph.D). Después de ahí o me quedaba viviendo fuera del país o regresaba. Y si la situación económica continuaba como estaba en esos momentos, me iba a vivir fuera de nuevo. Ese era mi plan. Estaba muy convencido del mismo.

Luego de terminar mi maestría, Dios se interpuso a mis planes y me dijo que tenía uno mejor. O mejor dicho, Dios me hizo ver los planes que de antemano tenía para mí. Él sabía que el seguir estudiando lo que iba a hacer era darme más orgullo y endurecer más mi corazón. Él no permitió que hiciera mi doctorado en asuntos económicos o de negocios y me dio la oportunidad de tener un entrenamiento en algo mucho mejor; en la Biblia. De vez en cuando me desenfoco y siento añoranzas por no haber concluido con mis planes y haber pasado por el fuego de estar estudiando para tomar los exámenes generales de un doctorado. Pero vuelvo y me enfoco en Jesús y veo que eso no me hubiese valido de nada con relación a mi vida espiritual. Me recuerdo de Pablo de nuevo en Filipenses 3:7-10, mencionada anteriormente, y le concedo más valor a conocer a Jesús.

El entrenamiento que yo he recibido hasta ahora en la Biblia y en cómo ayudar a otras personas vale mucho más que cualquier doctorado. Personas espirituales lo entienden. Personas no espirituales lo ven como verían la crucifixión de Jesús. Además, aunque he pasado por situaciones difíciles y a veces con deseos de volver atrás, profesionalmente Dios me ha dado la oportunidad de hacer mucho más de lo que yo me imaginaba.

El enfoque en el reino me ha ayudado a buscar la excelencia con mucho más fervor. Y dice la Biblia en proverbios que "el que hace bien su trabajo, estará al servicio de reyes y no de gente insignificante" (Proverbios 22:29). Yo realmente he visto esta escritura cumplirse en mi vida. Luego de pasar más trabajo que un mecanógrafo, Dios me ha dado la oportunidad de servir profesionalmente a un nivel muy alto y construir relaciones profesionales a ese nivel. Nunca pierdo la esperanza de que muchas de esas personas que he conocido por mis relaciones profesionales vengan al reino. Siempre también albergo la esperanza de que, además de Juan Carlos Polanco, en algún lugar me encuentre la sorpresa de encontrarme con alguien conocido en algún campus universitario y que me diga que es un discípulo de Jesús.

Además, en términos profesionales Dios ha trasformado mis debilidades en fortalezas. Como estudiante, una de mis principales debilidades era la habilidad verbal. Una de mis fortalezas eran las matemáticas. Hoy en día, parece todo lo contrario. El poder tomar la decisión de escribir este libro y los otros que he publicado y el poder llegar a grandes audiencias en mis conferencias son de las muestras del poder de Dios. Él tiene sus planes y los mismos son diferentes a los míos. Esto no significa que no debemos planear. Sí debemos planear, pero debemos estar en disposición de aceptar los planes de Dios cuando son diferentes a los nuestros (Proverbios 19:21).

Una historia que quisiera compartir es sobre la propuesta que recibí de mudarme a Santiago de los Caballeros, la segunda ciudad en importancia en la República Dominicana, durante el primer año de la misión en Santo Domingo. Estando yo desempleado y "jalando aire", uno de mis profesores que, desde que yo me gradué de bachiller agrícola, quería que trabajara con él en agronomía, me llamó muy entusiasmado ofreciéndome una posición como contralor financiero de la Asociación Dominicana de Exportadores de Bananos. Eso implicaba mudarme a Santiago. Con toda mi convicción (Iba a decir con el dolor de mi alma, pero no es así) simplemente le dije que había regresado con una misión de la iglesia y que no podía mudarme fuera de la ciudad de Santo Domingo. ¿Qué tú harías en ese caso? Yo entendí cuál era mi rol en ese momento. Mi enfoque tenía que ser en hacer discípulos y mantenerme unido al cuerpo.

Yo tengo la convicción de no mudarme de un lugar a otro por el simple hecho de buscar mejor comodidad en cuanto a lo económico y mi nivel de vida. Una historia que me ha ayudado a fortalecer mis convicciones es el libro de Rut. A éste le dedico un capítulo completo más adelante. En él enfatizo las convicciones de esta increíble mujer de Dios. Esta familia salió de Efrata (Belén) a Moab por la hambruna que había. Al fin y al cabo, Noemí tuvo que regresar sin su esposo, sin sus hijos y, muy probable, en peor situación económica que como salió. Salió con un nombre dulce (Noemí=Mi dulzura) y regresó llena de amargura, sin deseo de que le llamaran Noemí, sino que le llamaran Mara (=Amarga).

La presión económica es uno de los principales factores que influye en que muchas personas abandonen a Dios. Algunas personas no llegan al reino de Dios simplemente porque no están dispuestas a sacrificar un trabajo que le impide llegar a las reuniones del cuerpo, la iglesia. Otras personas llegan al reino y no perseveran porque la tentación de un trabajo, aunque les compita con su relación con Dios, les atrae y prefieren irse en vez de mantenerse fieles. Los negocios de esta vida ahogan su fe (Marcos 4:7, 17-19). Ahora bien, también he visto personas de muchas convicciones para Dios que han estado dispuestas a dejar a un lado lo que

> *La presión económica es uno de los principales factores que influye en que muchas personas abandonen a Dios.*

sea para perseverar en su caminata con Dios y las he visto recibir también sus muchas bendiciones, tal y como Dios lo promete (Marcos 10:29, Romanos 15:8).

Pero, Wagner, entiendo que tú te mudaste después a Santiago porque te ofrecieron un trabajo a tiempo completo. ¿No estás tú tirando por el suelo tus convicciones? Eso puede parecer, pero no. Realmente, lo primero que yo hice cuando me ofrecieron ese trabajo fue decir que no en más de una ocasión. Me estuvieron insistieron en reuniones posteriores durante la consultoría que estaba haciendo para esa empresa. Pero más tarde decidí no convertirme en un Jonás, simplemente decidiendo hacer lo que yo consideraba que era mejor para mí. Tratando de ser un poco sabio también busqué los consejos de lugar con mis dirigentes y se vio que la mejor decisión era mudarme con mi familia. Gracias a Dios recibí el apoyo de mi familia también, aunque no esperaba recibir tanto apoyo. La iglesia en Santiago de los Caballeros estaba en mayor necesidad de trabajadores que la iglesia en Santo Domingo. El que nuestra familia se mudara era una ventaja para

> *Los retos que enfrentamos como discípulos en la vida diaria nunca terminan.*

todos. Todavía hoy en día continuamos orando porque muchas otras personas también tomen la misma decisión. Bueno, ya Dios escuchó y contestó enviando a Juan Carlos y a Yuliza Polanco.

Lo que acabo de decir no fue un gran reto realmente. El reto viene ahora. Terminé mis funciones como director comercial de esta empresa y tenía varias opciones profesionales. Aquí es donde mi corazón se pondrá a prueba. Santiago necesita más de mí y de mi familia que Santo Domingo. ¿Me iré a Santo Domingo simplemente por algún trabajo que me ofrezcan? Realmente no debe ser. Viendo el ejemplo del libro de Rut, mi convicción debe ser continuar en Santiago hasta que Dios quiera y lo haga obvio como antes. Y pongo en dudas que Dios quiera sacarnos de Santiago. El hecho de que mi esposa y mis hijas, especialmente la mayor, quieran quedarse allá es una muestra de la voluntad de Dios. Y cuando tengo que venir a Santo Domingo y me encuentro con los largos taponamientos de carros, me siento más cómodo en Santiago. Pero nadie sabe a ciencia cierta lo que Dios hará. En este preciso momento mis opciones de trabajo están más en el sur del país. Tal vez Dios me esté llamando ahora a irme a San Juan de la Maguana cuando la misión se vaya.

Los retos que enfrentamos como discípulos en la vida diaria nunca terminan. Pasa uno y llegan otros. Debemos perseverar siempre y demostrar que estamos en disposición de agradar siempre a Dios y de caminar siempre hacia la cruz. A veces Dios puede permitirnos pasar por situaciones tan difíciles que lucen como que no vamos a resistir. Sin embargo, hay que pensar que siempre que Dios nos permite pasar por una situación difícil, siempre nos da la salida (1 Corintios 10:13). Dios no nos suelta a nuestra suerte. Si no perseveramos es simplemente porque nos dejamos controlar por nuestra naturaleza pecadora (Santiago 1:13).

Enfrentemos los retos que la vida nos trae con una actitud que agrade a Dios. A veces hay situaciones que nos pueden causar tristeza. Actuemos con la tristeza que agrada a Dios y no con la tristeza del mundo (2 Corintios 7:10). La tristeza que agrada a Dios nos trae salvación. La tristeza del mundo nos conlleva a la muerte. La tristeza del mundo no nos permite perseverar en nuestra caminata con Dios. Perseveremos y venzamos cualquier obstáculo para gloria y honra de nuestro Dios.

REFLEXIONES

1. ¿Cuál consideras que es el principal reto que has vencido o que tienes que vencer para perseverar en tu caminata con Dios?

3. ¿Confías en que puedes vencer?

4. ¿Cuáles herramientas estás utilizando?

Capítulo X

Venciendo los Obstáculos en el Ambiente Académico

"Así que somos embajadores de Cristo,… ".

- 2 CORINTIOS 5:20a

I ndiscutiblemente que ser un discípulo de Jesús y al mismo tiempo ser estudiante es retante. Yo no tuve la oportunidad de ser un discípulo en mis tiempos de estudiante. Pero me imagino serlo y el peso que eso conlleva.

Por mi experiencia como estudiante universitario de alto rendimiento y al mismo tiempo estar involucrado en un sinnúmero de actividades más, yo sé que la presión es fuerte. Además, por mi rectitud como estudiante universitario y los resultados que obtuve sin dejarme dominar por la tentación de hacer lo indebido, puedo dar mis sugerencias y consejos para los estudiantes que son discípulos y que están pasando por el fuego de la presión, la tentación de hacer lo que no es correcto y de las exigencias de una vida comprometida con Jesús.

Aunque yo no era un discípulo durante mis tiempos de estudiante, tuve pruebas de fuego durante toda mi vida de estudiante. Desde la primaria hasta el segundo del bachillerato en un liceo público, además de ser estudiante, tenía que ayudar a mi papá en las actividades agrícolas, conjuntamente con mis hermanos, para sostenernos. Del séptimo curso hasta el segundo de bachillerato, el décimo año, además de las labores agrícolas, me convertí en limpiabotas, comencé un negocio de venta de canquiñas, heredado de mi mamá, y venta de chinas (naranjas dulces). Esto me mantenía súper ocupado todo el tiempo. A pesar de eso, mis calificaciones todo el tiempo fueron de las más altas de mi grupo.

Cuando cambio del liceo público de reforma en Neiba para mudarme a Santiago a estudiar en el instituto agrícola, el programa formal comenzaba desde las 5:45 a.m. hasta las 11:00 p.m. Todo estaba estandarizado. Esos fueron los tres años más difíciles de mi vida como estudiante.

Luego, los dos primeros años de mi vida universitaria, como estudiante de ingeniería, descansé un poco. No quise involucrarme en muchas actividades por lo cansado que terminé mi bachillerato (escuela secundaria). En los últimos dos años siguientes, de nuevo me involucré en tantas actividades que el tiempo no me daba para más nada. Me involucré en actividades ecológicas, con el Grupo Ambiente de la universidad, la Coral Universitaria, el equipo de judo, la directiva de la asociación de estudiantes y, finalmente, como monitor (corrector) de química. Durante mi maestría en los Estados Unidos, durante mi primer año, es posible que dedicara más tiempo durante la semana a practicar judo que lo que dedicaba a estudiar mis notas y a leer mis asignaciones.

Para serles sincero, yo no quería escribir este capítulo. Quería dejarlo para que alguien que haya sido discípulo durante su vida de estudiante lo escribiera. Pero luego me puse a pensar que el nivel de actividades que yo tenía siendo estudiante posiblemente hayan sido más que las de cualquier discípulo. Estoy seguro que si Dios me llamaba en esa etapa, lo que yo iba a sacrificar eran cosas adicionales a mi enfoque académico principal. Estoy seguro que hoy posiblemente hubiese podido estar bastante agradecido de ese sacrificio y me hubiese evitado muchos otros tropiezos mundanos.

Dios puede transformar tus convicciones para servirle a él.

A pesar de no ser un discípulo, mi enfoque en la excelencia y la rectitud era equiparable al de cualquier discípulo. Yo había aprendido, no sé de dónde, posiblemente por el ejemplo de mis padres, a enfocarme en lo que tenía que hacer y a ser una persona honesta de acuerdo a los principios que veía en mi hogar. Por ese enfoque en rectitud, pude cosechar muy buenos frutos, incluyendo el tener la posibilidad de estudiar en los Estados Unidos, en donde conocí la persona que me sirvió de guía para que llegara al reino. De esto viviré eternamente agradecido.

Yo soy de opinión de que independientemente de la dirección que tú estés caminando con relación a Dios, si tu enfoque es en hacer las cosas rectas de acuerdo a lo que tu conocimiento te dé en ese momento y si realmente tienes un corazón para agradar a Dios en el momento en que él te llame, él nunca te va a dejar sin conocerlo y seguirlo. No importa cuáles sean tus creencias.

Toma el ejemplo de Pablo. Dios puede transformar tus convicciones para servirle a él. Pablo perseguía a los discípulos para matarlos. Él hacía esto con profundas convicciones (Hechos 9:1-2). Sin embargo, Dios hizo que sus convicciones sean transformadas, para darle gloria a él (Hechos 9:20-22).

En mi caso particular, yo no pensaba que iba a conocer a Dios. Yo estaba demasiado enfocado en asuntos académicos. Sin embargo, Dios utilizó ese medio para traerme a sus pies y ayudarme a transformar mis convicciones académicas para glorificarlo.

En el ambiente académico encontramos tentaciones de todos los tipos. Además de luchar con uno mismo, también está la lucha comparándonos con los demás. Si los demás están haciendo fraude, tenemos la tentación de hacer fraude también. Sin embargo, como discípulos, debemos tener muy claro que eso es pecado, nos separa de Dios y nos envía al infierno mismo. Es mucho mejor conformarse con las calificaciones que podemos obtener con nuestro esfuerzo honesto que tratar de conseguir una mejor calificación siendo deshonestos e irnos al infierno.

Además, yo considero que cuando entendemos que las calificaciones van a depender solo de nuestra capacidad, el esfuerzo que hacemos y nuestra confianza en Dios, sin recurrir a fraude, el resultado va a ser mucho mejor. Es mejor porque siempre vamos a buscar la forma de ir preparados a nuestros exámenes y vamos a buscar tener una preparación durante todo el semestre.

Cuando se tiene la intención de hacer fraude, ya sea por temor a no conseguir una buena calificación o porque no se tema a Dios, esto impide que nos preparemos como es debido. Eso es lo que hacen la mayoría de los estudiantes, por lo menos en la República Dominicana.

Como discípulos de Jesús, también se debe considerar el mal ejemplo que se da cuando se cae en la tentación de hacer fraude. Aunque yo nunca hice fraude durante mis estudios universitarios, una vez en mi último año de la secundaria, por la permisibilidad del profesor, el cual no le importaba que los estudiantes lo hicieran, preparé unas notas para un examen de anatomía que nunca utilicé. En otra ocasión en secundaria también escribí unas notas en la pizarra al frente de donde iba a tomar el examen de educación física (te imaginas...en un examen de educación física..no de física o de matemáticas), para el cual no estábamos supuestos a tomar un examen escrito y se nos dio un manual para estudiar a último minuto. Gracias a Dios que perdonó todos mis pecados, pero ese peso de consciencia lo llevaba encima. Eso significó una mancha en mi historial como estudiante. Un buen amigo me lo tiró en cara una vez que le conté esto. El no hacer esto, no es cierto que iba a variar mis resultados finales al graduarme de bachiller en el instituto agrícola.

Como embajadores de Cristo que somos, y no después de graduarnos con un título universitario y esperar que seamos enviados por la Cancillería o Ministerio de Relaciones Exteriores, debemos cerciorarnos de que lo representamos sin manchas ni arrugas. Sé un ejemplo en el ambiente académico. El ejemplo que se da en el ambiente académico debe ser tal que contribuya a traer a muchas otras personas de la universidad, o cualquier centro educativo, a la iglesia. Y hay que tener presente que la mayoría de los líderes en nuestra iglesia provienen del campus universitario y de estudiantes de secundaria. Con un mal ejemplo que se dé, se pueden tronchar muchos sueños de personas que quieren seguir a Jesús y que se frustran por los malos ejemplos de algunos que se autodenominan cristianos.

Me siento incómodo cuando me encuentro con personas que viven frustradas y con una mala actitud hacia otras que, llamándose cristianas, no son un ejemplo. Y mi incomodidad no es en sí por las personas frustradas. Es por las personas que dan el mal ejemplo y hacen que hoy en día muchas pierdan la credibilidad y el enfoque hacia Dios por el mal ejemplo que se ve.

Sé un ejemplo en el ambiente académico. Cuando invito a alguien a la iglesia o a estudiar la Biblia y me comparte sobre su frustración, a veces piensan que les voy a llevar la contraria sobre lo que me dicen. Al contrario, me identifico con estas personas. Yo también estuve en ese punto hasta que me encontré con personas dispuestas a sacrificar todo por Jesús y a enseñarme a crear mis propias convicciones basadas en la Biblia y no en las convicciones de las personas que me estaban enseñando. Aunque sus convicciones eran bíblicas y sólidas, estas personas no querían que las convicciones mías se basaran en convicciones de hombres.

Si en este momento estás luchando con tus convicciones hacia mantenerte firme y perseverar o si quieres conocer cómo llegar a los pies de Jesús y seguirle, mi recomendación es que busques a alguien cerca de ti que esté en disposición de hacer lo que sea para ayudarte. Que esté presto a sacrificar su tiempo, su dinero e inclusive su propia vida para servirte y para ayudarte a perseverar. Personas que sean verdaderos ejemplos de lo que significa seguir a Jesús.

No caigas en la trampa de que, llamándote cristiano o de por lo menos diciendo que crees en Dios, te tilden de hipócrita por el mal ejemplo que das en el ambiente académico. Si ya en tu corazón hay una pizca de deseo de seguir a Jesús, no desaproveches la oportunidad. Si ya eres un cristiano comprometido con hacer la voluntad de Dios cueste lo que cueste, sigue cultivando estos principios para perseverar en tu caminata con Dios. Esto puede ser un gran reto, pero la recompensa es grande.

Yo puedo continuar dando testimonio sobre mi vida, lo cual lo he hecho a través de todo el libro, pero prefiero también dejar que otras personas, posiblemente con más convicciones que yo y que han tenido que sufrir bastante en el ambiente académico para ser un ejemplo de lo que significa ser un cristiano, también lo hagan.

Hay algunos testimonios de discípulos de Jesús que han tenido que vencer obstáculos en el ambiente académico que me impactan. Uno de estos testimonios es el de Óscar González, el cual presento a continuación.

"Estudié la Biblia para convertirme en un discípulo a los 18 años, justo cuando terminaba mi educación secundaria. La convicción que aprendí de las Escrituras es que antes que cualquier cosa debía enfocarme en crecer espiritualmente, ayudar a otros a llegar a Cristo y mantenerse en la fe. Esta tarea la tomé muy en serio. Siempre me apasioné por el ministerio y sobre todo por compartir el regalo tan grande que había recibido.

Unos cuantos meses después, inicié mis estudios universitarios sin buscar ninguna orientación académica para la elección de la carrera que estaba acorde con el tiempo que pudiera dedicar a ella. Yo tenía que reconocer que algunas carreras son más demandantes que otras. No es lo mismo estudiar ingeniería que estudiar una licenciatura en negocios, por ejemplo. La ingeniería demanda mucho más tiempo.

Desde el principio comencé a frustrarme por verme ofuscado con un trabajo a tiempo completo, muchas responsabilidades en el ministerio y una carrera que no disfrutaba porque no me sentía identificado con ella. Y digo esto porque es importante que busquemos orientación antes de elegir una carrera por un simple capricho, tendencia, influencia o porque todos a nuestro alrededor quieren estudiar eso. Todos mis compañeros querían estudiar ingeniería. Al final, solo uno continuó con el proyecto. Todos los demás terminamos estudiando negocios, publicidad u otra carrera.

Luego noté que necesitaba hacer un cambio de carrera. De hecho lo hice. Sin embargo, cada vez tenía más responsabilidades en mi trabajo y en el ministerio. Trabajaba como subgerente de operaciones y tenía a mi cargo más de cien empleados. Además, dirigía un creciente ministerio de solteros y el ministerio de alabanza. Estos siempre tenían, y todavía continúan teniendo, algún evento sucediendo. Con todo esto, veía imposible avanzar en mis estudios.

En algunos momentos hasta llegué a pensar que no podía avanzar debido a mis responsabilidades ministeriales. Ahora bien, como dice la escritura, "Todo pensamiento humano lo someto a Cristo para que lo obedezca a él (2 Corintios 10:5). De inmediato pensé que no era justo culpar al ministerio de mi falta de avance en la universidad. Era más bien un asunto de disciplina y encontrar un equilibrio saludable que no me llevara a descuidar y evadir mis responsabilidades como discípulo. Al mismo tiempo, debía ser una luz que brillara en la oscuridad, siendo un ejemplo en los salones de clases. Aunque no siempre lo fui en términos de rendimiento, por lo general me destacaba.

Entendí también que todo lo que hacemos debemos usarlo para dar gloria a Dios y que podemos hacer ministerio dondequiera que estamos. A veces pensamos que solo podemos hacer ministerio cuando salimos con ese propósito en particular. Sin embargo, vemos que Jesús inició su ministerio mientras iba de camino (Marcos 1:16-17). Podemos hacer discípulos en los salones de clases, de hecho muchos de los discípulos que conocemos fueron convertidos en salones de clases.

En mi primer semestre de clases conocí e invité a alguien que se hizo discípulo y permanece siendo un discípulo. Muchas otras personas escucharon el mensaje después de una clase y aunque no se han hecho cristianos, la semilla está sembrada. La escritura dice: "La hierba se seca y la flor se marchita, pero la palabra de nuestro Dios permanece para siempre" (Isaías 40:8).

Entiendo que la clave está en llevar siempre nuestro principal propósito dondequiera que vamos. Es importante estudiar para superarnos, pero también es muy importante llevar el mensaje a todo nuestro entorno, ya sea en el trabajo, en la universidad o en el vecindario. Cuando tenemos ese enfoque, se nos hace más fácil hacer ese equilibrio al que me referí anteriormente. Cuando tomé la decisión de hacerlo así, comencé a avanzar con mis materias y, a pesar de que tuve el honor y privilegio de ir a una misión, continué tomando clases. Aunque tenía que viajar desde La Romana a Santo Domingo, entendía que la única limitación que podía tener era la que hubiera en mi mente.

A este punto, julio del 2014, ya he terminado mi entrenamiento del monográfico como requisito para mi licenciatura en administración de empresa, ya hice la presentación de mi investigación y este mismo año, Dios mediante, me gradúo. Además, en todo este proceso, Dios me ha dado una bella esposa y recientemente una hermosa bebé, que gracias a Dios también es más parecida a mi esposa que a mí. Y todo eso para la gloria de nuestro Dios que me ha ayudado a perseverar y a vencer todos los obstáculos".

Realmente, la carga de un estudiante trabajando también para sostenerse y siendo un discípulo comprometido con tantas responsabilidades ministeriales pudieron ser los espinos que ahogaran la semilla en Óscar luego de brotar, como se muestra en la parábola del sembrador (Mateo 13:4-9). Sin embargo, un enfoque correcto en las prioridades del reino y entender que el sacrificio que Jesús hizo por él fue mayor que cualquiera de sus sufrimientos terrenales le han ayudado a vencer los obstáculos y a perseverar en su caminata con Dios.

Un testimonio que también me impacta sobremanera es el de José Alberto Suero. Realmente, mi enfoque original en este capítulo era sobre estudiantes a nivel universitario. Pensaba que los estudiantes de secundaria no tenían muchos obstáculos que vencer en el ambiente académico que coincidiera con su vida de discípulo. El caso de José Alberto era muy particular.

Invité a José Alberto a estudiar la Biblia un sábado en la noche cuando llevaba una hermana con la que había salido en cita esa noche, siendo yo soltero todavía. Esto fue en el mismo 1994, año en que el equipo misionero llegó a la República Dominicana. La apariencia que José Alberto me dio fue la de ser un joven universitario. Gustosamente él aceptó la invitación y llegó a la iglesia. Y no solo llegó a la iglesia y se fue. Él llegó y tomó el reto de estudiar la Biblia inmediatamente. En realidad, ése es el enfoque de cada discípulo en nuestra iglesia. Cuando invitamos a alguien, nos enfocamos en que conozca la palabra de Dios. Esto le ayuda a aprender lo que significa ser un discípulo de Jesús y a crear sus propias convicciones.

Más adelante, mientras avanzábamos en los estudios, nos dimos cuenta de que, en vez de ser un joven universitario, José Alberto estaba todavía cursado su bachillerato (estudios secundarios o de educación media). Y lo hacía de noche, tiempo que coincidía con la mayoría de las actividades ministeriales, ya que, además de ser estudiante, él era también mecánico profesional.

Cuando yo supe todo esto, me quedé pasmado y, realmente, con poca fe. Pero, tal y como a mí me retaron cuando me enseñaron la Biblia y me ayudaron a ver que la prioridad era el reino, retamos a José Alberto a venir al servicio de mediado de semana el miércoles en la noche y a la charla que teníamos el jueves. José Alberto aceptó el reto a expensa de faltar a sus clases. Eso es entender la prioridad y mostrar agradecimiento por la muerte de Jesús. José Alberto se hizo un discípulo de Jesús y es un gran ejemplo de perseverancia en su caminata con Dios. Más tarde, él hizo los ajustes para buscar otro horario para estudiar y continuar su bachillerato.

Dios ha premiado grandemente a José Alberto. A pesar de que muchos de nosotros luchamos por conseguir un trabajo, a José Alberto nunca le ha faltado trabajo. Además, Dios también lo ha premiado con una hermosa familia con una bella esposa y mi querida sobrina Lía y mi querido sobrino Héctor.

Desde el inicio, José Albero también se ha caracterizado por ser muy servicial y estar siempre dispuesto a ayudar con cualquiera de las necesidades de la iglesia y de los hermanos. Él continúa perseverando y siendo un ejemplo de lo que significa entender a plenitud el agradecimiento que debemos tener porque Jesús entregó su vida por nosotros. A continuación les dejo con un testimonio contado directamente por José Alberto.

"Estudié la Biblia para convertirme en un discípulo de Jesús a los 19 años. Durante ese tiempo cursaba el segundo año de la secundaria. Estudiaba diario en las noches de 6:30 p.m. a 9:00 p.m. Para ese tiempo ya yo era Técnico en Mecánica y dependía económicamente de mí mismo. Esto me permitió ser empleado a tiempo completo. Además, en el sector que vivía era miembro de un club cultural. Yo era el encargado de asuntos sociales. También practicaba karate, donde era ayudante del maestro y, en ocasiones, me permitía dar las clases los domingos a las 10:00 a.m. Esto consumía todo mi tiempo. Fue en este tiempo que recibí una invitación que no sabía que cambiaría mi vida en todos los sentidos.

Al aceptar la invitación, mi vida dio un giro de 180 grados. Al principio, más que un cambio, se trató de sacrificar tiempo. Empecé a estudiar la Biblia después de ir al Liceo en la noche. Eso significaba que estudiaba la Biblia hasta cerca de la media noche, después de un largo día de trabajar mecánica e ir a tomar clases. Al ir avanzando en los estudios, llegaron los retos. Estos se referían a mi horario. Al aceptar dichos retos, empezaron los cambios. Entendí la escritura en Mateo 13:44 sobre la parábola del tesoro escondido que dice: "El reino de los cielos es como un tesoro escondido en un terreno. Un hombre encuentra el tesoro, y lo vuelve a esconder allí mismo; lleno de alegría va y vende todo lo que tiene y compra ese terreno".

Tome la decisión de llegar a las reuniones miércoles y viernes, a partir de las 7:00 p.m. Al hacerme un discípulo, además de las reuniones fijas de mediado de semana, me fui involucrando en las actividades diarias que iban surgiendo, tales como estudios bíblicos y otras reuniones en el cuerpo, la iglesia. Esto me llevó a tomar la decisión muy personal de parar los estudios por un tiempo. Como bebé cristiano, el involucrarme 100% en las actividades y mantenerme unido al cuerpo me ayudó a aprender rápidamente y a tener convicción sobre las responsabilidades básicas de un discípulo. Con las convicciones que aprendí de las Escrituras al hacerme cristiano, no lo dudé ni lo pensé dos veces. No pensé en cómo se sentiría mi familia de tal decisión ni mis amigos por haber abandonado el club. Esto fue un reto, pero conté el costo que esto conllevaba convencido de que Dios completaría su obra, de acuerdo a la escritura en Marcos 10:29-30: "Jesús respondió: -les aseguro que cualquiera que por mi causa y por aceptar el evangelio haya dejado casa, o hermanos, o hermanas, o madre, o padre, o hijos, o terrenos, recibirá ahora en la vida presente cien veces más en casas, hermanos, hermanas, madres, hijos y terrenos, aunque con persecuciones; y en la vida venidera recibirá la vida eterna".

Un tiempo después, era fácil para mí y para otras personas cerca de mí ver las bendiciones recibidas de Dios. Sus promesas empezaron a cumplirse. Me sentí tan amado y con tantas amistades incondicionales que resultaron incontables en comparación con las que habían quedado atrás. Nunca me faltó empleo. Como mecánico he tenido el privilegio de trabajar en casi todas las casas representantes de vehículos en el país y, actualmente, tengo mi propio negocio de servicios mecánicos. También he sido bendecido con una hermosa familia, mi bella esposa con quien contraje matrimonio hace 13 años, y hemos procreados una niña y un niño tan amorosos que con tan solo 7 y 5 años nos facilitan hacer el trabajo para Dios, pues continuamente no pierden la oportunidad en ningún lugar de estar invitando a personas a la iglesia. Años después retomé los estudios técnicos para mantenerme competitivo en mi área, aunque aún está pendiente completar el bachillerato. Pero eso no me ha sido un obstáculo.

Continúo perseverando y luchando la buena batalla. Contribuyo con las necesidades del reino, cuido las amistades y no pierdo la oportunidad de ofrecerles a otros la oportunidad que me dieron, hace ya varios años, de conocer a Jesús y tener una relación muy personal con él de acuerdo a la Biblia. Veo todo lo que él hizo y su sacrifico por mí. Y no me arrepiento. Si tuviera que hacerlo de nuevo, lo haría. Mi reto más grande ahora es transmitirle mis convicciones a mis hijos y que ellos lleguen a tener su propio agradecimiento hacia Jesús por el haber dado su vida por nosotros. Y todo eso para la gloria de Dios que me ha ayudado a perseverar y a vencer todos los obstáculos".

REFLEXIONES

1. ¿Cuál es el reto que tú tienes que vencer como estudiante?

2. ¿A quién culpas por no avanzar en tus estudios? Dios nunca te va a limitar. Al contrario, él quiere que avances y tengas la mejor preparación para servirle.

3. ¿Qué espinos están ahogando tu semilla?

4. ¿Cuál es tu plan a seguir?

Capítulo XI

Venciendo los Obstáculos en el Ambiente Laboral

"¡Miren! Yo los envío a ustedes como ovejas en medio de lobos. Sean, pues, astutos como serpientes, aunque también sencillos como palomas".

- MATEO 10:16

El ambiente laboral es una de las principales competencias que tenemos en nuestras vidas como discípulos de Jesús. Este ambiente no solo compite con la vida de un discípulo en el tiempo que le toma; compite también con la vida de un discípulo en todos los obstáculos que se deben enfrentar y vencer para perseverar en nuestra caminata con Dios. El ambiente laboral es una fuente de grandes tentaciones para que un discípulo se deje arrastrar si no tiene convicciones firmes.

Este ambiente nos puede devorar como buitres si no actuamos con sabiduría. Un discípulo de convicciones firmes, por el contrario, aprovecha el ambiente laboral como uno de los mejores lugares para pescar hombres por el tiempo que se pasa interactuando con todas las demás personas. Se tiene una gran oportunidad para marcar la diferencia manteniéndonos firmes y oponiéndonos a todo lo

> *El ambiente laboral es una fuente de grandes tentaciones para que un discípulo se deje arrastrar si no tiene convicciones firmes.*

que no agrade a Dios. Esto incluye todas las tentaciones, los chistes de mal gusto, las fiestas, las borracheras, los chismes, etc.

En el ambiente laboral pueden surgir tentaciones y retos de todos los tipos y colores. Es un gran laboratorio para fortalecer nuestras convicciones. Cuando nos hacemos discípulos quisiéramos insertarnos cien por ciento en el reino y alejarnos totalmente del mundo. Eso fue lo que yo quise hacer en el 1993 cuando me bauticé. Lamentablemente, no podemos hacerlo. Aunque ya no pertenecemos al mundo (Filipenses 3:20), no podemos vivir en una casa de cristal separados de él. Tenemos la responsabilidad de cumplir nuestra misión de transformar el mundo. Lo que sí debemos es actuar con sabiduría, astucia y sencillez al mismo tiempo (Mateo 10:16). No podemos dejarnos engañar por el mundo (Proverbios 1:10), pero también debemos ser lo suficientemente sencillos para poder llegar a las personas y ayudarles. No podemos volvernos arrogantes. Eso es pecado. No podemos pensar que como somos discípulos, somos mejores que nuestros compañeros. Eso nos alejaría de las personas y nos impediría cumplir con la misión.

En el ambiente laboral pueden surgir tentaciones y retos de todos los tipos y colores.

¿Cómo podemos enfrentar las situaciones difíciles que se presentan en el ambiente laboral y al mismo tiempo ayudar a las personas a que sigan nuestro ejemplo? Precisamente siendo radicales en nuestras convicciones y cumpliendo nuestro rol de ser embajadores de Cristo (2 Corintios 5:20). Debemos reconocer que nosotros somos simples instrumentos al servicio de Dios. Él es quien hace el trabajo por nosotros (1 Corintios 3:5-8).

Debemos reconocer que nosotros somos simples instrumentos al servicio de Dios.

Analicemos algunas de las diferentes situaciones que se presentan en el ambiente laboral y cómo podemos enfrentarlas para mantenernos firmes y perseverar en nuestra caminata con Dios sin dejarnos afectar y arrastrar por las mismas. ¿Cómo enfrentamos las mentiras que invaden el ambiente, los chismes, la deshonestidad, las críticas, y muchas otras cosas similares? A veces estas situaciones pueden ser retantes. Pero esto me lleva a lo que he planteado sobre la vida cristiana. Si mantenemos nuestras convicciones y nos mantenemos haciendo las cosas básicas que debemos hacer, enfrentaremos estas cosas sin ningún problema. Por el otro lado, si no hacemos las cosas básicas, enfrentar esas situaciones en el ambiente laboral se nos va a hacer muy difícil. La carga que tendríamos sería abrumadora. Es mejor enfrentar las situaciones con una buena actitud desde el principio y no tener luego que estar luchando por enderezar lo que no hemos hecho bien. Pero si nos hemos dejado arrastrar anteriormente, siempre hay una forma de arrepentirnos y hacer lo que es correcto.

La rectitud de un discípulo siempre va a producir sus buenos frutos. Por el contrario, la falta de rectitud tendrá consecuencias funestas. Pensemos, por ejemplo, en el caso en que nuestro supervisor nos pide, cuando le hacen una llamada, que digamos que él no está en la oficina. ¿Qué vamos a hacer? Lo vamos

> *La rectitud de un discípulo siempre va a producir sus buenos frutos.*

a complacer a él o vamos a complacer a Dios y nos mantendremos rectos con nuestras convicciones (Hechos 4:19).

En cuanto a las solicitudes de mentiras y las cosas deshonestas, mi vida había sido suave en el ambiente laboral hasta un día en que me encontré con...bueno, déjenme no poner un calificativo a la persona, ustedes pueden ponerle el que consideren. La situación era que estando trabajando para el gobierno de los Estados Unidos en la Embajada Americana en Santo Domingo hubo un período de transición entre la salida de un agregado agrícola y otro. En ese tiempo enviaron a una persona interina, cuyo enfoque, realmente no era trabajar, sino vivir "vagabundeando".

En la oficina todos le seguían la corriente y se sentían de maravilla con él, excepto yo. Y lo más grande era que él pensaba que yo podía estarlo chivateando. Personas como él normalmente piensan negativamente y en lo peor. También enfrentan en batalla campal a cualquiera que no se identifique con sus acciones malignas. Obviamente, como discípulo, yo debo mantenerme recto, pero también estoy consciente de que no debo estar descubriendo el secreto ajeno (Proverbios 25:9). Pero ése es el problema cuando alguien no entiende lo que significa ser un cristiano. Es como hablar idiomas totalmente diferentes.

Normalmente esta persona no se enfocaba en trabajar y se iba para la casa. Cuando salía decía en la oficina que si llamaban de Washington que dijeran que estaba en una reunión en otra área de la embajada. ¿Y cómo puedo yo hacer eso y mentir a mi Dios? Creo que el problema mío en ese sentido no era solo con él. Posiblemente mi problema era con toda la oficina, siendo la nota discordante. Es posible que esa situación, la cual no había enfrentado nunca en mi vida profesional, haya tenido efectos posteriores afectando mi imagen entre los demás.

Lamentablemente, el mundo no ve la rectitud como algo bueno. El mundo la ve como una amenaza y una creación de turbulencia, especialmente en un ambiente en el que predomina la deshonestidad. Esta situación también creaba una situación hostil entre mi asistente y yo, el cual tenía mucho apoyo del jefe y creía que yo podía pensar que él estaba siendo el problema. Lo bueno fue que él fue abierto y tuvo una buena conversación conmigo. Después de esa conversación, él entendió que yo tenía claro que el problema se había generado por la llegada del señor Ribbs, no por él.

Como discípulos entendemos la importancia de la unidad y el trabajo en equipo como un cuerpo (1 Corintios 12:12-26). Lo entendemos y sabemos que es necesario llevarlo a nuestro ambiente laboral. El problema se presenta con la diversidad de ideas y opiniones que se tienen sobre cómo enfrentar las situaciones en el ambiente laboral. Normalmente un discípulo de Jesús se encuentra solo en su ambiente de trabajo. Se encuentra rodeado de un grupo de personas cuyo enfoque no es seguir a Jesús, sino alcanzar todos los logros profesionales posibles cueste lo que cueste. Esto no quiere decir que no vamos a encontrar personas rectas en el ambiente laboral. Si nos encontramos con que trabajamos con otro discípulo, eso es una bendición. Eso me ocurrió una vez, cuando por cosas de la vida, compartí por un par de semanas con unas cuantas hermanas cuando yo daba clases de matemáticas en un colegio. Pero eso fue algo efímero y nunca más he podido tener ese honor.

No debemos engañarnos teniendo expectativas muy altas de las personas que no conocen de Dios.

¿Qué hacemos para integrarnos al equipo y hacer la mayor contribución para la empresa y al mismo tiempo mantener nuestras convicciones? Definitivamente, la mayor contribución que se hace es la búsqueda de la excelencia profesional imitando la excelencia de Jesús (Colosenses 3:23). Tarde o temprano, nuestras convicciones impactarán a alguien. Y es muy probable que el impacto sea individual. Alguien estará abierto a las Escrituras. No debemos engañarnos teniendo expectativas muy altas de las personas que no conocen de Dios. A veces nos engañamos y pensamos que porque son buenas personas van a entender lo que hacemos para Dios y por qué actuamos como actuamos.

A veces tenemos un celo tan grande para Dios, pero posiblemente no tenemos mucha sabiduría. Tan pronto llegamos al ambiente laboral, pensamos que vamos a conquistar a todo el mundo y no dejamos de compartir nuestra fe. Eso es bueno. Eso muestra que no nos avergonzamos de Jesús. Pero también, si vamos a durar un buen tiempo en ese lugar, no tenemos que apresurarnos. Es bueno conocer el ambiente y cómo actúa cada persona para enfocar nuestras acciones en trabajar con las personas que vemos que están más receptivas.

Además, debemos cerciorarnos que somos un ejemplo en términos profesionales. Si somos un ejemplo, es más fácil que las personas quieran estar a nuestro alrededor y que algunas personas se motiven a venir a nuestra iglesia a conocer más sobre el por qué uno actúa como actúa. Si no somos un ejemplo, por el contrario, la gente en nuestros trabajos va a ver solo la religiosidad y nadie va a querer ser como nosotros. Nos verán como un religioso o fariseo cualquiera que dice una cosa y hace otra.

Cuando llegamos a un primer trabajo, debemos ser astutos. Debemos cerciorarnos que somos observadores y causamos una buena primera impresión en cuanto a nuestra rectitud y enfoque. Debemos también estar alertas. Uno no sabe cuál es el ambiente que va a predominar. A veces uno se encuentra con un buen ambiente. Pero otras veces se encuentra con un ambiente hostil. Si el ambiente es bueno, amén, demos gracias a Dios. Pero si el ambiente es hostil, amén, demos gracias a Dios. ¿Qué? Te equivocaste, Wagner. Debes editar eso. No. Lo que dije fue eso mismo. Debemos aprovechar cada situación que tengamos que enfrentar. Si el ambiente es hostil, tenemos la oportunidad de aprender, de moldear nuestro carácter y de causar un impacto donde otros no lo hacen. Si el ambiente es bueno, todos podemos lucir iguales. Si es hostil, el que tenga una mejor actitud va a causar un mayor impacto. Los grandes líderes emergen cuando se presentan situaciones difíciles.

Los grandes líderes emergen cuando se presentan situaciones difíciles.

Cuando yo comencé a trabajar para la universidad en Santiago, luego de regresar de los Estados Unidos, aunque yo no era un verdadero discípulo de Jesús según lo que enseña la Biblia, tenía el corazón para serlo. En realidad yo creía que lo era de acuerdo a mis escasos conocimientos bíblicos. Siempre buscaba la forma de actuar como tal y causar un impacto en las demás personas. El ambiente entre el personal en sí era bueno. No era un ambiente hostil. Había, y sigue habiendo, un buen ambiente profesional. Lo que era difícil eran las limitaciones de recursos que se tenían para hacer el trabajo, en comparación con el ambiente que yo había vivido en los Estados Unidos siendo todavía estudiante. A pesar de las dificultades, mi enfoque era en el impacto que yo podía tener en las personas. Eso realmente tuvo sus resultados.

Casi veinte años más tarde, visité la oficina de un amigo que trabajábamos juntos en ese tiempo para hablar de negocios. Para mi sorpresa, en vez de enfocarnos en negocios, él me pidió que le enseñara la Biblia. ¡Wow! Me quedé pasmado. Él me dijo que siempre él había estado impactado por mis convicciones sobre la Biblia cuando trabajábamos juntos. Continué dándole seguimiento y luego vino a la celebración de un servicio de aniversario de la iglesia. Lamentablemente su corazón todavía no está donde debe estar para Dios, pero yo no pierdo la esperanza de que luego sea un discípulo. La semilla se sembró y dará sus frutos. Espero poder modificar esto en una edición no muy lejana para incluir la historia de su conversión.

Trabajando para el gobierno de los Estados Unidos del 1999 al 2010 en Santo Domingo tuve una experiencia interesante sobre lo que es trabajo en equipo. Para mí fue bien retante trabajar en un equipo en donde todo el mundo se estaba quejando y criticando. Una asistente mía, la cual entró a trabajar más tarde, una vez me preguntó que cómo era que yo resistía. Ella veía el ambiente y cómo era el trato hacia ella y no resistía. Era bien difícil realmente. Lamentablemente, mis explicaciones no le ayudaban mucho. Tenía que explicarle desde el punto de vista de mis convicciones bíblicas y ella quería que se lo explicara de otra forma. Pero yo no tenía otra forma. Yo resistía en ese ambiente por mi enfoque en agradar a Dios y en hacer el trabajo que tenía que hacer.

Un caso interesante que normalmente se da cuando llegamos por primera vez a trabajar en una empresa, y con el cual se enfrentan los discípulos, es la predisposición negativa del personal hacia los superiores y hacia cualquier otra persona. Casi siempre las personas hablan de las cosas negativas y no de los aspectos positivos de los demás. ¿Cómo lidiaría un discípulo con esas situaciones? Obviamente, nuestra actitud debe ser siempre la actitud de Jesús. ¿Me uno a la corriente para no ser rechazado o enfrento esa situación aunque me rechacen?

Debemos preguntarnos qué haría Jesús cada situación retante.

Debemos preguntarnos qué haría Jesús en cada situación retante.

Como discípulos de Jesús debemos estar dispuestos a enfrentar el rechazo de las personas por mantenernos rectos. Nuestra felicidad no va a venir de complacer a la gente. Ella vendrá por mantenernos firmes imitando a Jesús. En mi caso particular, yo tuve que enfrentar muchas de estas situaciones. Inclusive, tenía que enfrentar situaciones en las cuales los demás miembros del equipo podían pensar que yo era un espía. Y era obvio desde el punto de vista mundano. Si tienes una persona en el grupo que normalmente no está acompañando a los demás en lo que se está haciendo y ves que recibe un buen trato del jefe, eso crea sospechas. Pero entendiendo mi rol como discípulo, yo sé que no importa lo

Pero Dios nos mira y se enorgullece de los que nos mantenemos rectos.

que suceda en el ambiente laboral, yo no puedo involucrarme en chismes de ninguna índole (Levítico 19:16, Proverbios 10:18)

¿Pero entienden los demás esto? No. ¿Y qué hacer? Paga el precio y mantén tus convicciones. Al final, vas a ver los buenos resultados espirituales. Es posible que llegue un tiempo en el cual la situación sea tan difícil que la mejor opción sea salir de ese trabajo o que te cancelen por algún chisme que surja. ¿Qué hacer? Dar gracias a Dios. Él está en control. Él sabe lo que es mejor para ti.

¿Y qué de los chistes de mal gusto, normalmente con connotación sexual? ¿No te vas a reír? ¿Te vas a quedar como un tonto? Pregúntate de nuevo qué haría Jesús. No estás pasando por tonto. Estás actuando con sabiduría. Cada uno va a dar cuentas a Dios por cada palabra inútil que pronuncie (Mateo 12:36). Los discípulos comprometidos lucimos raros ante esas situaciones y esos chistes donde todo el mundo se ríe. Pero Dios nos mira y se enorgullece de los que nos mantenemos rectos (Hechos 7:54-56).

Una vez estaba en una reunión con un grupo de colegas en Panamá y la gente estaba haciendo chistes de todos los colores. Yo hice algunos chistes que hicieron reír a la gente bastante. Perdón, no, no esperes uno ahora. Éste no es el momento para hacer uno. Luego, uno de mis compañeros, inclusive alguien que había hecho chistes subidos de tono, notó y me hizo el comentario que para que la gente se riera no había que hacer chistes subidos de tono y que los que yo hice eran muy buenos y no tenían una connotación rara.

Les cuento también lo que me sucedió en uno de mis trabajos como empleado en donde estaba en el medio de los chismes y siendo el paño de lágrimas prácticamente de todos. A mi entender, aparte de diferencias de puntos de vistas de cómo hacer las cosas y los enfoques profesionales, yo no tenía problemas con los demás y mucho menos con las personas a las cuales servía de desahogo. Pero luego me di cuenta de todo lo que se estaba "cocinando" por debajo.

Mi asistente llega a mi oficina. En el tiempo en que ella comienza a trabajar, yo estaba de licencia médica. Cuando alguien llegaba nuevo a la oficina, tal como mi asistente anterior, yo me cercioraba que le ayudaba a adaptarse y que tuviera una buena base para comenzar. Lamentablemente, no pude hacerlo en esa ocasión. Es posible que yo esté equivocado, pero la actitud que vi siempre en esta persona, que supuestamente iba a trabajar directamente conmigo, fue rara. Considero, como normalmente ocurre y no creo que ésta haya sido una excepción, que mis compañeros habían descrito todas las cosas negativas mías a son de chisme.

Nadie se había acercado a darme sugerencia alguna sobre integración al equipo y cómo se sentían. Para evitar participar de chismes en la oficina, yo me mantenía enfocado en lo que tenía que hacer. La mayoría de las veces no me involucraba con las cosas del grupo. Esta persona un día fue muy honesta, y yo lo agradecí, aunque era difícil yo cambiar de opinión para integrarme más. Me dijo que yo era una isla en la oficina. Que no me integraba con los demás. Y es muy probable que esta conversación ya se haya tenido anteriormente con los demás, pero ella fue la honesta y habló conmigo. En realidad eso era lo que ella veía en la oficina conmigo, pero no entendía el por qué.

Más tarde tuvimos un retiro para recibir un entrenamiento sobre trabajo en equipo. A mí me pareció muy interesante y que le iba a ayudar bastante a todo el equipo. Para mi sorpresa, en una ocasión en que teníamos que compartir sobre cosas buenas y cosas malas de los demás, cuando llegó la oportunidad de hablar sobre las cosas malas, todo el mundo se desbordó contra mí. Cuando se trató de las cosas buenas, la mayoría se quedó callada. Recuerdo que la que habló algo bueno fue la nueva empleada. Pero se veía la lucha interna que libraba con todo lo negativo que había aprendido en la oficina con los demás. Al final, se dijo que el problema principal en la oficina era yo porque no me integraba al grupo. ¿Y qué otra cosa mala hacía?

En una ocasión, en ese entrenamiento, hubo un tiempo para discutir sobre lograr consenso sobre algunas cosas. Yo propuse que para resolver cualquier conflicto en la oficina cada persona hablara directamente con la persona con quien se tenía el conflicto en vez de hablar con una tercera persona. Entendía, tal y como lo dicen las Escrituras en Mateo 18:15-17, que esto podía ayudar y era la vía correcta para solucionar cualquier conflicto. Pero posiblemente estaba tratando de tirar las perlas a los cerdos (Mateo 7:6) ¿Saben cuál fue la reacción a unanimidad? Que no. Alguien dijo que yo lo que quería era romper la unidad en el grupo. Que si uno tenía una persona de confianza, tenía que recurrir a ella. Aquí se ve realmente la diferencia entre la luz y la oscuridad. ¡Qué falta de conocimiento de la verdad! Tuve que tragar en seco y dejar que el consenso sea lo que los demás quisieran.

Es bueno escuchar los problemas de la gente. Eso crea lazos fuertes.

Realmente no fue sorpresa para mí que luego el equipo completo en la oficina se desintegró. Hoy en día no queda en dicha oficina ni un solo miembro de los que estábamos en ese entonces. Yo fui el primero en salir. Luego siguieron saliendo los demás uno por uno, algunos por no resistir la presión de la jefa y por las situaciones en sentido general. La que era mi asistente luego me contó casi llorando sobre todo lo que pasó y me hizo referencia a todo el maltrato que yo recibía cuando era parte de ese equipo. Bueno, en ese momento en que me contaba, también continué jugando mi rol de ser un paño de lágrimas sin recriminarle por nada de lo que había pasado anteriormente. Al fin y al cabo, ella fue la persona más honesta conmigo en la oficina. Es bueno escuchar los problemas de la gente. Eso crea lazos fuertes.

También recuerdo el caso de un miembro de nuestra iglesia al inicio de la misión en la República Dominicana que no corrió la misma suerte que yo.

Este miembro era policía y tenía bastante convicción. Sin embargo, parece que no pudo resistir toda la presión de sus compañeros de cuartel. Se vio bombardeado por las tentaciones y la presión de los demás y luego abandonó su fe. Para mí fue doloroso ver alejarse a alguien que una vez tuvo convicciones profundas para amar y sacrificar para Dios.

Nos involucramos en el ambiente laboral para buscar el sustento de nuestras familias. Sin embargo, no debemos pasar por alto que Dios nos lleva a cada lugar con el propósito de llevar su mensaje y de causar un impacto con nuestras convicciones. No nos dejemos arrastrar por las cosas del mundo. Cumplamos con la misión que se nos ha encomendado como embajadores de Cristo que somos. Perseveremos en nuestra caminata con Dios.

REFLEXIONES

1. Sí eres empleado/a, cuál es tu principal reto a vencer para perseverar en tu caminata con Dios y ser un ejemplo a seguir?

2. ¿Qué estás haciendo?

3. ¿Confías en que puedes vencer?

Capítulo XII

Venciendo los Obstáculos en el Matrimonio

"Uno solo puede ser vencido, pero dos podrán resistir. Y además, la cuerda de tres hilos no se rompe fácilmente".

- ECLESIASTÉS 4:12

O riginalmente, no pensé escribir sobre este aspecto. Luego consideré que el no hacerlo podía ser considerado como un pecado capital. Las situaciones que se presentan en el matrimonio son tan variadas y cruciales que si no se enfrentan y se vencen pueden ser uno de los factores para no perseverar en nuestra caminata con Dios.

Posiblemente, tampoco me había enfocado en este aspecto en el matrimonio por un motivo similar al que inicialmente no pensaba escribir este libro. Pensaba que era otra persona quien debía hacerlo. No me consideraba digno de tal privilegio. Con respecto al libro, mencioné en la introducción que pensaba que eran los ministros y evangelistas quienes debían tomar la responsabilidad. Con respecto a este capítulo, pensaba que eran personas como Peter y Sandy Swaby o Javier y Kelly Amaya, los cuales nos han enseñado en diversos retiros de casados cómo fortalecer nuestros matrimonios, que debían escribirlo.

Y justamente fue después de nuestro último retiro de casados en las montañas de Constanza en la República Dominicana, con la Participación de Javier y Kelly Amaya, que me inspiré a revisar el borrador de este libro y decidirme a terminarlo. Sus testimonios y sus vidas me inspiraron a incluir también este capítulo. No es posible que un libro como este no incluya un capítulo sobre vencer los obstáculos en el matrimonio para perseverar.

Viendo los testimonios de Javier y Kelly, de Peter y Sandy, de Juan Carlos y Yulizza, de Arturo y Andreína, de Randy y Kay McKeen, de Yrán y Rosmery, de Amaurys y Berkis, de Ángel y Luz Martínez y de muchas otras parejas, me doy cuenta de que cada una de estas parejas ha pasado por situaciones retantes en sus matrimonios y han vencido. Veo que la diferencia entre una pareja de impacto y otra que vive consumida en sus luchas internas sin avanzar no es la ausencia de problemas y de diferencias. Cada pareja tiene sus problemas. La clave de la diferencia entre las parejas de impacto y las que no lo son es la forma en que enfrentan y vencen sus diferencias basados en las enseñanzas de Dios. Es sorprendente ver los diferentes ejemplos de situaciones retantes de parejas que son un ejemplo para las demás y cómo las han afrontado para causar un impacto.

Me reí una vez que estuve leyendo un libro en el cual el autor hacía mención a otro libro titulado "Los Hombres son de Marte y las Mujeres son de Venus". El autor en sí no estaba de acuerdo con esa afirmación. Hasta ese punto yo en sí lo creía. Lo creía aún más viendo todas las diferencias físicas, emocionales y mentales entre mi esposa y yo. Cuando uno se encuentra con alguien que quiere contradecir una afirmación de esa naturaleza, se queda esperando la justificación.

Y su justificación no iba en dirección opuesta. El autor trataba de reafirmar tales diferencias. Lo que él decía era que si las mujeres fueran de Venus y los hombres fueran de Marte, por lo menos, aunque fueran de dos planetas diferentes, serían de la misma galaxia. Lo que él decía era que en vez de ser de diferentes planetas, somos de más lejos. Él dice que somos de galaxias diferentes.

Eso lo veo en mi matrimonio. Muchas veces cuando mi esposa y yo hablamos, parecemos que estamos hablando dos idiomas diferentes. Realmente hay grandes diferencias. Pero Dios no se equivocó cuando nos creó. Él supo lo que hizo. Él entendió que tales diferencias eran necesarias para crear cohesión en el matrimonio y ayudarnos a perseverar en nuestra caminata con él. Estas diferencias nos fortalecen y nos ayudan a crecer a niveles nunca antes alcanzados o que nunca alcanzaríamos si no tuviéramos una persona como nuestra pareja a nuestro lado.

Pero Dios no se equivocó cuando nos creó. Él supo lo que hizo.

Con respecto a la forma de pensar, recuerdo un cuento que hizo el Dr. Peter Swaby en una de las clases incluidas en una conferencia de casados en nuestra iglesia. El cuento, si lo puedo transcribir bien, es como sigue:

"Va un señor caminando por la orilla de la playa y se encuentra con una botella. La botella se rompe y de ella sale un genio. El genio le dijo que podía pedir el deseo que

quisiera y él lo complacería. El señor le pide que le ayude a construir un puente que vaya de la República Dominicana hasta Miami. A tal petición, el genio le hace saber lo difícil que sería complacerlo con tal deseo. Le dice sobre lo difícil que sería afincar las columnas en la profundidad del mar, la cantidad de asfalto que tomaría tal obra, la cantidad de dinero que se llevaría el presupuesto, la cantidad de personas que tendrían que trabajar. Y yo agrego, la oposición de los políticos y el congreso para aprobar tal proyecto. Ante tales prerrogativas, el señor accedió a cambiar su deseo. Le dijo, pues, que tendría una petición más simple. Le pidió, en cambio, que le ayudara a entender a su esposa. Ante tal petición, el genio respondió: ¿De cuántos carriles quieres el puente?

Realmente, el que el hombre entienda a la mujer y la mujer entienda al hombre en el matrimonio es algo muy difícil. A veces, como hombres, nos encontramos en situaciones en que tratamos de convencer con nuestra lógica masculina a la esposa. Utilizamos todos nuestros argumentos lógicos para convencer. Al final, cuando consideramos que lo hemos logrado y hacemos la pregunta, ¿entiendes ahora?, la respuesta es el mismo rotundo *no* original como si no hubiésemos dicho nada.

Yo considero que las situaciones que mi esposa y yo hemos pasado en nuestro matrimonio han sido simples, en comparación con las que han tenido que enfrentar otras parejas. Sin embargo, estas situaciones han lucido como las más grandes que se pueden enfrentar. Lo que ha hecho que luzcan grandes ha sido el enfoque particular para vencerlas, el orgullo que se interpone y el enfoque en que sea la otra persona que cambie y no en yo cambiar primero y tomar la responsabilidad.

Es fácil ayudar a otras parejas en consejería sobre cómo cambiar y enfrentar situaciones difíciles, pero se hace difícil aplicar esos mismos principios a mi vida particular. A veces yo puedo se hipócrita al dar un consejo y no aplicarlo a mi vida.

Una vez en que mi esposa y yo estábamos buscando ayuda profesional fuera de la iglesia para ver cómo resolvíamos nuestras situaciones de pareja, recurrimos a donde el Dr. José Dunker, un afamado terapeuta familiar que también es creyente. El Dr. Dunker, al cual había conocido anteriormente en mis inicios como creyente y con el cual tuve el privilegio de ser compañero de trabajo en Visión Mundial por un tiempecito, nos ayudó bastante a ver que muchas de las situaciones por las que nosotros pasábamos eran normales en un matrimonio. También nos ayudó, obviamente, a cómo enfrentarlas para tener un mejor matrimonio.

Algo que también me impactó fue cuando él nos mencionó que ojalá todas las parejas que lo visitaran fueran como nosotros. Él nos hizo ver que simplemente nos estábamos ahogando en un vaso de agua, tal y como nos lo decían también las demás parejas que nos han ayudado dentro de la iglesia. Él también nos contó que las situaciones por las cuales pasaron él y su esposa Fiordaliza al principio de su matrimonio eran mucho más retantes que las nuestras.

Mi esposa se ríe cuando oye mi respuesta a su pregunta sobre mis sueños dentro de la iglesia. Le contesto que mi visión es que un día podamos convertirnos en consejeros matrimoniales. Ella considera que esto puede ser algo imposible por todas las situaciones que enfrentamos. Pero para Dios nada es imposible. Yo estoy plenamente convencido de que Dios me está preparando para eso o para algo mucho más grande. Por eso él se ha tomado su tiempo. Además, como consejero empresarial en planeación estratégica, entiendo que mientras más retante es el planteamiento de la visión, más tiempo durará en que tengamos que modificarla. Mi esposa y yo tenemos quince años de casados. Algunas parejas que tienen más tiempo de casados dicen que todavía siguen venciendo obstáculos y tratando de entender cómo su pareja piensa.

En vez de continuar describiendo situaciones particulares en mi matrimonio y cómo me han ayudado, sugiero también que no desaprovechen la oportunidad de aprender de testimonios de otras parejas a su alrededor. Cuando oímos los testimonios de otras parejas nos quedamos pasmados con todo lo que podemos aprender y aplicar a nuestras vidas para glorificar a nuestro Dios.

REFLEXIONES

1. ¿De qué planeta o galaxia eres cuando se trata de comunicación con tu pareja?

2. ¿Cuál es el reto más grande que has tenido o estás enfrentando en tu matrimonio? ¿Cómo lo has vencido o lo estás venciendo?

3. ¿Quién consideras que es más culpable en los problemas del matrimonio, tú o tu esposa?

4. ¿Qué tanto valoras el matrimonio que Dios te ha dado?

Capítulo XIII

Venciendo los Obstáculos en la Iglesia

"Si tu hermano te hace algo malo, habla con él a solas y hazle reconocer su falta. Si te hace caso, ya has ganado a tu hermano".

- MATEO 18:15

No lo puedo creer, Wagner. ¿Qué? ¿Vencer obstáculos en la iglesia? Así mismo. Como discípulo hay que vencer muchos obstáculos, no solo lidiando con diferentes situaciones fuera, sino también dentro de la iglesia. De no ser así, el trabajo de nuestros líderes sería una maravilla disfrutando de todos los beneficios de estar ya en el reino. Debemos saber que no somos personas perfectas que venimos al reino. Somos pecadores arrepentidos. Situaciones internas en la iglesia y falsas expectativas que nos creamos son de las razones que contribuyen a que una persona no persevere en su caminata con Dios.

Es bueno destacar también que históricamente, y desde el principio de la iglesia, los ataques externos y las persecuciones lo que han hecho ha sido fortalecerla y expandirla (Hechos 4:1-13).

Debemos saber que no somos personas perfectas que venimos al reino. Somos pecadores arrepentidos.

Este impacto de las persecuciones externas se siente hoy en día y lo mismo se sigue dando cuando la iglesia recibe persecución en estos tiempos. Por el contrario, los problemas que surgen de las entrañas de la iglesia, si no se resuelven, causan un impacto negativo que transciende en el tiempo también (1 Corintios 1: 10-13). Sucedió al inicio de la iglesia y continúa sucediendo hoy en día con la existencia de todas las denominaciones.

El no lidiar apropiadamente con cada uno de los problemas puede llevar a la iglesia a su destrucción y su división.

Cada iglesia necesita luchar con problemas internos de toda índole para mantenerse saludable, fuerte y en crecimiento. Se presentan situaciones ministeriales y también situaciones administrativas. El no lidiar apropiadamente con cada uno de los problemas puede llevar a la iglesia a su destrucción y su división. Y al final, esto será la causa de ver más personas frustradas con las iglesias, los creyentes y el mundo religioso en general.

Hay problemas reales que se presentan y que son generales. Hay otros problemas que se presentan que son, podemos decir, situaciones internas propias de cada discípulo de Jesús. Con ellos también debemos lidiar para no descalificarnos en la carrera. Es posible que los problemas internos de cada persona sean los más difíciles para lidiar. Esto se debe a las características individuales y particulares de cada quien y el orgullo que los mismos pueden envolver buscando justificarlos. Cuando llegamos al reino nuestras expectativas son bien altas y pensamos que todo es perfecto.

.. el crecimiento mismo trae consigo sus problemas.

Los problemas internos en la iglesia han surgido desde el inicio del crecimiento de la iglesia en el primer siglo. Sin una buena estrategia espiritual para lidiar con estos problemas internos, la administración de la iglesia se pudiera hacer insostenible. Se pudiera también parar su crecimiento y, finalmente, podría venir la destrucción de la iglesia local. Por eso, los líderes de la iglesia, en sentido general, como también cada miembro, deben estar alerta y aportar su parte para contribuir a resolver cualquier problema que se presente. Y se debe hacer desde que se vea cualquier señal de su surgimiento.

Al igual que sucedía en la iglesia del primer siglo en que nuestros hermanos estaban todos asombrados a causa de los muchos milagros y señales que se hacían (Hechos 2:43-47), así también nos asombramos y nos llenamos de gran regocijo cuando llegamos a la iglesia y vemos todas las maravillas que Dios está haciendo, en sentido general y en nuestras vidas individuales. Vemos el crecimiento y nos maravillamos. Sin embargo, el crecimiento mismo trae consigo sus problemas. Ese crecimiento en la iglesia del primer siglo, conjuntamente con las medidas de ayuda que se tomaron para beneficiar a algunos de sus miembros, especialmente las viudas, trajo consigo quejas (Hechos 6:1-2). Los de habla hebrea se quejaron sobre el trato que consideraban que se daba a las viudas griegas. Los apóstoles reaccionaron inmediatamente y buscaron una solución. Nombraron ayudantes para ellos continuar enfocados en anunciar el mensaje.

Hoy en día, nos maravillamos de ver nuestras iglesias creciendo y causando un gran impacto. Nos maravillamos también de ver personas que nunca nos imaginábamos que vendrían al reino. Eso es realmente asombroso. Pero no se debe ignorar el hecho de que el crecimiento trae consigo sus situaciones y hay que resolverlas para mantener una iglesia sólida y floreciente.

Tampoco se deben ignorar las necesidades particulares de la diversidad de discípulos que trae el crecimiento de nuestra iglesia. Es cierto que todos debemos estar enfocados en hacer el trabajo para Dios y en seguir aplicando los principios básicos que hemos aprendido. Pero no se deben ignorar las necesidades particulares, aunque hay que reconocer que no siempre es posible tener un enfoque individual para la resolución de los problemas particulares. Cada discípulo debe hacer su parte para contribuir con la solución de cada problema que surja utilizando un enfoque espiritual.

Así como se puede ver que las situaciones externas que atacan a la iglesia no son los problemas principales que pudieran afectarla, sino los problemas que surgen desde su interior, también los problemas principales que pueden afectar a cada discípulo y que pudieran tronchar su caminata con Dios no son los problemas externos en la iglesia, sino los problemas internos en su corazón (Mateo 15:11). Cuando las *Dios les pide cuenta a los pastores que no cuidan de sus ovejas.* situaciones internas en la iglesia están bien y la iglesia está sólida, no importa el bombardeo que se reciba del mundo, causado por Satanás para destruirla. De la misma forma, cuando nuestros corazones están bien, no importa las situaciones que se den en nuestro alrededor en la iglesia y las que enfrentemos con otros hermanos. Nuestra actitud para enfrentar esos problemas va a ser la correcta y espiritual para vencer y perseverar en nuestra caminata con Dios. Por eso la Biblia enfatiza el hecho de que debemos cuidar nuestros corazones.

Las Escrituras dicen: *"Sobre toda cosa guardada, guarda tu corazón; porque de él emana la vida."* (Proverbios 4:23, RVA-2015). Más que enfocarme en situaciones globales que puedan surgir en la iglesia, en este capítulo quiero enfocarme en los problemas del corazón que puedan afectar a cada discípulo. Si tenemos discípulos con los corazones y las actitudes correctas, tendremos una iglesia sólida y enfocada en cumplir con la responsabilidad que Jesús le ha encomendado. Además, la resolución de problemas del corazón con los discípulos hará que, luego de su solución, seamos más fuertes y comprometidos.

En la iglesia debe haber un enfoque claro de ver los corazones de la gente y no su apariencia. La Biblia es muy clara en cuanto a eso (1 Samuel 16:7). Además, Dios les pide cuenta a los pastores que no cuidan de sus ovejas. Él mismo se encargará de cuidarlas (Juan 10:1-21). Hay que tener esto muy presente.

La iglesia debe ser radical y enfrentar el pecado. Esto se debe hacer sin importar el nivel de liderazgo de la persona, su nivel social, su aporte económico y muchos otros aspectos similares. Uyyyy, Wagner, por favor, no menciones sobre la inmoralidad sexual. Eso es muy fuerte. Eso posiblemente esté de más. No es posible que en una iglesia se toleren cosas como esa y se llame iglesia. ¿Qué? Realmente me gustaría que eso fuera así. Pero no lo es. Lamentablemente, este aspecto a veces se descuida y realmente duele.

Dios nos pide cuenta también por nuestros actos individuales.

He mencionado algunos aspectos sobre la responsabilidad de la iglesia y su liderazgo para enfrentar situaciones. Pero, ¿y qué de la responsabilidad de las personas individuales? Bueno, les digo que, independientemente de la responsabilidad global de la iglesia y el liderazgo, cada quien es responsable de actuar como Dios manda. Dios nos pide cuenta también por nuestros actos individuales. No tendremos excusas si no actuamos como debemos. Lo que más abunda hoy en día es el ver a las personas responsabilizando a las demás por sus problemas. Normalmente no se asume la responsabilidad.

Hoy en día, cuando vemos un grupo reunido en cualquier ambiente social es casi seguro que se están quejando por alguna situación o están chismeando. Considerando el hecho de que la iglesia está formada por pecadores arrepentidos, si no nos cuidamos, traemos eso mismo del mundo a la iglesia. Para vencer cualquier obstáculo que se pueda presentar en la iglesia, debemos enfocarnos en tomar responsabilidad y buscar la unidad.

Las quejas y el chisme evitan que se tome responsabilidad y contribuyen a romper la unidad.

Las quejas y el chisme evitan que se tome responsabilidad y contribuyen a romper la unidad.

En ningún episodio de la vida de Jesús lo vemos quejándose o chismeando sobre alguna situación. Por lo tanto, debemos imitarlo en esto. Debemos ser dignos representantes de él para continuar llevando su mensaje y que no se diluya con el tiempo. Debemos ser radicales para perseverar en nuestra caminata con Dios.

Tanto el liderazgo de la iglesia como las personas individuales deben estar conscientes de las consecuencias negativas del chisme dentro de la congregación. Deben ser radicales en cuanto a enfrentarlo. No quiero decir que una persona no se vea envuelta en algún chisme. Tal como dicen las Escrituras en Proverbios 18:8, los chismes son como golosinas. ¿Y a quién no le atraen las golosinas? Así como se lucha con los niños para que eviten comer golosinas por sus consecuencias negativas, se debe luchar también para evitar y enfrentar los chismes. El chisme es una de las armas poderosas de Satanás para destruir una iglesia.

> *El chisme es una de las armas poderosas de Satanás para destruir una iglesia.*

Y si la persona envuelta no está consciente sobre la necesidad de evitar y de destruir ese problema, cuando se le enfrenta es posible que su reacción sea adversa y se sienta como un niño cuando se le quita su golosina.

Conociendo las Escrituras, se puede tener una conciencia clara de la importancia de enfrentar el chisme en la iglesia para fortalecer la unidad y perseverar en nuestra caminata con Dios. Mientras mejor sea el ambiente de unidad en la iglesia, más fácil se nos hace enfrentar los demás retos y perseverar. En Levítico 19:16 se habla sobre no andar con chismes entre nuestra gente. Desde la antigüedad se reconocía sobre el peligro del chisme y cómo se debía evitar. Además del énfasis sobre este problema cuando se compara con las golosinas, también se hace la analogía de que así como sin leña se apaga el fuego, sin chismes se acaba el pleito (Proverbios 26:20). Se nota la influencia del chisme en generar pleitos y discordias dentro de la iglesia. ¿Y no lo vamos a enfrentar?

En el Nuevo Testamento, comenzando en Marcos 7, se habla del chisme conjuntamente con algunos de los otros pecados que no eliminados destruyen a las personas y a las iglesias. Marcos 7:20-23 dice: *"Lo que sale del hombre, eso sí lo hace impuro. Porque de adentro, es decir, del corazón de los hombres,*

> *El chisme, como cualquier otro pecado, debe ser enfrentado con valentía.*

*salen los malos pensamientos, la inmoralidad sexual, los robos, los asesinatos, los adulterios, la codicia, las maldades, el engaño, los vicios, la envidia, **los chismes**, el orgullo y la falta de juicio. Todas estas cosas malas salen de adentro y hacen impuro al hombre"* (Énfasis del autor).

En 2 Corintios 20:12, Pablo menciona el chisme como uno de sus temores cuando fuera a visitar a la iglesia de Corinto. Lo menciona conjuntamente con la discordia, la envidia, el enojo, el egoísmo, la crítica, el orgullo y el desorden. Todos estos son pecados en los que se debe evitar caer y, cuando se cae en ellos, se deben enfrentar, confesar y arrepentir. Ellos causan destrucción.

En 1 Pedro 2:1 también se menciona que hay que despojarse de toda maldad, incluyendo la hipocresía, la envidia y toda clase de chismes. Finalmente en 3 Juan 1:9-10 se enfrenta una situación con Diótrefes. Él fue enfrentado porque andaba contando chismes y mentiras.

Cuando el chisme se trata con paños tibios, es muy probable que tanto la persona individual como la congregación en general estén yendo rumbo a la destrucción. El chisme, como cualquier otro pecado, debe ser enfrentado con valentía. A veces esto no se enfrenta y se puede considerar como algo normal por la generalidad de su existencia. En donde se enfrenta y se destruye se ve la fortaleza, la unidad, el crecimiento espiritual y el crecimiento en número de la iglesia. Aunque algunos puedan abandonar la congregación por no aceptar las correcciones, Dios es quien da sus bendiciones cuando se actúa de acuerdo a lo que a él le agrada. Enfrentemos este pecado destructor, demos gloria a nuestro Dios, resolvamos cualquier obstáculo interno y perseveremos en nuestra caminata con él.

REFLEXIONES

1. Cuando se presentan situaciones y problemas en la iglesia, ¿cómo los resuelves, hablas directamente con la persona o contribuyes al chisme?

2. ¿Cómo has resuelto tu principal obstáculo, recurres a Dios o a los hombres primero?

3. ¿Qué haces cuando ves las luchas de otras personas y que la solución de sus conflictos no son bíblicas?

Capítulo XIV

Venciendo los Obstáculos Construyendo Relaciones Fuertes

"Algunas amistades se rompen fácilmente, pero hay amigos más fieles que un hermano".

- PROVERBIOS 24:13

El simple hecho de comenzar a formar parte del reino de Dios implica que hemos comenzado una nueva etapa en nuestras vidas en todos los sentidos. La mayoría de nosotros hemos construidos muy buenas amistades en nuestro paso por esta tierra. Cuando venimos al reino, estas amistades sufren una transformación.

Algunas de las amistades se alejan de nosotros por nuestra nueva vida. Unas simplemente nos felicitan y ven bien que estemos en este camino. Otras se mantienen bastante bien, pero por el tiempo que dedicamos al reino, ya no tenemos tanto tiempo para pasarlo con esas viejas amistades que valoramos. Lo que sí sabemos es que, independientemente de lo que hayamos dejado atrás, la promesa de Dios de darnos cien veces más de lo que dejamos se aplica hasta en el caso de las amistades (Marcos 10:29-30). Dios nos da amistades

Dios nos da amistades en el reino más allá de lo que podemos imaginarnos.

en el reino más allá de lo que podemos imaginarnos. Esas amistades son claves en la perseverancia en nuestra caminata con Dios.

En los tiempos difíciles que pasamos en nuestras vidas espirituales y de cualquier índole, esas amistades están ahí para darnos una mano y ayudarnos a levantar. Pero esas amistades no se fortalecen "por obra y gracia del Espíritu Santo". Hay que cultivarlas.

Esas amistades son claves en la perseverancia en nuestra caminata con Dios.

¿Y qué significa cultivarlas, Wagner? Tú lo dices porque eres agrónomo. No tanto realmente. Si le preguntas a mi esposa, ella diría que yo paso vergüenza diciéndolo, que es mejor callarlo, que cuando le pongo la mano a una planta para ayudarla, se muere. Bueno, pero por lo menos creo que me queda una buena teoría de lo que aprendí. Vamos a hacer algunas analogías sobre esto y cómo podemos aplicarlo en construir relaciones fuertes en el reino.

Las plantas brotan cuando las siembras y se mueren si no continúas echándoles agua. De esa misma forma, también las amistades que comienzas a desarrollar en el reino pueden brotar y luego marchitarse si no les echas el agua y los nutrientes que necesitan para mantenerse floreciendo y dando sus frutos.

Hay un caso particular que quiero resaltar con uno de mis mejores amigos, Jesús Cruz, de la Iglesia de Cristo de Puerto Rico. ¿Cómo surge esa gran amistad y ese lazo emocional tan fuerte? Como necesito ser un ejemplo para que ustedes se inspiren a hacer lo mismo, déjenme compartir con ustedes mi estrategia. Perdón. No me crean. Les voy a contar cómo surgió y verán que quien hizo el trabajo no fui yo. Lo hizo Jesús Cruz. Él merece todo el crédito.

El celo que tenemos en el reino de Dios nos conlleva a que cuando alguien llega nuevo, le queramos enseñar todas nuestras convicciones en un solo día. Cuando vemos que la persona no está haciendo lo que debe hacer o actuando como Jesús actuaría en una situación, queremos "sacar el machete" y retar a la persona a que se arrepienta. Se nos olvida que estamos lidiando con un tierno bebé con convicciones para Dios, pero con falta de conocimientos. El que se hayan aprendido los principios básicos y se esté en disposición hasta de dar su vida por Jesús no quiere decir que en cada situación que se presente se va a saber cómo actuar. A veces las emociones nos controlan. Ése fue mi caso. A veces queremos ser radicales en cambiar una cosa cuando se nos enseña y nos vamos al otro extremo. Se necesita un balance, pero ese balance se va logrando a medida que vamos madurando espiritualmente.

A pesar de todas mis convicciones cuando me hice un discípulo de Jesús, yo tenía muchas debilidades de carácter. Mis emociones también me controlaban. Yo era una persona bastante emocional. Recibía muchos retos de mi primer discipulador en ese momento, Jesús Nieves. Él tenía toda la razón para hacerlo, pero muchas veces esos retos no llegaban a mi corazón. [Se fijan como necesité no solo de un Jesús a mi lado cuando me hice discípulo, sino de dos más: Jesús Cruz y Jesús Nieves]. Hacía lo que tenía que hacer. Deliberadamente no me oponía, ya que no considero tener un corazón rebelde para las cosas de Dios, pero emocionalmente no me sentía bien con algunas de las cosas que tenía que hacer. Jesús Nieves se enfocaba en buscar cualquier forma posible para luchar por destruir los aspectos de mi carácter que no me ayudaban y que, definitivamente, me iban a impedir perseverar en mi caminata con Dios si no cambiaba. De eso también estaré eternamente agradecido.

Por otro lado, Jesús Cruz, aunque no dejaba de retarme, tenía una sutileza tal que llegaba a lo más profundo del corazón. ¿Por qué eso sucedía? No era necesariamente que él era el mejor discípulo del mundo y que sabía exactamente lo que tenía que hacer. Yo considero que Dios me conocía y sabía que yo necesitaba una persona como él a mi alrededor para crear un balance emocional, ayudarme a crecer y a perseverar en mi caminata con Dios.

Recuerdo una vez en la cual yo me sentía triste, deprimido, enfermo y nostálgico. Recuerden que había salido de la República Dominicana a estudiar la Biblia a Puerto Rico. Estaba lejos de mi zona de comodidad. Jesús entró a la habitación donde yo estaba y sus palabras fueron de gran aliento. Sutilmente me preguntó qué me pasaba y que no vacilara en decirle lo que necesitaba. Me afirmó que él estaba ahí para ayudarme. En esos tiempos, era fácil encontrarse con algún discípulo que te viera en esas situaciones y te retara, como hicieron con Job a que te arrepintieras (Job 4:1-8). Jesús simplemente se enfocó en animarme y en unirse a la situación por la que yo estaba pasando. Eso realmente llegó a mi corazón.

En esos tiempos, Jesús y yo también teníamos un carácter orgulloso muy parecido. Como una forma de contrarrestar nuestro orgullo y buscar la forma de ser mejores para Dios, nos pusimos el reto de que cuando uno le dijera algo al otro o le diera alguna sugerencia, para evitar argumentos y discusiones, el otro tenía que obedecer aunque no estuviera de acuerdo. Además, le agregamos que las consecuencias de la obediencia a la sugerencia que se estaba dando era responsabilidad del que estaba obedeciendo, no del que daba la sugerencia. Eso rompía la posibilidad de alguna otra discusión más tarde si las cosas resultaban ser diferentes.

Lo que buscábamos era romper con el orgullo de no aceptar sugerencias y romper el efecto emocional de querer hacer las cosas de la forma que uno las visualizaba. Eso realmente nos dio resultado. Nos ayudó a romper con nuestro orgullo, en cierta forma, y fortaleció también nuestros lazos de amistad.

A pesar de las situaciones que se nos presentaban y de los aspectos de carácter con los que teníamos que lidiar, yo admiraba las convicciones de Jesús y su amor incondicional por Dios. Como parte del ministerio universitario, a veces teníamos devocionales en la Universidad de Puerto Rico a las seis de la mañana. Jesús y yo nos poníamos el reto de que no podíamos hacer nada en el día antes de haber tenido nuestros "Tiempos con Dios", es decir nuestros tiempos privados de lectura bíblica y oración. Para poder cumplir con eso, nos levantábamos a las cuatro de la mañana. De esa forma, podíamos tener nuestro tiempo y llegar también a tiempo a nuestro devocional en la universidad.

¿Crees que esto ayudaba con nuestra amistad? Definitivamente. Cuando nos acercamos más a Dios, nos acercamos más entre nosotros mismos, en sentido general, y mucho más a la persona con la que estamos pasando tiempo. Los tiempos orando en la playa y también en el monte detrás de la casa de Benjamín en el Escorial, donde vivíamos, también nos ayudaban bastante. Sin decir también los tiempos que utilizábamos para estudiar la Biblia con otras personas, incluyendo a Juan, un dominicano que estudiaba en la universidad, el cual espero algún día encontrarme con él y que me diga que se hizo discípulo, y con Abiud, con el cual también jugaba tennis. Esos nombres se mantienen sonoros en mi memoria a pesar de los estudios no haber progresado.

Bueno, no puedo dejar de mencionar el apoyo al pecado que también Jesús me daba inconscientemente. Eso también a veces fortalece lazos de amistad cuando tenemos convicciones para Dios y no nos dejamos controlar. ¿Me explico? Siendo Jesús un universitario de 19 años y yo ya con experiencia de profesor universitario con 28 años, Jesús pensaba que ciertas actuaciones mías eran por el mucho conocimiento que yo tenía. Recuerdo una vez haciendo ese comentario sobre lo que Jesús pensaba a nuestro hermano el Dr. Peter Swaby, de Jamaica. Mientras Jesús consideraba que era por el mucho conocimiento, Peter me dice: "no, yo considero que es por el mucho orgullo". Toma!!!!! Cualquiera traga en seco. Bueno, la cuestión es que para cada nivel espiritual que nos encontremos, Dios nos ayuda poniendo en nuestros caminos personas que nos ayuden. Posiblemente si Jesús se hubiese enfocado en retarme con mi orgullo en ese tiempo, se hubiese convertido en uno más de los hermanos que constantemente me retaban en ese momento. Yo también necesitaba un respiro y Jesús era ese aliento que yo necesitaba. Luego cuando Peter me retó con sus palabras, ya yo era más maduro y podía entenderlo mejor.

La amistad entre Jesús Cruz y yo creció y se fortaleció. Agradezco el sacrificio hecho por Jesús para venir a mi boda en el 1999, cinco años más tarde de yo haber salido de Puerto Rico. Agradezco también como la amistad ha podido trascender la barrera del tiempo y la distancia.

¿Distancia? Asimismo. Ustedes no se imaginan lo que se tomaría irse en yola a Puerto Rico.

En la Biblia se hace bastante énfasis en las interrelaciones entre las personas. Estas interrelaciones han sido claves para el propósito redentor de Dios desde el comienzo. Lo mismo se ve con Jesús y su ministerio, lo cual ayudó a fortalecer las relaciones entre los apóstoles. También incentivó a los demás a que se mantengan unidos y que su mensaje pueda permanecer y pueda llegar hasta todos los rincones de la tierra. Estas relaciones son claves en nuestras vidas para perseverar en nuestra caminata con Dios.

Fortalecer las relaciones es algo de suma importancia para perseverar en el reino de Dios.

Fortalecer las relaciones es algo de suma importancia para perseverar en el reino de Dios. Sobre esto se ha escrito bastante. Existen muchos libros, tanto con enfoque cristiano como con enfoque secular, y si yo me descuido, comienzo a escribir otro libro sobre esto dentro de este mismo. Discutamos un poco sobre las bases bíblicas del enfoque en fortalecer las relaciones para tener una iglesia fuerte y saludable y para ayudar a sus miembros a perseverar en su caminata con Dios.

Para discutir este tema sobre fortalecer las relaciones, comencemos por el caso más extremo. Comencemos por el caso de amar a nuestros enemigos. La Biblia dice en Mateo 5:43-48 *"Han oído la ley que dice: "Ama a tu prójimo" y odia a tu enemigo. Pero yo digo: ¡ama a tus enemigos! ¡Ora por los que te persiguen! De esa manera, estarás actuando como verdadero hijo de tu Padre que está en el cielo. Pues él da la luz de su sol tanto a los malos como a los buenos y envía la lluvia sobre los justos y los injustos por igual. Si sólo amas a quienes te aman, ¿qué recompensa hay por eso? Hasta los corruptos cobradores de impuestos hacen lo mismo. Si eres amable sólo con tus amigos, ¿en qué te diferencias de cualquier otro? Hasta los paganos hacen lo mismo. Pero tú debes ser perfecto, así como tu Padre en el cielo es perfecto".*

Si entendemos esta escritura y la ponemos en práctica, considero que no debemos enfocarnos en nada más. De ahí en adelante, como decimos en la República Dominicana, todo es un "cachú". Poniendo esto en práctica todo lo demás resultará fácil. Si vencemos este gran obstáculo, los demás lucirán muy fáciles de vencer. Siendo éste el caso, cualquier situación que se nos presente en la que debamos mostrar amor, lo vamos a mostrar.

Si amamos a nuestros enemigos, vamos a amar a nuestros hijos traviesos sin ningún problema, vamos a amar a nuestras parejas aun cuando no nos entiendan, vamos a amar a nuestros compañeros de casa aun cuando sean reguerosos, y, para los dominicanos también, vamos a amar a los choferes de carros públicos y de las guaguas voladoras. ¡Íjole!, como dicen los mexicanos, admito que este último es un reto fuerte. Les confieso que como discípulo de Jesús, éste es uno de los retos más grandes que yo he enfrentado en mi vida para mantenerme recto y no actuar tomando venganza.

El amor como elemento de cohesión y como muestra de que somos discípulos de Jesús es una de las características que verdaderamente identifica a los miembros de nuestra iglesia. Esto lo puedo decir con toda la convicción. Éste es un aspecto muy entendido y puesto en práctica en la iglesia, lo cual se basa en las Escrituras cuando Jesús dice *"Les doy este mandamiento nuevo: Que se amen los unos a los otros. Así como yo los amo a ustedes, así deben amarse ustedes los unos a los otros. Si se aman los unos a los otros, todo el mundo se dará cuenta de que son discípulos míos"* (Juan 13:34-35).

Esto no es algo solo de los miembros, sino que se muestra hacia afuera y con toda persona que pisa las puertas de nuestra iglesia. Esto fue algo que me conmovió profundamente cuando yo llegué a la iglesia y ha seguido conmoviendo a todo el que llega. Obviamente, a muchos les puede pasar lo que a mí me pasó cuando llegué. Yo pensaba que todo lo que veía era hipocresía. A mí me costó poder creer que lo que estaba viviendo era verdad. Yo no me imaginaba que pudiera haber un ambiente en el mundo en donde eso se pudiera poner en práctica. Y no digo que estemos al nivel de Jesús. Todavía nos falta seguir creciendo más.

Cuando yo veo que alguien llega a la iglesia y no le estamos entregando el corazón para servirle como a mí me sirvieron cuando llegué, me preocupo. Yo considero que si a alguien se le trata con el amor que a mí me trataron es casi seguro que su corazón se va a conmover para seguir a Jesús y perseverar en su caminata con Dios. Es posible que haya alguien que no esté en disposición de hacer el sacrificio para seguir a Jesús, pero siempre conservará en su mente ese momento en que los discípulos de Jesús le brindaron su amor.

No se me olvida el comentario que hizo una persona que había decidido abandonar nuestra iglesia porque no estaba dispuesta a enfrentar los retos de caminar en los pies de Jesús.

El no amar no es una opción en el reino de Dios.

Sus comentarios fueron tales que considero que es probable que otras personas que le oyeron se interesaran en venir a ver lo que hacíamos. Posiblemente, ese fue el caso de doña Pura. Doña Pura originalmente no quería que su hija continuara viniendo a la iglesia. Luego que vino y vio lo que hacíamos, jamás se ha alejado de ella. Ella se ha convertido en una fiel seguidora y siempre está sirviendo a los demás.

¡Ah! Perdón. Ahora les cuento lo que dijo en una entrevista la persona que se había ido de la iglesia. Ella dijo que en nuestra iglesia se obliga a que uno ame a todo el mundo. Y también dijo, ¿Y qué tal si hay algunas personas que a uno no le caen bien? Bueno, si existen personas que no le caen bien, ya se sabe en qué áreas se debe trabajar para arrepentirse y ser como Jesús. El no amar no es una opción en el reino de Dios. Todo el que se llama ser un discípulo de Jesús debe aprender a amar aunque nunca se le haya enseñado anteriormente. Éste fue el ejemplo que Jesús nos dio. Por eso comencé con el extremo de amar a nuestros enemigos.

El amor es uno de los lazos de unidad más fuerte que existe. El amor es algo mal entendido en el mundo de hoy. El amor se confunde con emoción. El amor es darlo todo. Es sacrificarlo todo (1 Corintios 13). El amor es imitar lo que Jesús hizo y todo su sacrificio por nosotros (Juan 3:16).

Jesús también nos dio el ejemplo sobre la construcción de amistades. Las amistades en el reino nos ayudan a perseverar. No es solo construir relaciones que se mantengan porque estamos en la iglesia o en un lugar específico. Es construir relaciones que trasciendan el tiempo, el lugar y las circunstancias. Es construir relaciones que, inclusive, si un amigo se aleja de la iglesia

El amor es uno de los lazos de unidad más fuerte que existe.

por cualquier razón que no vaya a ser una amenaza para que las otras personas se mantengan fieles, se sienta la fuerte amistad y el deseo de hacer lo que sea por traer esa persona de vuelta. Debe existir ese fuerte lazo de amistad.

En el libro de los Proverbios se hace énfasis en las relaciones de amistad en el reino. Proverbios 18:24 dice que *"Algunas amistades se rompen fácilmente, pero hay amigos más fieles que un hermano"*. También está la escritura en Proverbios17:17 que dice que *"Un Amigo es siempre afectuoso, y en tiempos de angustia es como un hermano"*.

Viendo estas escrituras, podemos notar la importancia que la Biblia da a las relaciones entre hermanos. Ella hace enfatiza la hermandad en la iglesia. Podemos ver también la escritura en donde Jesús se refiere a quiénes son sus verdaderos hermanos, hermanas y madre. Él dice que estas personas son las que hacen la voluntad de su padre (Mateo 12:48-50). También vemos que se hace la comparación de la hermandad con las amistades, cuando se dice que hay amigos más fieles que un hermano y se menciona también el afecto de un amigo.

Lo anterior también me conlleva a pensar en la amistad de Jonatán y David y cómo dicha amistad ayudó a fortalecer el reino de Israel, el pueblo de Dios. Y digo esto porque si Jonatán no se hubiese enfocado en fortalecer una amistad, lo que podía suceder era que se desarrollara un "tirijala", en el cual Jonatán hubiese podido mostrar envidia temiendo que David ocupara la posición de heredero del trono que él podía clamar que le correspondía. Pero fue lo contrario. Ellos fortalecieron su amistad y eso contribuyó a la fortaleza del reino. ¿Qué tú está haciendo para fortalecer el reino a través del fortalecimiento de tus amistades y contribuir a tener un ambiente que te ayude y ayude a las demás personas a perseverar en su caminata con Dios?

Veamos también un caso vivencial propio sobre el fortalecimiento de una amistad a través de la relación de discipulado iniciada por mi amigo Ángel Martínez en nuestra relación de discipulado. Considero que lo que Ángel me enseñó debe ser un modelo a seguir por cada persona en relación de discipulado para fortalecer las amistades dentro del reino. Y no digo esto por el nivel de liderazgo que Ángel ocupa en la iglesia. Lo digo porque esto es verdaderamente un ejemplo a seguir.

Para darles un poco de referencia, les menciono que nuestra iglesia es una que enfatiza bastante la relación de discipulado, basándose en las instrucciones de Jesús en Mateo 28:18-20, cuando nos dice que, además de hacer discípulos y bautizarlos, debemos continuar enseñando todo lo que se nos ha enseñado. Por lo tanto, nuestra iglesia es bien enfática en no dejar solas a las personas luego de bautizarse.

Lo que me impactó de Ángel en su proceso de continuar enseñándome era su actitud de siempre ser abierto con todas las situaciones y tentaciones por las cuales pasaba. Era una forma de poner en práctica la escritura en Proverbios 28:13 sobre confesarse unos a otros sus pecados y que la relación no sea unilateral, sino de una correspondencia *biunívoca* (¡Ah, me recordé de una palabrita de matemáticas de séptimo curso!).

Muchas veces pensamos que en las relaciones de discipulado la persona que está supuesta a enseñarnos no debe compartir sus luchas con la persona a quien le enseña por temor a que se cree desconfianza pensando que quien enseña es también un pecador. Pero cuando actuamos de forma espiritual y somos abiertos, eso causa un impacto y se fortalecen las relaciones en la iglesia. Ángel era totalmente abierto conmigo y, en vez de utilizar el tiempo escuchando todas mis situaciones para ayudarme, él tomaba bastante tiempo hablando de sus interioridades y propiciando un ambiente en el cual yo no tenía otra opción, más que ser totalmente abierto con lo que pasaba conmigo. Esa estrategia también hacía que el proceso de discipulado fuera más fluido y efectivo. Y, también, fortaleció nuestra amistad.

Gracias a Dios que ese gran ejemplo venía de nuestro líder principal en la iglesia. Yo no me puedo imaginar el tener un líder principal que no sea un ejemplo. Con el corazón crítico que tengo y bien enfocado en detallitos de "excelencia", a veces insignificantes, que veo en las demás personas, hubiese sido bien difícil para mí. Y puedo decir que gran parte de la fortaleza de nuestra iglesia y su crecimiento ha sido debido a ese gran ejemplo de nuestro líder. Bueno, su media naranja no se queda atrás. Agradezco toda la confianza de Luz hacia mí, inclusive en aquellos momentos en los cuales he atravesado por las situaciones más difíciles.

Es cierto que debemos entender que la perseverancia en nuestra caminata con Dios debe ser basada en nuestro agradecimiento por lo que Jesús hizo por nosotros. Sin embargo, cuando desarrollamos relaciones fuertes, eso inyecta un ingrediente adicional de gran importancia. Y considero que yo sería la persona más ingrata si dejo de mencionar toda la ayuda que Juan Carlos Polanco y Amauris Brea me han dado al dedicar parte de su tiempo y su sueño para ayudarme a perseverar en el reino. Aunque Ángel me ayudo directamente por un tiempecito, estos dos hermanos y amigos me han ayudado por más tiempo en mi caminata con Dios. Considero que sin su ayuda, hoy yo pudiera estar muerto espiritualmente.

En su libro "Closer than a Bother" (Más que un Hermano) de F. Barton Davis, y el cual yo tuve el honor de contribuir con su traducción al español, específicamente en el Capítulo 4 sobre las relaciones de unos con otros, se hace una reseña de las diferentes escrituras de la Biblia con referencia a este tema. Estas escrituras proveen una gran base para fortalecer nuestras relaciones y ayudarnos, de esa forma, a perseverar en nuestra caminata con Dios. Aunque he analizado algunos de estos puntos aquí, no está demás, tirarle un vistazo a este libro como referencia adicional.

Las relaciones en el reino son una forma de amontonar riquezas en el cielo y no en la tierra.

Fortalezcamos nuestras relaciones y construyamos amistades fuertes en el reino. Las relaciones en el reino son una forma de amontonar riquezas en el cielo y no en la tierra (Mateo 6:19-20). Esto no quiere decir que debemos abandonar nuestras amistades del mundo. Debemos valorarlas y buscar la forma de que nuestra amistad sea la vía para que lleguen al reino. Pero debemos cerciorarnos de que nuestras principales relaciones y amistades están en el reino de Dios.

REFLEXIONES

1. ¿Podrías tú decir que cuentas con un amigo incondicional con el cual mantendría esa amistad a pesar del tiempo, la distancia y las circunstancias? ¿Quién ha sido responsable por el desarrollo de esa amistad?

2. ¿Dónde están esas amistades fuertes tuyas, en el mundo o en el reino?

3. ¿Cuál es la base de esa amistad, el reino de Dios o las cosas del mundo y el enfoque material?

Capítulo XV

Estén Siempre Contentos. No Hay Razón Para No Estarlo

"Estén siempre contentos. Oren en todo momento. Den gracias a Dios por todo, porque esto es lo que él quiere de ustedes como creyentes en Cristo Jesús".

- 1 TESALONISENSES 5:16-18

Como discípulos de Jesús, hemos aprendido que debemos siempre obedecer las instrucciones de nuestro Dios. Entendemos que la sumisión es algo que le agrada y le trae gloria y honor. Una de las instrucciones que Dios nos da es que debemos amar a nuestros enemigos, tal y como lo hemos mencionado anteriormente (Mateo 5:44). También las Escrituras nos dicen que debemos sacrificarnos y estar dispuestos a dar nuestras vidas por los demás hasta ir a la cruz si es necesario. Y luchamos por siempre obedecer y mantenernos fieles. ¿No es así? Siendo éste el caso, ¿no será mucho más fácil obedecer las Escrituras cuando nos dice que debemos estar siempre contentos?

Un discípulo de Jesús debe estar siempre contento. No hay razón para no estarlo. Esto lo vemos en la Biblia, inclusive, como una instrucción (Filipenses 4:4). Y no solo lo dice, también lo repite en varias ocasiones. La alegría es uno de los frutos del espíritu (Gálatas 5:22). Esto no significa que no vamos a sufrir. Sufriremos, pero nosotros marcamos la diferencia al estar siempre contentos a pesar de las

> *En las adversidades sale a flote la virtud.*
>
> *- Aristóteles*

adversidades por las que tenemos que pasar. Tal y como dijo el filósofo griego Aristóteles, "en las adversidades sale a flote la virtud".

Debemos imitar el ejemplo de Jesús. Jesús vivía alegre y en paz (Juan 14:27). También debemos imitar el ejemplo de los apóstoles, especialmente el de Pablo (2 Corintios 11:23-28). A pesar del sufrimiento, encarcelamiento, azotes, apedreamiento y toda clase de tortura que sufrieron, se mantenían siempre alegres (Hechos 5:41). Mantenían su alegría por su enfoque en Jesús. Ellos sabían que a pesar del sufrimiento, tendrían gozo y alegría y Dios les tenía su recompensa (Hebreos 12:2).

Desde el mismo momento en que me bauticé, y rebasé la etapa de entender que todo lo que yo estaba viendo en la iglesia era real en cuanto al gozo y la alegría de los demás discípulos, siempre he tenido un gran gozo en mi corazón a pesar de las diferentes situaciones por las que he tenido que pasar. No quiero decir en sí que no han habido situaciones en las cuales ese gozo ha bajado y he tenido que depender bastante de Dios en oración. Esto fue lo que Jesús hizo (Mateo 26:36-46).

Los sufrimientos deben siempre acercarnos a nuestro Dios y fortalecernos.

He pasado por sufrimientos, pero en los tiempos más retantes como discípulo, he mantenido mi enfoque en Jesús y él me ha dado las fuerzas necesarias para perseverar (Hebreos 12:2). Yo recuerdo mis tiempos de hambre, falta de pasaje, caminar largas distancias a pies, falta de dinero para pagar la renta. Esos tiempos fueron tiempos de acercamiento a mis líderes y de servicio a la iglesia. Lo hice en Puerto Rico y lo hice en Santo Domingo.

A veces en los tiempos de abundancia nos olvidamos un poco de pelarnos las rodillas para orar. También las ocupaciones en los trabajos nos mantienes tan ocupados que nos alejamos un poco de los compromisos de la iglesia. Pero los sufrimientos deben siempre acercarnos a nuestro Dios y fortalecernos.

Muchas veces la abundancia nos aleja de Dios. Pensamos que somos autosuficientes.

Dios tiene una forma paradójica de trabajar. Y uno lo tiene que entender. Las personas del mundo buscan estar alegres cuando tienen abundancia. Dios quiere que estemos alegres en el sufrimiento. Muchas veces la abundancia nos aleja de Dios. Pensamos que somos autosuficientes.

Eso pasó con la tribu de Efraín cuando fue escogida por Dios. Por su compromiso con Dios, su amor y su entrega, Efraín fue escogido por encima de su abuelo, su papá y sus tíos para ser un pueblo especial para Dios. Cuando Efraín hablaba, los demás mostraban respeto (Oseas 13:1). Ellos buscaban de Dios cuando tenían hambre, pero cuando estaban satisfechos se olvidaban de Dios (Oseas 13:5-6). Dios tiene esto muy pendiente. Por eso nos permite pasar por sufrimientos y nos pide que estemos alegres en esas situaciones. Debemos entender que esas son situaciones para moldear nuestros corazones.

Diferentes situaciones que se presentan en la Biblia, así como con hermanos hoy en día, nos inspiran a mantener nuestra alegría en cada situación. Es imposible perseverar en nuestra caminata con Dios si no vencemos las situaciones difíciles con gozo y alegría. No debemos dejar que situaciones con hermanos y amarguras nos roben la alegría. Hay que eliminar cualquier cosa en nuestros corazones que nos afecten. Debemos quitar el enfoque que tenemos en nosotros mismos. Como ciudadanos del cielo que somos o queremos ser, debemos enfocarnos en él (Filipenses 3:20, Mateo 6:33).

> **Es imposible perseverar en nuestra caminata con Dios si no vencemos las situaciones difíciles con gozo y alegría.**

El gozo y la alegría que debemos tener en el reino también se ven opacados por el estrés. Pero las Escrituras dicen que no debemos afligirnos por nada. Debemos presentarlo todo a Dios en oración. Él se encargará de nuestra situación por más retante que sea y nos dará la paz que necesitamos (Filipenses 4:6-7).

El no confiar nuestras situaciones a Dios es como el no confiar en nuestro mejor amigo. ¿Cómo crees que se sentiría tu mejor amigo si le das un encargo y luego dudas de él? ¿Cómo tú te sentirías cuando él te lo saque en cara? Lo mismo sucedería con Dios. Si confías en Dios, debes hacerlo en la situación más retante. Él nunca te fallará. Él te dice que no debes afligirte por nada. Esto es un verdadero reto, pero confiando veremos los frutos.

En mi caso particular, me siento privilegiado. Siento que me mantengo apegado a Dios en situaciones normales. Me levanto a tener mi tiempo con Dios y reconozco cuál es mi misión durante todo el día. Pero siento que cuando estoy pasando por situaciones difíciles, también me apego más a Dios para poder vencerlas. ¿Y qué pasa cuando estoy pasando por buenos tiempos en los cuales veo muchas bendiciones de Dios? También me apego más a él en agradecimiento. Para perseverar hay que mantenerse unido a él y mantener la alegría siempre.

El estar siempre contento es un arma muy poderosa para perseverar. Así disfrutamos del reino y de todo lo que se hace aunque sean situaciones difíciles. Pero hay que tener presente también que es un gran reto. Si se te conoce como una persona que siempre está alegre, cuando no lo estás a plenitud, todo el mundo lo nota y se va a acercar a ti para preguntar. Lo bueno es que cuando esa alegría viene del corazón y es genuina, tú no tienes por qué preocuparte. Ella fluye con naturalidad.

Yo puedo decir que entendí esto desde el principio. Claro, no quiere decir que soy alguien perfecto y que nunca tuve mis tiempos de tristezas y luchas. Pero al entenderlo, sentía también que podía animar a otras personas a mi alrededor a hacer lo mismo. Independientemente de todo lo que yo tenía que aprender, y que todavía tengo, considero que Dios me ha dado ese talento de animar con alegría. Me siento bastante cómodo cuando el enfoque es animar y exaltar a alguien. Lo contrario es un gran reto para mí. Cuando tengo que corregir y retar a alguien a cambiar una actitud o una acción, siento que soy muy rudo y necesito aprender a penetrar en el corazón de la persona e identificarme con su situación. A veces creo que todo el mundo debe reaccionar y enfrentar las situaciones de la misma forma que yo.

Nuestro gozo no debe venir de lo que hacemos o no hacemos. Debe venir de que nuestros nombres están escritos en el cielo.

Recuerdo que yo infundía alegría desde que me bauticé en Puerto Rico y en el tiempo que estuve allá con el ministerio universitario. También lo hice cuando llegamos como equipo misionero a la República Dominicana. El gozo que yo sentía de llegar como misionero a mi propio país era tal que muchos de los hermanos no se lo explicaban. Recuerdo también un hermano deseando pasar tiempo conmigo. Me preguntó que si por casualidad yo luchaba con algo. Me hizo la pregunta por ese gozo casi inexplicable que yo siempre tenía. Cuando yo saludaba a alguien, casi le rompía la mano. Esto me conllevó a hacerme "famoso" por mi saludo. Pero ¿saben cuál fue mi respuesta al hermano y con la cual él se dio cuenta inmediatamente con qué yo luchaba? "No, hermano, yo no lucho con nada". Bueno, considero que no tengo que abundar mucho en esta actitud orgullosa ante tal pregunta. Y los que me conocen pueden inclusive imitarme en la forma de decirlo.

Ustedes pueden también entender por qué todo ese gozo y alegría no fue explotado más desde el principio para el bien del reino y el crecimiento de la iglesia. Luego tuve que pasar por situaciones difíciles y dolorosas para romper con ese orgullo y poder ser un mejor instrumento para el servicio de nuestro Dios. Ahora sí ya puedo decir que me curé......ja ja ja ja. Lamentablemente, esto nunca se logra y siempre tendré el reto por delante hasta llegar al cielo.

Recuerdo la primera fiesta de fin de año que tuvimos en la República Dominicana. Por lo pequeña que estaba la iglesia todavía, la hicimos en la sala de la casa de las hermanas. Una de las hermanas preparó una comedia en forma de noticiero y me sorprendí cuando dijo: "Personaje se hace famoso con solamente mencionar su nombre". Hace una pausa. Nosotros miramos a nuestro alrededor y ella continúa: "Mi nombre es Wagner Méndez". La forma en que yo lo decía y el gozo que infundía era algo característico. Debemos estar siempre contentos. No hay razón para no estarlo. Esto nos ayuda a perseverar en nuestra caminata con Dios.

Obviamente, el gozo y la alegría deben venir del corazón y con el enfoque correcto. Es posible que estemos gozosos por razones no necesariamente que agraden a Dios. Nuestro gozo no debe venir de lo que hacemos o no hacemos. Debe venir de que nuestros nombres están escritos en el cielo (Lucas 10:18). ¿No es eso maravilloso? Mantengámonos siempre alegres. Infundamos esa alegría a otros y juntos perseveremos en nuestra caminata con Dios para gloria y honra de nuestro Padre Celestial.

Por bendición de Dios, por mucho tiempo, luego de que me utilizaran de taponero para dar una bienvenida en un servicio de mediado de semana que tuvimos en la sala del apartamento de Ángel y Luz Martínez, me ha tocado hacer muchas bienvenidas en la iglesia. Eso me ha conllevado a indagar sobre escrituras que levanten el ánimo a toda la iglesia. Uno de los libros de mayor fuente de estas escrituras es el libro de los Salmos. También encontramos escrituras en el libro de Daniel, Ezequiel, Isaías, Jeremías, Habacuc y en Apocalipsis. Por ejemplo, algunas de las escrituras que me impactan son Daniel 12:3 que dice: *"Los hombres sabios, los que guiaron a muchos por el camino recto, brillarán como la bóveda celeste; ¡brillarán por siempre, como las estrellas!"*. No es esto realmente animante. Otra impactante también es Salmos 84:10, la cual dice que *"¡Más vale estar un día en tus atrios, que mil fuera de ellos! Prefiero ser portero del templo de mi Dios, que vivir en lugares de maldad"*.

Y esta última escritura me recuerda a mi hermano Alberto Ozuna. Tuve el honor de enseñarle la Biblia al coronel Ozuna siendo él todavía policía en servicio. Su entrega y enfoque para servir a Dios es algo que conmueve mi corazón y el de muchos a su alrededor. Aun estando estudiando la Biblia, él estaba dispuesto a dejar su enfoque policial a un lado para dar todo para su Dios.

Luego de hacerse un discípulo, logró su sueño de que lo pensionaran siendo joven. Realmente Dios trabajó en que él lograra esa meta. Ahora, Ozuna pone en práctica Salmos 84:10. Él prefiere ser guardián de seguridad en la clase de niños de nuestra iglesia, y lo hace con todo su corazón y gozo, que enfocarse en un día tener el rango de general de la policía.

Todos tenemos ambiciones profesionales y queremos llegar a la posición más alta en cuanto a lo académico y profesional. Sin embargo,

Ozuna entendió que la posición más baja en el reino de Dios es mucho más que la posición más alta en el mundo y que el reino de Dios nos hace verdaderamente grandes (Mateo 11:11). Entender eso nos da alegría y nos ayuda a perseverar en nuestra caminata con Dios.

REFLEXIONES

1. ¿Qué puedes decir que es lo que más te llena de alegría en la vida? Sé realista, no te engañes

2. ¿Qué es lo que más te concierne en la vida, las cosas de Dios o las cosas materiales?

3. Piensa en una actividad que verdaderamente te guste hacer. ¿Cómo te sientes sacrificándola por enfocarte en las cosas de Dios? ¿Sientes la misma alegría o más, o sientes algún pesar por tener que hacer el sacrificio?

4. ¿Alguna vez has tenido que sacrificar algún deseo presente por alguna promesa futura? ¿Cómo te has sentido? ¿Cuál ha sido el resultado?

TERCERA PARTE

QUE SUS EJEMPLOS NO SEAN EN VANO

Capítulo XVI

Rut: Del Abismo a la Realeza

"Pero Rut le contestó: - ¡No me pidas que te deje y que me separe de ti! Iré a donde tú vayas, y viviré donde tú vivas. Tu pueblo será mi pueblo, y tu Dios será mi Dios".

- RUT 1:16

El enfoque de este capítulo podría ser de doble propósito. Podría ser doble aunque el nombre sea uno solo: Rut. Por un lado podría enfocarse en Rut, la moabita. Pero, por otro lado, también, sin lugar a dudas para mí, y considero que muchas otras personas que la conocieron estarían de acuerdo, podría enfocarse en Rut Espinal, la discípula dominicana que nunca perdió sus convicciones a pesar del sufrimiento y las persecuciones.

Cada uno de nosotros que todavía vivimos estamos luchando por perseverar hasta el final. Yo he escrito este libro con este enfoque pensando que he perseverado. Lo he hecho hasta este punto. Pero Rut Espinal lo hizo hasta el día de su muerte. Ella nunca perdió sus convicciones. Pero primero enfoquémonos en Rut, la moabita, sobre la cual me enfoqué originalmente. Luego les comento un poco sobre Rut Espinal.

A través de la Biblia, vemos muchos ejemplos de personas que nos han inspirado. A veces nos inspiramos cuando oímos un mensaje predicado. Interiorizamos las enseñanzas y fortalecemos nuestras convicciones. El caso de Rut es algo muy especial para mí. Sus convicciones me han impactado sobre manera. Inclusive, a pesar de los muchos desacuerdos en cuestión de opiniones que mi esposa y yo tenemos (¿y será que somos diferentes a otras parejas?), sí estuvimos de acuerdo en que Rut 1:16 era la escritura que íbamos a utilizar para nuestra invitación de boda. Algo particular también es que mis convicciones sobre este libro no recuerdo que hayan venido de oír algún mensaje, sino que Dios lo puso directamente en mi corazón. Debo mencionar también que Rafael Ojeda, uno de los ministros que me instruyó en Puerto Rico, me dijo una vez que las ideas originales surgen cuando a uno se le olvida quién se lo enseñó.

Veamos todas las enseñanzas que podemos aprender de las convicciones de Rut y que nos ayudan a perseverar en nuestra caminata con Dios. Éstas nos pueden llevar a lugares y situaciones nunca antes imaginadas. Escribir sobre esto es un gran sueño para mí. He predicado sobre las convicciones de Rut anteriormente y estaba ansioso de poder tener la oportunidad de plasmar esto en un libro.

Antes de entrar directamente a ver las convicciones de Rut, y a manera de preámbulo, veamos por qué la familia de Noemí se mudó de Efrata (Belén) a Moab. Posiblemente Moab no nos suene mucho, pero si decimos moabitas sí. Recordamos que los moabitas no eran personas de un linaje real y en los cuales Dios se enfocaba. Los moabitas, conjuntamente con los amonitas, proceden de Lot y del fruto de la relación de incesto con sus hijas (Génesis 19:31-38).

Tal y como se describe en el inicio del libro de Rut, Elimelec, un hombre de Belén de Judá, se fue a vivir a Moab por la hambruna que estaba haciendo en la región en el tiempo en que Israel era gobernado por caudillos. Fíjense bien en esto. La única razón que se menciona de por qué Elimelec se fue a vivir a Moab fue por la hambruna que había. No era porque la misión que había en Moab lo necesitaba o porque su plan era evangelizar a los moabitas.

Posiblemente ésta fue una decisión unilateral de él sin buscar consejo alguno y sin, posiblemente, consultar a su familia para ver si estaba de acuerdo. Posiblemente solo siguió los deseos de su corazón. Yo puedo entender que el hombre en el hogar tiene un enfoque proveedor y hace lo que sea porque su familia tenga sustento. Puedo identificarme con él en ese aspecto, pero las decisiones no se deben tomar basadas solo en eso. Hay muchos otros aspectos a considerar, especialmente el espiritual.

Más adelante podemos ver los resultados de esa decisión. Elimelec murió en Moab. También murieron sus dos hijos. Vemos también que su situación económica no mejoró. Si hubiese mejorado, posiblemente Noemí no hubiese tenido que regresar a Belén. Definitivamente su situación empeoró, dejando a su familia desamparada.

¿Qué lección podemos aprender de ese "preámbulo"? Yo he aprendido mi lección de antemano sin tener que pasar por esa situación. En mi corazón está la fuerte convicción de no mudarme de donde esté con la iglesia por asuntos meramente económicos. No mudarme por mejorar mi situación económica sin buscar brindar un mayor apoyo al reino y dar más mi corazón para Dios. He visto algunas personas tomar esa decisión y, aunque pueden mejorar su situación económica, su situación espiritual empeora. En otros casos, hasta su situación económica también empeora.

Entrando ya a nuestro enfoque sobre Rut, permítanme preguntar por qué el libro se llama Rut y no Noemí. ¿No tiene Noemí créditos suficientes para que un libro de la Biblia lleve su nombre? ¿No jugó Noemí un rol lo suficientemente protagónico con sus convicciones? Es posible que sí, pero lo que Rut hizo fue extraordinario. Las convicciones de Rut fueron tan profundas que su impacto ha quedado marcado para toda la historia.

Las convicciones de Rut fueron tan profundas que su impacto ha quedado marcado para toda la historia.

Además, menciono el caso de otra mujer de convicciones profundas. ¿Sabes cómo se llama la otra nuera de Noemí que estuvo junta con Rut cuando Noemí se regresaba a Belén? ¿Se menciona su nombre en algún otro lugar de la Biblia? ¿No tuvo ella también méritos para que la historia siga recordándola? Posiblemente sí.

Es posible que Orfa haya sido una mujer de muchas convicciones también. Por eso Noemí tuvo que rogarle todo lo que le rogó para que se quedara. Yo considero que ella hizo lo correcto. Ella atendió a una legítima petición de Noemí y la complació. Noemí se sintió bien con eso. Pero, de nuevo, lo de Rut no tiene comparación. Rut causó un impacto por sus convicciones y Dios la bendijo más allá de lo imaginable. Rut no se dejó vencer por los ruegos de Noemí. Ella estaba tan agradecida con Noemí que estaba dispuesta a sufrir, a dejar a sus dioses e inclusive a morir por estar siempre con su suegra.

Es muy probable que también el esposo de Noemí y sus hijos, Mahlón y Quilión, también hayan hecho su parte en causar un impacto en Rut para que ella estuviera tan agradecida de la suegra. ¡Qué diferencia a hoy en día en que en el mundo se menosprecia tanto a las suegras e inclusive son objeto de burlas!

Cada uno de nosotros debemos imitar las convicciones de Rut. Rut no se dejó desmotivar de su suegra para cambiar su parecer sobre su agradecimiento y su deseo de seguirla. Ella mantuvo sus convicciones hasta el final. En muchas ocasiones nosotros actuamos con fuertes convicciones, pero no perseveramos hasta el final. Perseveramos hasta casi el final y luego, cuando la situación se pone muy difícil, desistimos. Sentimos que sí tenemos una excusa para desistir. Y no tomamos la responsabilidad por nuestras debilidades. Al contrario, lo que hacemos es culpar a otros o culpar a las circunstancias por la situación que estamos enfrentando.

Rut mantuvo sus convicciones hasta el final. Ella dijo: *"—¡No me pidas que te deje y que me separe de ti! Iré a donde tú vayas, y viviré donde tú vivas. Tu pueblo será mi pueblo, y tu Dios será mi Dios. Moriré donde tú mueras, y allí quiero ser enterrada. ¡Que el Señor me castigue con toda dureza si me separo de ti, a menos que sea por la muerte!"* (Rut 1:16-17). Cuando Noemí vio las convicciones de Rut, no le quedó otra alternativa más que desistir. Luego siguieron su camino y se fueron a Belén.

¿Sabía Rut lo que le esperaba? No. Ella realmente no esperaba nada. Ella simplemente estaba dispuesta a aceptar lo que el Dios de Noemí, ahora su Dios, le *deparara* (Una palabrita aprendida de mi mamá).

Muchas veces nuestras expectativas de recibir algo que nos beneficie son tan altas que recibimos mucho, pero no nos sentimos conformes. Esperamos más. Si nuestras expectativas son de aceptar siempre la voluntad de Dios, es posible que recibamos poco y encontremos que lo que recibimos es muchísimo. Rut realmente recibió mucho sin esperarlo, independientemente del punto de vista que lo veamos.

¿Qué esperaba Rut? ¿Esperaba ella casarse de nuevo? Esperaba casarse con alguien súper especial? Posiblemente no. Ella simplemente estaba dispuesta a ponerse en manos de su Dios y aceptar su voluntad (Proverbios 16:3, Salmos 137:4, Proverbio 21:1).

Además de sus convicciones y agradecimiento por su suegra, Rut era una mujer muy trabajadora. Esta característica viene a ser un gran complemento para sus convicciones y fidelidad. Dios se fija en ese tipo de corazón. Su actitud hacia el trabajo la llevó a que un hombre trabajador y ejemplar se fijara en ella. Hoy en día, lamentablemente, la imagen del mundo religioso no es que las personas son trabajadoras. Es una imagen de que después que las personas deciden seguir a Jesús se descuidan en cuanto al trabajo. Quieren dejárselo todo a Dios.

Afortunadamente, eso no fue lo que yo vi en la congregación de la cual me hice miembro en Puerto Rico y con la cual también vine como misionero a la República Dominicana. Al contrario, desde el principio que alguien quiere venir al reino, nos enfocamos en que la persona trabaje y no sea una carga para la iglesia. Entendemos perfectamente la escritura en la que Pablo nos dice que *"El que no quiera trabajar, que tampoco coma"* (2 Tesalonicenses 3:10).

El hecho de que sigamos a Jesús debe ayudarnos a ser excelentes en nuestros trabajos imitándolo a él.

Pablo no solo nos lo dice de palabras. Él es también un ejemplo al dedicarse a trabajar para no ser una carga para la iglesia. Él tenía el derecho de ser sostenido por la iglesia por el trabajo que hacía, pero él decidió desempeñar su oficio de hacer tiendas de campañas (Hechos 18:3, 2 Tesalonicenses 3:6-9). Además, en diferentes partes de la Biblia, incluyendo los Proverbios, se hace referencia al trabajo. Es decir que el hecho de decidir seguir a Jesús y descuidar el trabajo es una excusa barata y una pura religiosidad sin ningún impacto para las demás personas a nuestro alrededor. El hecho de que sigamos a Jesús debe ayudarnos a ser excelentes en nuestros trabajos imitándolo a él.

> *Rut no era una carga para Noemí. Al contrario, Rut se sacrificaba por ella.*

Jesús era el hijo de Dios y también era un carpintero (Marcos 6:3). Se dice que él no era un simple carpintero, sino que era un maestro. Y es de suponer. Como dice el Nuevo Diccionario Bíblico de Alfonso Lockward (1992, pág. 571), Jesús tenía una gran capacidad de aprendizaje, demostrado al quedar registrado en el incidente de Lucas 2:41-52, cuando Jesús se perdió y sus padres lo encontraron sentado en medio de los maestros de la ley escuchándoles y haciéndoles preguntas. Con esa capacidad y conociendo la perfección de Jesús, no es posible que en su oficio él se iba a permitir ser menos que excelente y no dar el mejor ejemplo.

Rut no era una carga para Noemí. Al contrario, Rut se sacrificaba por ella. Trabajaba para ayudarse y ayudarla a ella también. No fue Noemí quien la mandó a trabajar. Ella le pidió a Noemí que le permitiera ir a trabajar. Y como Dios bendice a quien le es fiel, él le estaba preparando el camino para ir a trabajar al lugar correcto, el campo de Booz, pariente de Elimelec. Éste, más tarde, al ver el duro trabajo de Rut, decide casarse con ella. Pero antes

> *Rut, una moabita, llegó a formar parte de los antepasados de Jesús.*

decide cumplir con todo el procedimiento establecido, como lo hace un hombre de su gran rectitud. Y no se me muevan de ahí para que veamos lo que Dios hace que suceda por medio de ese matrimonio y el impacto eterno de Rut debido a sus grandes convicciones.

El poder ver las convicciones de Rut es verdaderamente impactante. Pero más impactante aún es ver las bendiciones de Dios como resultado de esas convicciones. Por estas convicciones, Rut, una moabita, llegó a formar parte de los antepasados de Jesús. Asimismo. Rut forma parte de los antepasados de Jesús (Mateo 1:5). Esto es algo casi imposible de creer. Una moabita, perteneciente a un pueblo despreciado por Dios. Es por eso que he puesto como título a este capítulo "Rut: Del Abismo a la Realeza".

Si analizamos esto, son innumerables las lecciones adicionales que podemos aprender además de las convicciones de Rut. Vemos que Dios se fija en los corazones de las personas sin hacer diferencia entre un tipo de persona y otra o en su apariencia (1 Samuel 16:7, Deuteronomio 10:16-19, Santiago 2:1). Tengamos presente que Dios busca esos corazones independientemente del país, la iglesia o la clase social en donde se encuentre actualmente. Si tienes el corazón para Dios, él te va a mostrar el camino correcto y su iglesia en donde puedas darle gloria y honra.

Es posible que te sientas que tu congregación no está haciendo todo lo que debe hacer para Dios de acuerdo a lo que las escrituras digan. Y esto me lleva a pensar en todo lo descrito por David Platt en su libro "Radical". No tienes que amargarte. Tú puedes marcar la diferencia a través de las Escrituras. Yo estuve en esa situación y no me detuve. Yo estudiaba las Escrituras y me daba cuenta que muchas de las cosas que me enseñaban, aun sin ser un discípulo comprometido de Jesús, no era lo que la Biblia decía. Me enseñaban religiosidad, pero no convicciones para Dios.

¿Y qué pasó con los demás moabitas? Posiblemente continuaron adorando a sus dioses. No sé si Rut tuvo la oportunidad de mirar atrás y ayudar a los de su familia para que también siguieran a su nuevo Dios, el Dios verdadero. Lo que sí sabemos es sobre el impacto que tuvo hacia el futuro por sus convicciones.

Es posible que alguien también se pregunte por qué Booz, su esposo, tuvo el honor de formar parte de la genealogía de Jesús. Realmente, además de ser un hombre recto, Booz también viene de una genealogía de alguien que causó un gran impacto y conmovió el corazón de Dios. ¿Sabes quién era la mamá de Booz? Nada más y nada menos que Rahab, la prostituta. Perdón, Wagner, ¿y dónde está el impacto?

Seamos personas de convicciones profundas para nuestro Dios.

Como dijo un amigo una vez: "Wagner, yo pensaba que tú eras un hombre espiritual". Sí, esa prostituta fue la que protegió a los espías que fueron a explorar la tierra prometida. Tampoco se esperaba que Rahab pudiera causar un impacto eterno. Pero fue una mujer de convicciones y escogida por Dios con ese gran propósito. Dios también promete grandes bendiciones a nuestras generaciones futuras cuando somos personas rectas. Esas promesas fueron hechas a Abram (Abraham), a Noé, a David y a muchos otros más (Génesis 12:7, Deuteronomio 28: 1-14, 2 Samuel 7).

Seamos personas de convicciones profundas para nuestro Dios. Busquemos marcar la diferencia con nuestras propias convicciones sin importar lo que esté pasando a nuestro alrededor. La historia todavía no termina. El número de personas que hoy en día está siguiendo a Dios de todo corazón es muy reducido en comparación con el tamaño de la población. Dios quiere personas de convicciones profundas para ayudar a causar un gran impacto. Nada nos limita a hacerlo. Admiramos el ejemplo de Jesús, pero él dijo que si creemos en él, podemos hacer cosas inclusive más grandes que las que él hizo (Juan 14:12-14). Llenémonos de convicciones y perseveremos en nuestra caminata con Dios para su gloria y honra.

Y como les mencioné al principio y les dije que volvería a mencionar, podemos ver el testimonio de Rut Espinal y su perseverancia hasta el mismo final de su vida. Rut fue la primera miembro de su familia carnal en radicalmente decidir seguir a Jesús como las Escrituras dicen y ser una verdadera discípula. Esto le significó recibir una fuerte persecución de parte de su familia. Pero su radicalidad y su perseverancia también ayudó a que su hermana Tati se hiciera discípula más tarde cuando mi esposa Guarina estudió la Biblia con ella. Y que luego, su cuñado Emilio, también se hiciera discípulo. Y que más tarde, su sobrina Carolina, la hija mayor de Emilio y Tati, también lo hiciera. Y confío que en el futuro también lo hará su otro hijo, Emilio. Y la semilla está sembrada para que sus otros hermanos y hermanas, que ya se han acercado a la iglesia, también lo hagan.

> *Dios quiere personas de convicciones profundas para ayudar a causar un gran impacto.*

La persecución familiar hacia Rut y, posiblemente hacia nuestra iglesia, se agravó cuando Rut tuvo problemas nerviosos, los cuales parecen ser hereditarios en la familia. Cuando eso sucedió, la familia pensó que fue debido a su enfoque radical en seguir a Jesús. Y no es extraño. La familia de Jesús también pensó lo mismo. A pesar de su situación de salud, Rut no perdió sus convicciones. Tampoco las perdieron su hermana Tati y su cuñado Emilio. Al contrario, sus convicciones se fortalecieron.

La situación de salud de Rut se agravó por la contaminación de una bacteria en el centro médico en donde la internaron. Por la misericordia de Dios y todas nuestras oraciones, cuando pensábamos que Rut no se iba a salvar, Dios la salvó y le permitió vivir, aunque quedó inválida y con muchas otras limitantes. Dios le dio la oportunidad de poder compartir su testimonio con nosotros y dejar un testimonio escrito también. Más tarde, cuando pensábamos que ya la íbamos a tener por mucho tiempo más, Dios pensó que era mejor llevarla a morar con él. Rut murió a la tierna edad de 32 años, el 8 de noviembre del 2008. Pero nos dejó su testimonio de que a pesar de todo el sufrimiento por el que pasamos, se puede perseverar en nuestra caminata con Dios hasta el final. Y Rut pudo con toda seguridad decir: *"He peleado la buena batalla, he llegado al término de la carrera, me he mantenido fiel. Ahora me espera la corona merecida que el Señor, el Juez justo, me dará en aquel día. Y no me la dará solamente a mí, sino también a todos los que con amor esperan su venida gloriosa"* (2 Timoteo 4:7-8).

En sus tiempos de convalecencia, Rut comenzó a hacer apuntes para escribir un libro con su testimonio y que pudiera ayudar a muchas otras personas hasta después de su muerte. Aparte de otras cosas que escribió y que no las tengo a mano, ella escribió esto que transcribo a continuación.

Lo que Necesitas para Ser Feliz
Por Rut Espinal (1976-2008)

Agradece a Dios todo lo que te da por pequeño e insignificante que parezca.
Vive cada día con entusiasmo.
Celebra una Navidad en tu Interior todos los meses del año.
Ten siempre presente que vas a tener días buenos y días malos.
Cuando algo te ponga triste, repite "esto también pasará".
Disfruta todo lo que puedas hacer, hasta el hecho de
tomarte un vaso de agua.
Comprométete a mencionar solo las cualidades buenas de cada persona.
Aprecia lo que la vida te da, pues eso es lo que te pertenece.
Regálale una sonrisa a todo aquel que se te acerque.
Descubre el propósito divino en todo cuanto te ocurra.
Elimina la queja de raíz en tu vida.
Mira el cielo de día y de noche para que puedas contemplar su belleza.
Recuerda [que] las cosas no siempre van a ser como tú las esperas.
Acepta la enfermedad pacientemente y alégrate, porque las atenciones de Dios y de las
personas te van a sobrar.
Quiérete a ti mismo, pues nadie lo va a hacer mejor que tú.
Llena tu mente de pensamientos positivos y alentadores. No le des oportunidad a
pensamientos destructivos.
Escucha música que te alimente el espíritu y te alegre el corazón.
Libérate de sentimientos de culpa que te impidan vivir tranquilamente.
Reflexiona y medita sobre tu vida al terminar cada día para que seas una mejor persona.
Conviértete en una persona optimista que a todo le buscas una salida.
Asegúrate te tener con quién hablar de tus temores, ansiedades y frustraciones.
....Y recuerda.
La felicidad está en tu interior. Por lo tanto, de ti depende que seas feliz.

Tanto en la Biblia como en ejemplos vivientes, podemos tener testimonios de personas radicales que han perseverado en su caminata con Dios y nos han dado un gran ejemplo. Tenemos a Rut y tenemos a Rut. Rut, la moabita, un ejemplo bíblico, y Rut Espinal, un ejemplo que vimos vivir. Tomemos estos y otros ejemplos para fortalecer nuestras convicciones y perseverar en nuestra caminata con Dios hasta el mismo final y dejar un ejemplo para toda la eternidad.

REFLEXIONES

1. Simplemente, ¿cuál es tu convicción para tu Dios? ¿Qué estás dispuesto a hacer por perseverar en tu caminata con Dios?

2. Decide hacer algo radical para Dios que pueda causar un impacto eterno.

3. ¿Qué precio te haría variar tus convicciones?

4. ¿Qué obstáculo en el camino podría hacerte cambiar de rumbo y no perseverar?

Capítulo XVII

Noé: Nadando Contra la Corriente

"Entren por la puerta angosta. Porque la puerta y el camino que llevan a la perdición son anchos y espaciosos, y muchos entran por ellos; pero la puerta y el camino que llevan a la vida son angostos y difíciles, y pocos los encuentran".

- MATEO 7:13-14

El nadar contra la corriente en esta vida es muy similar a la enseñanza de Jesús de que debemos entrar por la puerta angosta. La mayoría de las personas a través de la historia, y hasta el día de hoy, simplemente han seguido la manada. Han seguido las convicciones de la mayoría.

Es difícil nadar contra la corriente. Es más fácil dejarse llevar por la misma sin hacer ningún esfuerzo. Es más fácil también seguir a la mayoría y buscar su aprobación que mantener sus convicciones para Dios aunque se reciba la presión del grupo. Noé fue un hombre que nadó contra la corriente. Su impacto fue tan grande que sin él posiblemente la humanidad ni siquiera existiera hoy (Génesis 6:5).

Hoy en día se ve que a medida que pasa el tiempo, la maldad aumenta. Y con lo que yo veo, me asusta como la situación se va tornando. La delincuencia aumenta y luce que es difícil controlarla. Inclusive, se ve que el mal crece a una velocidad mayor que lo que crece el número de personas que están dispuestas a transformar sus vidas. Éstas crecen a un ritmo menor que los que están decidido a hacer lo malo expresamente. A esto se suman las personas que no están dispuestas a transformar sus vidas pensando que lo que hacen está bien. Además, están también los que quisieran hacer lo bueno y no lo hacen por toda la confusión que existe en el mundo sobre la verdad y la mentira.

Desde el principio, Dios ha visto que el hombre siempre estaba pensando en hacer lo malo (Génesis 6:5). Inclusive, si nos vamos un poco más hacia atrás, vemos también cómo el hombre se dejó llevar de las emociones, el deseo de supuesta grandeza y el engaño de Satanás a través de una simple serpiente (Génesis 2).

Dios no es ciego a lo que pasa en el mundo. Él es Dios. Por la tanta maldad que existía, Dios quiso borrar de la tierra al hombre que había creado. Él quiso eliminar su obra maestra. ¿Te imagina lo que te puede costar y el tiempo que tienes que investir en la creación de una obra maestra? ¿Cómo te sentirías pasando por el proceso de tener que deshacerla porque se ha desviado del propósito original?

"Sin embargo, el Señor miraba con buenos ojos a Noé" (Génesis 6:8). Noé fue la persona que le trajo alivio a Dios. Noé salvó la humanidad. A pesar de toda la maldad, Noé era un hombre bueno que siempre obedecía a Dios. Él decidió nadar contra la corriente. Él no se dejó llevar por las convicciones de las personas que estaban a su alrededor.

A pesar de toda la maldad, Noé era un hombre bueno que siempre obedecía a Dios. Él decidió nadar contra la corriente.

En mi caso particular, siempre repito algo que me impactó sobremanera cuando estudié la Biblia para hacerme un discípulo en Puerto Rico. El enfoque fue en enseñarme a crear mis propias convicciones a través de las Escrituras y no a seguir las convicciones de las demás personas. Esas convicciones profundas me han ayudado a perseverar en mi caminata con Dios a pesar de todas las situaciones difíciles que he tenido que enfrentar y ver tanto desinterés por las cosas de Dios a mi alrededor.

¿Y es que Puerto Rico tiene algo especial a diferencia de la República Dominicana? No. Puerto Rico, al igual que la República Dominicana y muchos otros países, es un país lleno de mucha religiosidad y de pocas personas que están dispuestas a sacrificarse por seguir a Jesús y dar su vida por él si es necesario. Esto se muestra en el hecho de que si se hace una encuesta sobre la cantidad de personas que son cristianas, se encuentra que más del 90 por ciento dice serlo. Sin embargo, esto no explica el por qué la mayoría de las personas tienen que vivir detrás de rejas como si estuvieran encarceladas.

La diferencia no la hizo el país realmente. La diferencia la hizo un grupo de personas comprometidas con Dios y dispuestas a obedecerlo siempre, de acuerdo a las instrucciones de la Biblia. Cuando obedecemos las instrucciones de Dios marcamos la diferencia y causamos un impacto eterno. Dios busca personas que le obedezcan.

A pesar de la maldad al inicio, Noé se mantenía fiel. Cuando Dios le pidió a Noé que construyera la barca, "Noé hizo todo tal como Dios se lo había ordenado" (Génesis 6:22, 7:5). ¿Se entiende esto? El seguir instrucciones muchas veces es bien difícil. A veces queremos seguir nuestros deseos y nos dejamos dominar por nuestras emociones. Buscamos ponerle el toque personal a lo que hacemos y justificamos por qué debemos hacerlo de esa forma. Queremos privar de que sabemos más que Dios.

> *Cuando obedecemos las instrucciones de Dios marcamos la diferencia y causamos un impacto eterno.*

El encontrar un hombre como Noé que viviera de acuerdo a sus mandatos y estuviera dispuesto a obedecerle siempre fue de gran regocijo para Dios. Esto también fue una gran bendición para la humanidad. La creación hubiese quedado tronchada si no hubiese sido por Noé. Dios está siempre dispuesto a comenzar de nuevo y, por su gran amor, destruye hombre y naciones para proteger a los que le aman (Isaías 43:4). Lo demostró con Noé y lo continuó demostrando a través de la historia.

Dios busca personas que le sean fieles y para protegerlas hace lo que sea. El amor de Dios es tan inmenso que a veces nos es difícil entenderlo. Si no indagamos en las Escrituras, no vamos a entender su gran amor. Posiblemente muchas personas ven la destrucción con el diluvio como un acto cruel. Sin embargo, Dios lo hizo para demostrar su amor por alguien que le obedecía. Noé estuvo dispuesto a perseverar en su propósito, aunque no viera el resultado inmediato, por obediencia a Dios. Dios quiere obediencia por encima de cualquier sacrificio (1 Samuel 15:22).

Lo que sucedió con Noé debe servirnos de base para siempre estar dispuestos a obedecer las instrucciones de Dios. Sin embargo, muchas personas simplemente quieren seguir el deseo de sus corazones y se dejan engañar por él.

> *Noé estuvo dispuesto a perseverar en su propósito, aunque no viera el resultado inmediato, por obediencia a Dios.*

Para perseverar en nuestra caminata con Dios necesitamos ser radicales. Así como Noé, también hay muchos ejemplos de personas radicales que han decidido nadar contra la corriente para perseverar haciendo lo que agrada a Dios. A través de esta parte del libro continuaremos viendo varios ejemplos.

En la historia de la humanidad, nunca se ha visto que una persona que haya decidido seguir la corriente de la mayoría haya causado un impacto extraordinario. Las personas que han causado un impacto han sido aquellas que han decidido ir en contra de los estándares establecidos que no agradan a Dios. Inclusive, para mantener el enfoque en hacer lo que agrada a Dios y que la iglesia esté siempre haciendo lo que debe hacer como el cuerpo de Cristo, necesitamos líderes con convicciones. Necesitamos líderes que no se dejen llevar por todas las situaciones difíciles que se presentan en el diario vivir y se mantengan enfocados en hacer lo que Dios quiere sin dejarse abrumar.

Las situaciones de la vida diaria a las cuales tenemos que hacer frente son tantas que si nos enfocamos en resolverlas todas individualmente no tendríamos tiempo para hacer nada más. Hay que enfrentarlas de una forma espiritual y haciendo siempre lo básico. Es por esto que la oración en nuestra caminata con Dios es tan importante. Hay cosas que por nuestra cuenta es imposible enfrentarlas.

Yo tengo una convicción muy personal sobre hacer lo que es recto. Sí necesitamos aprender lo que Dios quiere de nosotros a través de su palabra y debemos estar dispuestos a obedecerla. Ahora bien, mi convicción es también que cuando decidimos ser personas rectas en nuestras vidas buscando hacer el bien y no solo llevándonos por la parte emocional, Dios trabaja a nuestro favor y nos lleva en la dirección que a él le agrada para que aprendamos más cómo vivir de acuerdo a su voluntad. Él pone entendimiento en nuestros corazones y nos da la capacidad para discernir entre lo bueno y lo malo. Cuando no lo hacemos, muchas veces no es porque no lo sabemos, sino porque no lo queremos hacer.

Aun sin ser un discípulo de Jesús, cuando ingresé a estudiar agricultura al Instituto Superior de Agricultura en el año 1982, yo tuve que nadar contra la corriente para poder sobrevivir como estudiante y que no me expulsaran por deficiencia académica. Esto les pasó a alrededor de la mitad de mis compañeros. Ellos simplemente se enfocaron en seguir la corriente de la mayoría. Éramos un total de 65 estudiantes y al final nos graduamos sólo 33.

Yo nadé contra la corriente para mantener mis convicciones en la búsqueda de la excelencia. Mi primer año fue muy difícil. Yo penaba que no iba a sobrevivir académicamente. Aunque no era el más joven del grupo, sí era el más pequeño y el más joven en cuanto a desarrollo corporal. Tenía 16 años, pero todavía era totalmente un niño en todo el sentido de la palabra. Era fácil hacer simplemente lo que otras personas de más experiencia hacían. Pero mis convicciones estaban puestas totalmente en lo que quería, graduarme de bachiller en ciencias agrícolas del afamado Instituto Superior de Agricultura. No quería tener que volver de regreso a mi campo, El Estero, sin mi título.

Pero mi enfoque no se limitó a simplemente graduarme. Buscaba la excelencia académica tal y como la defino en mi libro sobre ese tema.

Quería crear una base sólida para el futuro. Creo que lo logré. Los tres años que duré en el instituto me transformaron de niño a hombre y de "malcriado" a ser una persona de convicciones y responsabilidad. Entiendo que Dios también vio mi corazón y entendió que contaba con todos los recursos para ser un discípulo o por lo menos comenzaba a moldear mi corazón para tal fin.

El asunto es que nadé contra la corriente de personas que aun conociendo las reglas de los horarios de estudios, las violaban para no estudiar. Nadé en contra de personas que durante los horarios de estudio se enfocaban en "cherchar". Muchas personas no sobrevivieron y tuvieron que abandonar. Por mi parte, mi enfoque fue enfrentar estas personas y ganarme una mala fama ante mis compañeros, simplemente por ser responsable. Me inspiraba, y también me aterraba, la idea de regresar a mi campo porque me expulsaran del instituto.

Mientras al principio era uno más del montón, al final del primer semestre fui uno de los estudiantes del cuadro de honor. Así, estuve en cuadro de honor en cada uno de los semestres y, al final de los tres años, fui uno de los dos estudiantes de honores reconocidos en la graduación. Al igual que yo, también el otro estudiante de honor llegó a ser un discípulo años más tarde, pero se dejó arropar por las situaciones de la vida y no perseveró en su caminata con Dios. Qué honor fue para mí ayudarlo a llegar. Pero qué dolor fue también verlo abandonar a Dios.

El enfrentar a mis compañeros, muchas veces sin ninguna sabiduría y con rudeza, para tratar de que se enfoquen en seguir las reglas, me hizo ganar el desprecio de muchos. No puedo defender esto. Hubo muchas cosas que pudieron ser mejores de mi parte. Pero el punto que quiero expresar es el de nadar contra la corriente para alcanzar las metas personales y para glorificar a Dios. No puedes simplemente seguir la manada poniendo en peligro el perseverar en tu caminata con Dios.

Regresando de nuevo a Noé, cuando él decidió obedecer a Dios y construir la barca que le había ordenado, posiblemente haya sido el hazmerreír de la mayoría. Ja ja ja.....¡y es que éste está loco! ¡Construyendo un barco en pleno desierto! Noé estaba en el desierto de Ararat.

Eso también sucede hoy en día con los discípulos de Jesús y sucedió también con Jesús y con sus apóstoles. A Jesús lo tildaron de loco. Para muchos su sacrificio en la cruz fue una locura (1 Corintios 1:18). Pero así como la barca de Noé fue la salvación para él y su familia, la cruz fue la salvación para los que entendemos y estamos dispuestos a seguir a Jesús nadando contra la corriente.

En la actualidad muchas personas continúan siguiendo a la mayoría simplemente porque es la mayoría. Muchos siguen buscando caminar por el camino ancho sin hacer un sacrificio por entrar por la puerta angosta. Otras personas simplemente siguen en su pecado, como en los tiempos de

Noé, sin hacer caso de las advertencias de Dios (Mateo 24:37, Lucas 17:26). Los que tenemos fe, como la tuvo Noé, (Hebreos 11:7), veremos algo similar cumplirse cuando Jesús vuelva, aunque sea de lejos.

Puedo escribir mucho más sobre Noé, pero si lo hago, creo que estaré lloviendo sobre mojado. Podemos tomar las referencias de Génesis y muchos otros escritos sobre él para aprender más detalles sobre este gran personaje. Lo que sí quiero que entendamos es que, como Noé, debemos estar dispuestos a nadar en contra de la corriente para mantenernos fieles a Dios y ser un ejemplo para las personas a nuestro alrededor.

Me llega a la mente mi hermana Eléxida González. Ella se ha mantenido firme en su caminata con Dios. Por su firmeza y perseverancia puede contar hoy con un esposo, Isaías De Luna, que también ha decidido caminar en los pasos de Dios y perseverar. Hoy son muchas las personas que han recibido ayuda de parte de ellos por su amor, su fe y su perseverancia. Imitemos el ejemplo de Noé. Nademos contra la corriente para perseverar y darle gloria a nuestro Dios.

REFLEXIONES

1. ¿Consideras que siguiendo la manada puedes causar un impacto en la vida?

2. ¿Estás en disposición de imitar personas de convicciones como Noé o Jesús y nadar contra la corriente aunque tengas que pagar el precio de la soledad? El hacerlo te recompensará con bendiciones más allá de lo imaginado.

3. Ponte en los pies de Noé. Si fuera tu situación, ¿seguirías el plan de Dios y sus instrucciones?

Capítulo XVIII

Job: A Pesar del Sufrimiento

"Si aceptamos los bienes que Dios nos envía, ¿por qué no vamos también a aceptar los males?"

- JOB 2:10

En nuestras vidas espirituales pasamos por situaciones bien retantes. En la Biblia tenemos muchos ejemplos que nos fortalecen al ver cómo personas han vencido. También hacemos comparaciones con otros ejemplos de personas que han pasado por lo mismo en la actualidad o de uno mismo cuando escribe para inspirar a otras personas.

En el caso de Job, me encuentro con una situación tan retante que considero que en todo este capítulo me tendré que limitar a describir lo que Job pasó y cómo podemos aprender de su sufrimiento casi más allá de lo que humanamente se puede soportar. Es casi como ver los sufrimientos de Jesús en una persona común y corriente.

¿Encontraré yo algún testimonio de alguien que haya pasado por una prueba similar? ¿Me podré yo identificar con algo de lo que Job pasó para darle más peso a lo que escribo? Lo dudo. Simplemente aprendamos las lecciones del sufrimiento de Job, su fidelidad a su Dios, sus convicciones y las reacciones de los "amigos" a su alrededor, incluyendo a su esposa.

Cualquiera que quiera dar un testimonio personal sobre los sufrimientos que ha pasado similares a los de Job se quedará corto. En cada uno de estos capítulos trato de buscar testimonios vivientes y usar mi propia experiencia para inspirar, pero compararse con el sufrimiento de Job es un verdadero reto. Aparte de Jesús, no encontramos a alguien que se pueda decir que haya sufrido física y emocionalmente como lo hizo Job. A pesar de todo ese sufrimiento, Job perseveró en su caminata con Dios. Por su fidelidad, Dios siempre estuvo con él y lo bendijo de nuevo más allá de lo que podemos imaginar.

Tengamos presente que todo lo que sucede en este mundo Dios lo causa o lo permite. Dios está en control de los mínimos detalles en este mundo (Mateo 10:29). Es posible que no entendamos lo que sucede con ciertas cosas que pasan, pero Dios está en control. A veces nos enfrentamos con situaciones muy dolorosas que nos pueden conllevar, inclusive, a desconfiar de Dios. Sin embargo, por más dolor que sintamos, debemos confiar en que Dios sabe lo que hace.

A pesar de todo ese sufrimiento, Job perseveró en su caminata con Dios.

Un ejemplo que normalmente doy a personas pasando por situaciones dolorosas es que si Dios nos mostrara un video del curso alternativo de la vida, si no sucede lo que ha sucedido, nos llenaríamos de terror. Lo que sucede en la vida, aunque no lo entendamos, es lo mejor para los que aman a Dios (Romanos 8:28). Y Dios trabaja realmente para el bien de los que le aman. Podemos perder un ser querido en situaciones inesperadas, pero Dios lo hace porque considera que es lo mejor. Estas situaciones o nos moldean el corazón o, según mi opinión, puede evitar una catástrofe futura.

Pensemos, por ejemplo, en un niño que muere y que su muerte causa mucho dolor a sus familiares. Dios pudiera decir que si el niño no hubiese muerto, hubiese ocasionado un fuego en donde la casa entera se iba a quemar, iba a morir toda la familia y también se iban a incendiar otras casas vecinas. ¿Qué te parece?

Recuerdo una vez a principio de los años 90s estando estudiando en los Estados Unidos. Había un programa de niños en Univisión llamado "Carrusel". Era como una novela infantil y me gustaba verlo. Un día los niños iban a la iglesia a pedir a Dios por la salud de la maestra Jimena que había tenido un accidente. Pero hubo un niño que decidió que no iba a ir. Todos se fueron menos él. Cuando se le preguntó por qué no iba, él respondió que la noche en que su abuelita murió, él se pasó toda la noche "rezando" y aun así, Dios no impidió que ella muriera. El oír eso de la voz de un niño, me conmovió profundamente. A veces no entendemos los planes de Dios. Finalmente, luego de que los demás llegaron a la iglesia, el niño también llegó y fue de gran alegría para los demás. Si mal no recuerdo, creo que la profesora no murió en esa ocasión.

Así reaccionamos muchas veces. Oramos y no necesariamente vemos la oración contestada en ese momento. Pero eso no significa que Dios no escucha nuestras oraciones. Él las escucha y las contesta. Lo que pasa es que lo que nosotros pensamos no es necesariamente de la forma que Dios piensa (Isaías 55:8). Dios piensa de forma distinta a la forma de pensar de nosotros. Dios no se va a adaptar a nuestra forma de pensar. Nosotros necesitamos madurar espiritualmente para acercarnos a su forma de pensar y de actuar. Mientras más maduremos espiritualmente, más lo vamos a entender. Esto se logra perseverando en nuestra caminata con Dios.

Comencemos por el principio del relato de la historia de Job y todo lo que pasó. Job era un hombre muy rico y muy fiel a Dios. Dios se regocijaba de él. Él era un hombre muy recto. Pero, ¿creen ustedes que a Satanás le gusta eso? No. Cuando Satanás ve a alguien así y que a través de esa persona otras más se van a acercar a Dios, él enfila todos sus cañones y busca la forma de atacar para tratar de destruirla. Él quiso destruir a Job, pero no pudo lograrlo. Job tenía una relación con Dios muy sólida y no dejó que nada ni nadie lo hiciera desviar.

Dios veía el corazón de Job por encima de todo lo que tenía. Satanás se fijaba solo en las apariencias de Job por sus riquezas. Él se fijó en Job y pensó que su fidelidad a Dios se basaba en sus posesiones. Él pensó que si Dios le quitaba todo lo que tenía, incluyendo la salud, Job iba a renegar de Dios. El primer ataque que hizo a Job fue quitarle sus posesiones una por una. ¿Cómo te sentirías si pierdes en este momento todas tus posesiones materiales? A veces ponemos nuestra confianza en las riquezas de este mundo.

¿Cómo te sentirías si pierdes en este momento todas tus posesiones materiales?

Dios nos advierte que nuestra confianza no debe estar basada en las riquezas, sino en ser justos (Proverbios 11:28). Job entendía esto perfectamente y era lo que practicaba. Job era un hombre justo y sin tacha ante Dios (Job 1:1).

Job recibió una serie de cuatro desastrosas noticias sobre la pérdida de posesiones materiales hasta quedarse sin nada. Luego pierde su familia. ¿Cómo tú reaccionarías? ¿Dirías que puedes identificarte con Job? A pesar de todo eso, el enfoque de Job fue en confiar en Dios y reconocer que Dios se lo había dado todo y que Dios se lo había quitado (Job 1:21). El enfoque de Job fue también alabar a Dios y mantenerse libre de pecado. De nuevo pregunto si hay alguien se puede identificar con esto para que me preste un poco de su fe.

Antes de continuar, veamos todo lo que Dios dice sobre el enfoque en las riquezas y posesiones de este mundo. Si nos apegamos a las cosas de este mundo, sufriremos. Siempre existe la posibilidad de perder las cosas materiales, ya sea por las acciones malignas de Satanás o por decisión de Dios para probar y fortalecer nuestro carácter. No solo debemos no apegarnos a las riquezas de este mundo como mencioné anteriormente, sino que debemos hacer un buen uso de las mismas. Al igual que David en Salmo 119: 14, Job se alegraba más en ser fiel a Dios obedeciendo sus mandatos que en las riquezas que tenía. Job también hacía buen uso de estas riquezas ayudando a las personas necesitadas (Job 29:12).

La verdadera riqueza de Job estaba en su amor a Dios y su rectitud. ¿Dónde está tu riqueza? Es cierto que mi corazón está en mantenerme recto para Dios y hacer lo que sea necesario para perseverar, pero también debo reconocer el deseo ferviente de poder tener ingresos extras para resolver mis compromisos financieros y vivir sin deudas, sin tener que deshacerme de mis activos.

Si nos apegamos a las cosas de este mundo, sufriremos.

Hoy en día, el amor por las riquezas de este mundo es el algo que afecta bastante el que una persona persevere en su caminata con Dios. A veces nos enfocamos bastante en conseguir más o los que tienen mucho se dejan dominar por mantener esas riquezas y no se enfocan en Dios. Es difícil hoy en día encontrar una persona con las riquezas que tenía Job y que su enfoque principal sea el mantenerse recto con Dios. La Biblia nos dice que "más vale humillarse con los pobres que hacerse rico con los orgullosos (Proverbios 16:19). Realmente esa es una tentación, pero Job no se dejó arrastrar por ella.

En mi caso particular, siendo una persona que ha surgido de los escombros, prácticamente, en muchas ocasiones siento esa lucha interior. ¿Me humillo con los pobres o trato de acercarme a los que más tienen para demostrar que tengo cabida en esa clase social? ¿Me voy a jugar baloncesto con los "tígueres" o me voy a jugar golf con una clase a la que no pertenezco y que de "comparón" me he querido insertar?

Gracias a Dios que me ha permitido disfrutar de las bendiciones de tener un grupo de amigos de una clase, por su juventud, diferente a la mía. Digo esto porque, por mi edad y el ambiente académico en el cual me desarrollé, la tendencia era a hoy en día ser parte de un grupo mayor de edad y actuales ejecutivos de diferentes empresas. Sin embargo, he construido unas relaciones con un grupo de jóvenes tan increíbles que cuando yo llegué a la iglesia siendo ya un profesional y profesor universitario, ellos eran todavía estudiantes. Hoy estos jóvenes profesionales son mis grandes amigos, los cuales me retan espiritual y profesionalmente a dar más para Dios y para la sociedad. El pasar por ese proceso ha sido maravilloso. El continuar con mis viejos amigos del mundo solo iba a contribuir a aumentar mi arrogancia, pensando que yo era lo mejor de la bolita del mundo con todos los halagos que recibía.

Continuando con Job, ¿cómo te sentirías de recibir la primera noticia que él recibió, la segunda, la tercera y la cuarta, consecutivamente? Muchos de nosotros no resistimos ni siquiera una para mantenernos firmes en nuestra caminata con Dios. Cuando Satanás vio la valentía de Job, me imagino que le rechinaron los dientes y arreció su ataque. No se enfocó solo en quitarle todas sus posesiones, también hizo que Dios le permitiera quitarle su salud. Él aludía que Job se mantenía fiel porque nada de lo que había perdido le tocaba su pellejo directamente. Pero Dios sabía el gallito de pelea que tenía para dar testimonio de él. Dios sabía que Job se mantendría fiel por encima de cualquier circunstancia.

Posiblemente Dios le dio todo lo que le concedió a Job porque sabía que él sabría cómo administrarlo y cómo mantener su corazón enfocado sin desviarse por el engaño de las riquezas. A veces le pedimos riquezas y otras cosas materiales y no materiales a Dios y no se nos conceden porque Dios sabe que el tenerlas será nuestra perdición (Santiago 4:2).

Cuando Job perdió su salud, fue muy doloroso física y emocionalmente. Satanás conoce muy bien la naturaleza humana, pero su inteligencia es limitada, a diferencia de la de Dios. Él confiaba en que si Job perdía su salud, después de haber perdido todas sus posesiones materiales y su familia, él iba a renegar de Dios. Con la anuencia de Dios, Satanás envió sobre Job una enfermedad que le cubrió la piel de pies a cabeza (Job 2:7). Eso fue realmente doloroso. Pero más doloroso todavía es cuando uno está pasando por una situación de esa naturaleza y no tiene quien se compadezca de uno.

Me imagino que en ese momento de sufrimiento, Job quería encontrar el apoyo de su esposa. Pero no la recibió. Su esposa fue realmente cruel con él. Se ve cuando le dice: *"¿Todavía te empeñas en seguir siendo bueno? ¡Maldice a Dios y muérete!"* (Job 2:9). ¿Cómo tú reaccionarías ante una situación así? Dime. Y de nuevo préstame un poco de tu buena reacción.

Conociendo mi naturaleza emocional y de esperar mucho de las demás personas, yo no me atrevo a describir nada sobre cómo hubiese reaccionado. Lo que sé es que mi reacción posiblemente no hubiese agradado a Dios. Job, por el contrario, como siempre, reaccionó con su característica reacción de un hombre fiel y con un gran corazón para Dios cuando dijo: *"¡Mujer, no digas tonterías! Si aceptamos los bienes que Dios nos envía, ¿por qué no vamos a aceptar también los males?* (Job 2:10). La Biblia también dice que a pesar de todo, Job no pecó ni siquiera de palabras. ¿Qué pensamientos hubieses tú tenido o qué palabras hubieses pronunciado ante tales circunstancias? Posiblemente, por mi naturaleza, mis palabras no hubiesen sido malas, pero estoy seguro que mis pensamientos hubiesen sido impublicables. La emoción me hubiese embargado.

Más adelante vienen los "súper amigos". Ahora vienen los que van a brindar consuelo a Job en este momento de angustia. Los "súper espirituales". ¿Quieres tener algunos amigos como ellos? Te los regalo. Yo no los quiero.

Lamentablemente, a veces nos encontramos con ese tipo de personas, cuya religiosidad las conlleva a tratar de lucir súper espirituales ante cualquier circunstancia, pero con el corazón como el del guayacán. Sus amigos juraban que Job estaba lleno de pecados y que por eso le sobrevino todo ese sufrimiento. Pero también debemos ver el lado positivo de su amistad. Ellos sufrieron por el sufrimiento de Job y lo acompañaron. Ellos no lo abandonaron. Lo que pasó fue que la situación por la que Job estaba pasando estaba fuera de su entendimiento. A veces cometemos el error de dar consejos a personas en la iglesia sobre cosas que no conocemos y que si pasamos por ellas, posiblemente actuaríamos de la misma forma.

Recuerdo una situación más simple una vez en que mi esposa y yo estábamos aconsejando espiritualmente a una pareja que tenía un hijo. Le sugeríamos sobre trabajar con la hora de su hijo ir a dormir para que pudiera descansar bien. En teoría nosotros veíamos lo que se debía hacer, pero no entendíamos el sacrificio. Más tarde, cuando tuvimos nuestras niñas, fue que nos dimos cuenta lo difícil que era poner eso siempre en práctica. Bueno, si se fijan en este ejemplo, se dan cuenta de lo simple que puede ser cualquier analogía si la comparamos con el sufrimiento de Job. Perdón, pero no encuentro cosas que se acerquen más. El sufrimiento de Job es de grandes ligas.

Lamentablemente, a los amigos de Job les faltaba mucha sabiduría para brindar consuelo, aunque lo querían hacer. Dicen las escrituras que *"Hay quienes hieren con sus palabras, pero hablan los sabios y dan el alivio"* (Proverbios 12:18). Si los amigos de Job eran sabios, debían llevar alivio con sus palabras y no más dolor. Realmente sus palabras eran crueles ante tal situación. Esto agregaba más sufrimiento emocional a Job.

He pasado por situaciones un poco parecida a esa en mi vida como cristiano. Me he visto en situaciones en donde personas supuestamente espirituales se han enfocado legalistamente en hacerme ver la parte bíblica que tengo que ver al pasar por una situación difícil. No consideran ni un solo instante la parte emocional de lo que estoy viviendo. Mi amigo Jesús Cruz, tal y como mencioné anteriormente, fue alguien que, en momentos de mis angustias como bebé cristiano en Puerto Rico, pudo identificarse con mis emociones y llegar profundamente a mi corazón. Y, como les dije anteriormente, no era que él toleraba mi pecado. Cuando tenía que retarme, me retaba a arrepentirme.

Con el sufrimiento de Job, también podemos ver que no solo por el pecado personal se pasa por situaciones difíciles en nuestra caminata con Dios. Pero sí vemos que cuando hay pecado de por medio hay que eliminarlo y hay que vencer. Job sufrió porque Satanás quiso hacer de las suyas. Él quería causar sufrimiento y destrucción. El ejemplo de Job debe servirnos para crear más convicciones sobre nuestra perseverancia. Él fue un hombre como tú y como yo. La diferencia era su corazón y su entrega para Dios. Cualquiera de nosotros puede hacer lo mismo y mucho más si se apega siempre a las enseñanzas de Dios.

Yo estoy casi seguro de que Job no se mantuvo firme esperando una recompensa de Dios. Es posible que a un punto él haya perdido toda esperanza. Sin embargo, por su fidelidad y sus convicciones, él se convirtió en un gran instrumento de Dios para darnos grandes lecciones espirituales. Job perseveró en el sufrimiento y, de una forma parecida a la de Jesús, Dios lo exaltó a niveles que él nunca se imaginó. Al final, Dios le devolvió su prosperidad

El ejemplo de Job debe servirnos para crear más convicciones sobre nuestra perseverancia.

material, le dio más hijos e hijas y le dio años de vida para disfrutar de todo eso. Las hijas de Job eran las más hermosas del mundo y su riqueza era mayor que la anterior (Job 42:12-17). Con Job se cumple lo que dice el profeta Joel de que Dios nos recompensa por los años de sufrimiento y destrucción (Joel 2:25-27). Pero para eso hay que perseverar. Job realmente perseveró en su caminata con Dios a pesar del sufrimiento.

Aprendamos las lecciones del sufrimiento de Job. Miremos al interior de nuestros corazones para cerciorarnos que estamos limpios y que cuando suframos, no sea por nuestros pecados, sino por hacer lo que agrada a Dios. Veamos el sufrimiento con una buena actitud y confiemos en nuestro Dios. No guardemos rencor en nuestros corazones a pesar de las reacciones que veamos en las personas a nuestro alrededor. Perseveremos en nuestra caminata con Dios y él nos dará una gran recompensa.

REFLEXIONES

1. Personalmente, ¿hasta qué punto estás en disposición de sufrir para mantenerte fiel a Dios?

2. Si estuvieras en los zapatos de Job, resistirías ese sufrimiento? Y no me digas que en esos tiempos no se usaban zapatos.

3. ¿Qué cantidad de posesiones materiales estás en disposición de dejar que Dios te quite y todavía mantenerte fiel?

4. ¿Qué situación de pérdida de salud puedes resistir y todavía perseverar en tu caminata con Dios?

Capítulo XIX

Daniel: A Prueba de Fuego

"Los hombres sabios, los que guiaron a muchos por el camino recto, brillarán como la bóveda celeste; ¡brillarán por siempre, como las estrellas!".

- DANIEL 12:3

Daniel, hombre de convicciones profundas para su Dios, tuvo que pasar por los valles más oscuros del sufrimiento y no solo se mantuvo fiel, sino que con su rectitud pudo, inclusive, ablandar el corazón de un rey tirano e idólatra. A Daniel, conjuntamente con sus otros tres amigos, Ananías, Misael y Azarías, se le pidió, por complacer al rey, que renegara de su Dios y adorara una estatua de oro. Las convicciones de Daniel y sus amigos fueron tales que estuvieron dispuestos a morir en vez de negar a su Dios. Y no solo estuvieron dispuestos a morir, ellos estuvieron dispuestos a morir en un horno encendido. Pero no se apartaron de Dios. Ellos perseveraron y recibieron su recompensa.

> *Las convicciones de Daniel y sus amigos fueron tales que estuvieron dispuestos a morir en vez de negar a su Dios.*

¿Les recuerda esto alguna otra historia? ¿Se les parece esto a Jesús? ¿Qué tú hubieses hecho en este caso? Personalmente no creo que yo lo hubiese hecho. Y espero que mi respuesta no les desmotive y continúen leyendo este libro. Esto realmente no se trata de mí. Yo simplemente estoy escribiendo sobre estos hombres y quisiera imitarlos. Bueno, o tal vez les desmotive también si les digo que yo hubiese hecho lo mismo. Si les digo eso, posiblemente lo haga para mostrar una pantalla luciendo ser un súper hombre. A veces se presentan situaciones en nuestras vidas que no sabemos a ciencia cierta cómo reaccionaríamos. Pero de una cosa yo sí estoy seguro. Cuando amamos a Dios sinceramente y de corazón, entendemos los principios básicos para mantenernos fieles y vivimos agradecidos por lo que Jesús hizo por nosotros, no hay situación, por difícil que sea, que no podamos enfrentar con valentía. Ojalá situaciones como ésta nunca se nos presenten en nuestras vidas. En caso de que se nos presenten hoy en día, son oportunidades para mostrar nuestras convicciones para nuestro Dios.

¿Pero en sí quién era Daniel y qué lecciones podemos aprender de este súper hombre? Perdón, ¿súper hombre o un hombre común y corriente con convicciones para su Dios? Puedo decir que ambas cosas. Un hombre común y corriente con convicciones profundas para su Dios puede convertirse en más que un súper hombre.

Comencemos por decir que Daniel fue un desterrado más de Jerusalén a Babilonia. Él fue llevado a Babilonia cuando el rey de Judá, Joacim, fue capturado por Nabucodonosor (Daniel 1:1-2). Una característica especial que podemos ver en Daniel es que era de familia real, distinguida, culto e inteligente. Hoy en día miramos estas características y por todos los lados nos da que sería un gran reto que alguien así pueda ser una persona de convicciones para Dios y que esté en disposición de dar su vida por mantenerse fiel y por el bien de los demás.

A veces, nuestra falta de convicción, nuestras debilidades y nuestros estereotipos nos conllevan a acercarnos a personas como uno mismo. Creemos que personas con las características de Daniel no vendrían ni siquiera a la iglesia a buscar de Dios. Pero viendo el ejemplo de Daniel, debemos entender que Dios llama a todo tipo de persona y que, en términos inversos, también   "de cualquier yagua vieja, sale tremendo alacrán". Es decir, que podemos ver alguien sin mucha apariencia y puede convertirse en una persona de grandes convicciones para Dios. No es lo que los ojos humanos pueden ver, sino lo que Dios ve en el corazón de las personas.

En el caso de Daniel, sus características particulares fueron la base para que originalmente fuera escogido para ser entrenado y comenzar su servicio en el palacio del rey. Desde el inicio, Daniel y sus amigos mostraron sus convicciones. Ellos decidieron no contaminarse con los alimentos del rey, los cuales se consideraban que eran especiales y para personas especiales (Daniel 1:8-9). Sus convicciones hicieron que Dios los bendijera grandemente (Daniel 1:17-21).

Por la sabiduría que Dios le había dado a Daniel, él pudo ser de gran ayuda al rey mientras el rey se encontraba en una situación difícil. Daniel interpretó su sueño y fue de gran alivio. Por su sabiduría, el rey puso a Daniel, y por petición de Daniel también a sus amigos, en altos puestos de la administración de la provincia de Babilonia (Daniel 2:48-49). Además, es bueno resaltar que por lo que Daniel hizo, el rey pudo, por lo menos de boca, reconocer la grandeza de Dios (Daniel 1:47).

¿Y qué se puede esperar normalmente de personas que ocupan cargos públicos? Todo esto es señal de corrupción. Podemos ver los diferentes ejemplos hoy en día e históricamente en nuestros países. Daniel y sus amigos, al contrario, nos dan un gran ejemplo de rectitud y de fidelidad por obediencia a su Dios.

¿Qué se puede esperar ahora de las personas a su alrededor al ver las convicciones de estos hombres y las posiciones que están ocupando al ganarse el favor del rey? Lo mismo que ha sucedido siempre. Envidia y rivalidades. Desde esos tiempos hasta nuestros días, se ve la envidia de la gente y todas las zancadillas que se les pone a las personas rectas y, especialmente, a personas de convicciones profundas para Dios.

A partir de este punto vamos a ver todo lo que estos hombres pasaron y cómo sus convicciones para Dios, a pesar de las dificultades, causaron un impacto eterno para las personas de ese tiempo y para nosotros hoy en día. También se puede ver el final que les espera a las personas que luchan en contra de los hijos de Dios y a las que perseveran.

> *Los compañeros de Daniel y sus amigos sintieron envidia por el éxito que habían tenido.*

Daniel y sus amigos continuaron siendo excelentes en todo lo que hacían para el rey. Pero tampoco desviaron sus convicciones para Dios. Esto hizo que tuvieran un gran impacto en la administración y que Dios les bendijera grandemente. Pero, como normalmente sucede en este mundo, y lo dice claramente la Biblia, el éxito de una persona provoca envidia (Eclesiastés 4:4). Los compañeros de Daniel y sus amigos sintieron envidia por el éxito que habían tenido. Por eso buscaron la forma de desacreditarlos ante el rey. Pero, como he mencionado anteriormente, los ataques externos no hacen ningún daño a una persona. Lo que destruye es lo que está en el corazón. La amargura de esas personas finalmente contribuyó a que Daniel y sus amigos causen un mayor impacto. Ellos, por el contrario, fueron destruidos.

Se puede ver que Daniel tuvo una gran influencia entre sus amigos y, posiblemente, ellos en Daniel también. La Biblia no lo menciona, pero vemos los resultados de sus convicciones. Estas personas, usando su inteligencia mundana, buscaron crear una situación que no fallara para calumniar a los amigos de Daniel. Y desde el punto de vista del mundo, no falló. Pero Dios nunca abandona a sus hijos. Dios siempre nos acompaña en los momentos más difíciles cuando le somos fieles. Los amigos de Daniel estuvieron dispuestos a que los echen en el horno de fuego por no adorar la estatua de oro y no desviarse de sus convicciones hacia su Dios, nuestro Dios (Daniel 3).

Daniel y sus amigos estaban seguros de que, de una forma u otra, Dios les iba a ayudar. Ellos estaban dispuestos a mantener sus convicciones, inclusive, si Dios no les ayudaba en esa situación. Sus convicciones eran tan profundas que nada les hacía cambiar. En cambio, todos los aduladores del rey iban como corderos al matadero a adorar la estatua de oro. Buscaban complacer a un hombre sin importar que eso fuera en contra de Dios. Esto lo continuamos viendo hoy en día. Muchas personas piensan que un político o una persona de influencia cualquiera es la solución a nuestros problemas.

Dios actuó poderosamente en esta ocasión y salvó a estas tres personas de las llamas de un horno encendido. Esto causó un gran impacto ante el rey, y, estoy seguro, ante otras personas a su alrededor también. De nuevo, las convicciones de estos hombres hicieron que el rey Nabucodonosor alabara a Dios cuando dijo: *"¡Alabado sea el Dios de Sadrac, Mesac y Abed-negó, que envió a su ángel para salvar a sus siervos fieles, que no cumplieron la orden del rey, prefiriendo morir antes que arrodillarse y adorar a otro dios que no fuera su Dios!"* (Daniel 3:28). Si nos fijamos bien, Dios está usando estas situaciones para moldear el corazón del rey. ¿Y qué pasó con los que los calumniaron? Ellos corrieron la suerte de los que se dejan dominar por el pecado, murieron (Santiago 1:14-15). Ellos fueron finalmente echados al horno de fuego (Daniel 3.22-23).

Pero como Satanás no descansa y siempre anda buscando que las personas cambien sus convicciones para Dios, para devorarlas como un león rugiente (1 Pedro 5:8), así también los envidiosos continúan siendo instrumentos de Satanás. Daniel continuó siendo una gran ayuda para el rey (Daniel 5) y destacándose por encima de los demás por su gran capacidad. (Daniel 6:3). Pero los demás gobernadores buscaron un motivo para acusarlo de mala administración. De nuevo lograron convencer al rey con mentiras para que promulgara un decreto que afectaba directamente a Daniel. En esta ocasión, de nuevo Daniel estuvo dispuesto a sufrir las consecuencias de seguir fiel a su Dios.

La medida era que durante treinta días no se haga ninguna súplica a ningún hombre ni a ningún Dios, solo al rey (Daniel 6:7). Ellos sabían con seguridad, conociendo la rectitud de Daniel y su amor por su Dios, que él no obedecería el decreto. De nuevo, lograron salirse con la suya pensando que podían destruir a un hombre de Dios. Hicieron que Daniel fuera echado en el foso de los leones. ¿Quieren que les siga describiendo lo que pasó? No, estoy casi seguro que todos hemos oído la historia. Como Dios nunca abandona a sus fieles, él envió un ángel a proteger a Daniel y los leones no le hicieron nada.

¿Qué te parece si te ves en una situación como ésa? ¿Tendrías la fe para confiar en que saldrías con vida? Si me dices que sí, por favor préstamela que yo no la tengo. Daniel fue librado de la muerte y de ser comido por leones, y fue puesto en una posición más alta en la administración. Sus acusadores, en cambio, fueron echados al foso, conjuntamente con sus familiares, y despedazados desde antes de llegar al fondo. Conociendo la historia, ¿te atreverías a levantar alguna calumnia como ésta a alguien?

Daniel estuvo dispuesto a sufrir las consecuencias de seguir fiel a su Dios.

Una historia parecida a ésta es la de Amán y Mardoqueo, la cual se describe en el libro de Ester. Amán quiso destruir a Mardoqueo y su raza. Finalmente, resultó lo contrario. Amán tuvo que rendirle honores a Mardoqueo. Además, él mismo fue colgado en la horca que había mandado a construir para Mardoqueo, un hombre de Dios y de servicio a su rey.

Por favor, no hagas nada en tu vida a favor de Dios si tú no quieres. Vete al infierno en paz si gustas. Pero que no se te ocurra en tu vida calumniar a un hijo de Dios. ¿Entienden mi punto? Mi apreciación personal es que las consecuencias de eso son peores, inclusive, que irse al infierno mismo. Si no haces nada, te vas al infierno. Si calumnias a alguien de Dios, serás humillado en esta tierra y, si no te arrepientes, también te vas al infierno a seguir pagando las consecuencias. ¿Qué te parece?

Yo he pasado por situaciones de envidia en mi vida profesional, pero ninguna se compara con una de éstas. Las personas inseguras y mediocres en el ambiente laboral, como no tienen cómo sobresalir por sus propios méritos, normalmente buscan cómo empañar a las demás. Si las empañan, lo poco que ellas hagan momentáneamente lucirá mucho. Cuando situaciones parecidas me han sucedido, Dios siempre me ha llevado a posiciones no imaginadas y me ha bendecido más de lo que yo he pensado.

Cuando se trabaja en un ambiente con buenos profesionales y personas de carácter, esas cosas que menciono se aminoran, pero no quiere decir que se eliminan completamente. Inclusive, en el reino se dan situaciones de luchas y envidia con las que hay que luchar para que no causen división y destrucción en la iglesia.

En mi primer trabajo como profesional en la universidad la situación era retante por la falta de recursos y las precariedades que se tenían. Pero había un ambiente bueno y de confraternidad. Mis primeras enseñanzas vinieron al yo renunciar de la universidad y mudarme a Santo Domingo a trabajar como supervisor de ventas para dos empresas de plásticos que se manejaban en conjunto. El ambiente era bien hostil. Primeramente, tenía que compartir mi misma función de supervisor con alguien mayor que yo, con experiencia de haber trabajado en el sector público dominicano y con una menor preparación académica. Lo primero que vi fue cómo aparentemente "le serruchó el palo" a alguien que iba a estar en su posición. Esta persona estaba de asistente del asesor de mercadeo haciendo algunas gráficas y tablas manuales. Posiblemente él estuvo buscando que se pusiera directamente como supervisor de ventas. Al ver llegar a dos otras personas, es posible que haya sentido envidia. Yo veía cómo esta persona trataba de desmotivarnos sobre lo que íbamos a hacer. Y creo que sus ideas fueron de los factores para que el otro no aceptara la posición.

Yo entendía que me estaba quedando solo y así me lo hizo saber el gerente de ventas, el cual me comunicó que entre los dos "íbamos a armar el muñeco". Luego veo que la persona a la que me refiero la estaban también nombrando como supervisor de ventas para manejar la mitad de la fuerza de ventas y yo la otra mitad. Cómo joven ingenuo y sin malicias en el ámbito profesional y confiando en lo que había aprendido, yo no le daba mente a nada de lo que podía estar pasando. Luego, no sé exactamente lo que estaba haciendo conmigo. Lo que sí sé es que la relación entre nosotros era hostil. También todo el ambiente laboral en la empresa era raro.

Bueno, para no seguir cargando con todas estas descripciones, ¿saben qué pasó conmigo? Dios me sacó de ese ambiente. Sentí una gran alegría cuando a los dos meses me dieron mi carta de cancelación. Ese fue mi punto de partida para hacerme discípulo en Puerto Rico. Dios tenía un plan mucho mejor para mí, pero antes quiso que yo aprendiera un poco sobre el mundo y todas sus dificultades.

Tuve también otra experiencia difícil trabajando para otra empresa luego de ser discípulo. Mi naturaleza siempre ha sido de pensar positivo hacia las personas y de enfocarme en sí en la Biblia. La mayor experiencia que yo había tenido era todo mi tiempo en el ambiente académico y mi vida simple de campo. Yo oía todos los chismes sobre otras personas. Y me sentía bien de que no hablaban de mí. Claro que no. No hablaban delante de mí. Obviamente que si hablaban de los demás, también lo hacía de mí cuando yo no estaba. Luego Dios también me sacó de ese ambiente. Yo no me explicaba el por qué yo estaba dentro de esa empresa. Yo era el supervisor de ventas de una empresa de bebidas. Después de ahí "jalé aire" por unos siete meses. Pero Dios también estaba moldeando mi corazón para más bendiciones.

Luego duré un año dentro de una organización con enfoque religioso en donde la situación era mejor. Después pasé a laborar por once años para el Gobierno de los Estados Unidos de Norteamérica. Ahí tuve dulces y amargas experiencias. De nuevo, con un enfoque siempre positivo, me enfocaba en hacer mi trabajo lo mejor posible.

Obviamente que siempre hay muchos aspectos en los que se puede mejorar, incluyendo las relaciones interpersonales. También debo confesar que a un punto "tiré la toalla" y me rendí invitando a mis compañeros a actividades de la iglesia. Les invitaba y siempre rechazaban la invitación.

Me decepcionaba ver personas que no confiaban en que alguien pudiera decir la verdad y que creyeran que siempre se estaba actuando por dar a entender una cosa y que lo que se quería hacer era otra. Pero la situación más difícil fue al final de mis días cuando se me dice en una reunión que el principal problema en la oficina era yo. ¿Y saben por qué? Porque no me unía a sus chismes y mentiras. Pero también debo confesar que a veces me dejaba arrastrar por el grupo, compartiendo ciertas conversaciones que no debía, por no sentirme apartado.

Posiblemente, el no ser completamente radical me impidió causar un mayor impacto. Más tarde, cuando yo no pensaba emplearme, sino trabajar independiente, Dios me permitió compartir el ambiente laboral con un equipo maravilloso por un poco más de un año. Considero que ésa fue una gran bendición de Dios para que me pudiera retirar a trabajar independiente de nuevo con un buen sabor y actitud hacia el ambiente laboral en la República Dominicana. Bueno, lo que sucedió en este caso fue que me encontré con personas muy similares a las personas con las que originalmente compartí cuando estaba trabajando en la universidad y con viejos amigos del ambiente académico.

Les comparto mi experiencia, pero espero que jamás vayan a pensar que me quiero comparar con Daniel o sus amigos. Sus convicciones fueron tan fuertes que, por más radical que yo sea, no creo que les podré llegar ni a los tobillos. Debemos imitar a hombres de sus convicciones para causar un impacto en otras personas y perseverar en nuestra caminata con Dios.

REFLEXIONES

1. ¿Realmente crees en toda la historia de Daniel?

2. ¿Hasta qué punto tú resistirías la presión de los demás y las calumnias sin abrir tu boca para defenderte confiando en que tu Dios vendrá en tu ayuda?

3. ¿Qué impacto estás causando guiando a otros/as para brillar como las estrellas?

4. ¿Cuál es tu definición personal de convicción y rectitud?

Capítulo XX

Esteban:
Sus Convicciones Conmovieron
al Mismo Jesús

"Pero él, [Esteban] lleno del Espíritu Santo, miró al cielo y vio la gloria de Dios, y a Jesús de pie a la derecha de Dios".

- HECHOS 7:55

Una forma de perseverar en nuestra caminata con Dios es, cuando pasamos por situaciones difíciles, siempre pensar qué haría Jesús en tal situación. El pensar en esto y hacer lo que él haría no nos librará de sufrimientos, obviamente, pero sí nos mantendrá firmes y al final recibiremos nuestra merecida corona. Esteban es un digno ejemplo de alguien que buscó imitar a Jesús hasta el final de sus días hasta convertirse en el primer mártir por su causa.

Esteban es un digno ejemplo de alguien que buscó imitar a Jesús hasta el final de sus días hasta convertirse en el primer mártir por su causa.

Para información, Esteban no fue uno de los doce apóstoles. Esteban fue uno de los escogidos cuando la iglesia comenzó a crecer y se comenzaron a presentar problemas administrativos con relación a la distribución diaria para las viudas de habla griega y las de habla hebrea (Hechos 6:1-5). Por si acaso, esto que digo para información fue algo que tuve que refrescarlo y revisarlo mientras escribía. Cuando comencé a escribir, pensaba que estaba escribiendo sobre uno de los doce apóstoles. Entiendo que Esteban no caminó con Jesús. Él no aparece en el escenario antes.

Esteban fue escogido después de muchas oraciones de los apóstoles para que Dios les iluminara. Los apóstoles buscaban personas de confianza, entendidas y llenas del Espíritu Santo. Él cumplía con todas esas características. Pero hay que fijarse también que el hecho de que Dios iluminara a los apóstoles para escoger estas personas no era una garantía de que todos se mantendrían enfocados haciendo lo que tenían que hacer o manteniendo sus convicciones. Esto es similar a lo que hizo Jesús cuando escogió a sus apóstoles. Dentro del grupo estuvo Judas Iscariote.

Dentro de este grupo para la administración, estuvo también Nicolás. Les dejo de tarea investigar quién fue Nicolás y qué hizo más tarde. Luego ustedes pueden compartir los resultados conmigo como agradecimiento por yo haberles escrito este libro. Como pista, busquen a los nicolaítas. Pero también hago la salvedad de que se menciona la acción de los nicolaítas, pero no de Nicolás. Tal y como ha sucedido con diferentes movimientos religiosos, es posible que después de la muerte del líder, algunos hayan querido hacer cosas malinterpretadas sobre las enseñanzas de Nicolás. Pero no te desvíes, Wagner, enfócate en Esteban.

Esteban siempre hablaba con la sabiduría que le daba el Espíritu Santo.

Posiblemente lo que se esperaba de Esteban era que se enfocara en ser un buen administrador. No necesariamente que diera el testimonio espiritual que dio. Pero sucede que una persona que entiende lo que significa la responsabilidad de caminar en los pies de Jesús no hace una diferencia entre lo que es la vida normal y la vida en la iglesia. El enfoque es agradar a Dios siempre. Esteban siempre hablaba con la sabiduría que le daba el Espíritu Santo. Y esto molestaba a otras personas no espirituales (Hechos 6:8-10). Debido a esto, y como no podían hacer frente o vencer a una persona espiritual, se inventaron mentiras para tratar de vencer a Esteban.

Lo he mencionado anteriormente y lo repito. Lo que la gente haga o diga no me hace daño por más tenebroso que luzca. Lo que me hace daño es lo malo que haya en mi corazón. Ninguna de las calumnias que estaban diciendo contra Esteban le hacía daño, aunque sí lo ponían a sufrir. Al contrario, esas calumnias aumentaban sus convicciones y preparaban las bases para que el cristianismo causara el impacto que hemos visto hasta el día de hoy. Al Esteban ser apresado y llevado ante la Junta Suprema, le dieron la oportunidad de dar testimonio ante las autoridades. Ellos vieron sus convicciones y también su inocencia al ver su cara como la de un ángel.

Al igual que Jesús, ante las acusaciones, Esteban no buscó defenderse. Él dio un poderoso testimonio de Jesús predicando su palabra. Esteban se basó siempre en el conocimiento de las Escrituras para dar ese testimonio. Él hizo un relato desde Abraham hasta Jesús y nunca bajó sus convicciones por defender su vida. Para perseverar en nuestra caminata con Dios hay que apegarse a las Escrituras y utilizarlas siempre para dar testimonio. Más que esforzarnos en utilizar nuestras ideas particulares, debemos utilizar las Escrituras. Debemos dar testimonio de un Jesús crucificado y siempre orientarnos hacia nuestro objetivo de moldear los corazones para que la gente venga a los pies de Jesús.

Esteban se basó siempre en el conocimiento de las Escrituras para dar ese testimonio.

Si reflexionamos sobre la defensa de Esteban, vemos que la gente lo escuchó. Con la ayuda de Dios él pudo dar el testimonio que tenía que dar. Y luce que él lo pudo hacer sin interrupciones.

Situaciones difíciles en nuestras vidas, al igual que en la de Esteban, nos llevan a otras situaciones y lugares donde no nos imaginábamos que podíamos llegar. ¿Cuál es la situación más difícil que te imaginas que puedes llegar a enfrentar? ¿La cárcel? Esta sería una situación difícil para mí en este tiempo. Sería algo vergonzoso y retante. Pero si por mis convicciones para Cristo tengo que enfrentarla, debo hacerlo con gozo y llevar el mensaje de Jesús. Sé que es fácil decirlo y difícil enfrentar la realidad. Pero la cruz de Jesús y todos estos testimonios deben moldear mi corazón para enfrentar cualquier situación que se me presente.

Si vemos más adelante, Esteban pudo haberse decepcionado con haber dado un testimonio tan bueno como el que dio y no ver un cambio en las personas.

Al igual que Jesús, Esteban no guardó ningún resentimiento en su corazón en contra de los que lo mataban.

En vez de cambiar, las personas se enfurecieron más. Aun así, él no bajo la guardia. Él mantuvo el mismo enfoque espiritual. Él confiaba en que su perseverancia iba a producir sus frutos tarde o temprano. Su perseverancia aportó, aunque sea un poco, a las convicciones futuras de Pablo. Éste presenció su apedreamiento y su muerte, y dio su aprobación.

Mientras lo apedreaban y estuvo a punto de morir de esa cruel manera, Esteban tampoco perdió su enfoque. Al igual que Jesús, Esteban no guardó ningún resentimiento en su corazón en contra de los que lo mataban. Al contrario, él pidió a Dios que los perdonara porque no sabían lo que estaban haciendo (Hechos 7:60). Además de Pablo, es muy probable que otros de los que estaban ahí, hoy también estén en el cielo con Esteban por haber cambiado sus vidas debido a este gran testimonio.

Esteban perseveró en su caminata con Dios y con ello pudo darle gloria y conmover a Jesús en el cielo. Cuando se hace mención de Jesús en el cielo al lado de Dios, normalmente él está sentado. En esta situación particular, cuando Esteban lo ve, Jesús está de pies. Me imagino lo que Jesús estaba diciendo en ese momento. "Bien hecho mi siervo fiel y valiente. Has perseverado. Ven a ocupar tu merecido lugar con nosotros". Y esto también se puede decir de cada uno de nosotros cuando perseveramos en nuestra caminata con Dios.

REFLEXIONES

1. ¿Cuál de tus hechos en la vida consideras que han conmovido a Jesús?

2. ¿Resistirías ser apedreado por mantenerte fiel a Jesús? Dije apedreado. Las piedras son duras. Sin anestesia.

3. ¿Has pasado por situaciones de verdadero sufrimiento por ser cristiano/a, o estás en disposición de sufrir para serlo?

4. ¿Te has quejado por un simple sufrimiento insignificante?

Capítulo XXI

Abraham: Una Fe Inquebrable

"......Por medio de ti bendeciré a todas las familias de mundo".

*- GÉNESIS 12:3*b

Wagner, ¿y tú crees que puedes hacer aporte alguno para alguien hablando sobre Abraham? Debes entender que Abraham es alguien tan conocido que lo que tú puedes hacer escribiendo es llover sobre mojado. ¡Wow! Es verdad. "Puede ser. Sí señor". "A lo profundo. No y no, no y no y no".

El que alguien piense de esta forma, no significa que estaría pensando diferente a mí. Yo lo pensé bastante y estuve a punto de borrar a Abraham del listado de personajes a incluir en esta parte del libro. Luego pensé que no. Pensé que aunque muchas personas han escrito sobre Abraham, su testimonio es demasiado impactante para que yo lo deje fuera. Además, a veces pensamos que no podemos hacer un aporte nuevo y que la gente no se va a inspirar con lo que escribimos. Luego recibimos los comentarios sobre el impacto de eso y nos asombramos. Esto se da especialmente con las personas que vienen detrás de nosotros. Por nuestra experiencia creemos que nuestras ideas son muy simples y luego vemos el impacto que las mismas causan en los jóvenes. A veces nos surgen ideas que Dios ha decidido que sea uno quien las vea para que las comparta. Esperemos al final para ver qué nos dice la historia sobre esto.

¿Por qué Abraham y no uno de sus antepasados o uno de sus antepasados después de Noé, como su padre Taré o uno de sus hermanos o su abuelo Nacor, hijo de Sem, que fue hijo de Noé? Bueno, vemos también aquí que Abraham fue bisnieto de Sem y tataranieto de Noé. ¿Y fue que en ese espacio de tiempo y generaciones Dios no encontró a alguien como él?

A juzgar por las bendiciones a sus antepasados directos, entiendo que las bendiciones a Abraham y su descendencia fueron también bendiciones para su padre, su abuelo y todos los demás hasta Noé. No creo que sea que Dios no haya visto los corazones de los demás o que los demás no hayan tenido el corazón para Dios. Fue que Abraham tuvo un corazón extraordinario. Dios no necesitaba un buen corazón, él necesitaba un súper corazón para establecer una súper zapata para el futuro.

Las oportunidades de causar un impacto para la gloria y honra de Dios todavía siguen latentes.

El trabajo todavía no termina. Dios continúa buscando esos corazones. Las oportunidades de causar un impacto para la gloria y honra de Dios todavía siguen latentes. ¿O crees que las oportunidades ya han pasado? Definitivamente que no. Dios continúa trabajando para recobrar a sus hijos. La forma en que Dios va a ganar la mayor cantidad es a través de personas que tengan un súper corazón para él. ¿Te animas o buscas simplemente perseverar? Bueno, el perseverar en tu caminata con Dios es la meta, pero para cerciorarnos de que perseveramos, hay que dar lo mejor de sí para Dios.

No podemos conformarnos con poco cuando sabemos que Dios nos puede dar en abundancia. Alguien dijo una vez "piensa en grande y volarás, piensa pequeño y caerás". Realmente la rima estaba en inglés: "Think high and you will fly. Think low and you will fall". Debemos buscar causar el mayor impacto posible para Dios y no simplemente perseverar.

Dios mantiene sus promesas hoy en día y muchas personas no las aceptan.

Abraham fue un hombre de fe. Su impacto lo hemos visto a través de la historia, en nuestros días y lo continuaremos viendo por toda la eternidad. ¿En dónde radica el impacto de Abraham? Básicamente en su fe y sus profundas convicciones para su Dios, nuestro Dios. Vemos su fe, pero también vemos su corazón, su obediencia y las acciones que acompañan esa fe.

Anteriormente yo había descrito sobre el enfoque de Abraham en hacer siempre la voluntad de Dios y no su propia voluntad. Lo describimos cuando dejó que Lot decidiera la parte de la tierra por donde quería irse y él aceptaría lo que Lot le dejara. Pero antes de eso, debemos describir el llamamiento de Abraham a dejar la casa de su padre a la edad de 75 años para irse a una tierra desconocida. Dios prometió hacer de Abraham una gran nación, bendecirlo y hacerlo famoso.

Reflexionemos un poco sobre esto. ¿Quién por conveniencia no decide tomar una decisión en una vía o en otra? Yo considero que no es difícil para una persona tomar la decisión cuando por medio de eso lo que le espera son grandes bendiciones y fama. Eso es cierto. Pero en la decisión de Abraham, antes que todos esos beneficios, lo que se vio fue su fe. A veces nos prometen esos beneficios y no confiamos. Abraham confió en las promesas de Dios.

A través de la Biblia vemos todas las promesas de Dios, pero también vemos muchas personas que no confían. Dios mantiene sus promesas hoy en día y muchas personas no las aceptan. ¿Estás tú confiando en todas las promesas que Dios te hace por serle obediente? Dios nos hace las mismas promesas que le hizo a Abraham. Dios no pasa por alto la obediencia y la fe de sus hijos. Yo me atrevo a hacer una afirmación radical. Todavía hoy en día Dios puede iniciar otra travesía en el mundo con alguien que tenga la fe, el corazón y la determinación de Abraham. ¿Lo crees? Dios es el mismo hoy que lo que ha sido siempre. Hoy en día abunda la falta de fe y la maldad en el mundo. La tentación al pecado es muy grande y Dios se regocija en ver a personas que lo amen y estén dispuestas a hacer cualquier sacrificio por él y por servir a su pueblo.

El que Abraham haya obedecido y confiado en Dios con sus promesas no quiere decir que no iba a encontrar dificultades. Las promesas de Dios siempre se cumplen, pero en el trayecto tenemos que seguir manteniendo nuestra fe para vencer todos los obstáculos que se nos presentan. Abraham pudo desanimarse en el camino cuando se presentó una gran escasez de alimento estando él viviendo en la región del Néguev. Él tuvo que irse a vivir a Egipto por algún tiempo (Génesis 12:10). Es bueno resaltar que Abraham no se devolvió hacia Harán de donde había salido. Él continuó su viaje. A veces pasamos por situaciones en nuestras vidas y lo que hacemos es mirar hacia atrás. Tratamos de regresar. Dios quiere que siempre miremos hacia adelante.

Con la situación de la falta de alimentos, Abraham no se desanimó. Él continuó confiando en las promesas del Señor y perseverando. Además, yendo a Egipto, él corría el riesgo de que lo mataran para apoderarse de su esposa, pero Dios lo protegió. De nuevo vemos un episodio aquí, o podemos decir que fue el primero, en donde alguien sale de un lugar por la falta de alimentos y luego tiene que regresar. Pero, por lo menos, por causa de Sara (Sarai), Abraham consiguió regalos que le hizo el faraón y en sí también él era muy rico. La cuestión era la falta de alimentos.

Según las Escrituras, se nota que Abraham era también un guerrero muy valiente. Cuando Lot fue hecho prisionero, Abraham fue quien lo rescató venciendo a cuatro reyes. Éstos anteriormente habían vencido a otros cinco reyes más. Abraham los venció con solo la ayuda de sus criados. Es de suponer que todo el entrenamiento que los criados tenían lo habían recibido de Abraham como su líder. Además, Abraham no estaba enfocado en hacerse rico con las posesiones de otro. Su enfoque era solo hacer la voluntad de Dios. Esto hizo que el sacerdote Melquisedec también lo bendijera cuando le dijo: *"Que te bendiga el Dios altísimo, creador del cielo y de la tierra; y alabado sea el Dios altísimo que te hizo vencer a tus enemigos"* (Génesis 14:19-20). También se ve claramente que Abraham no venció a los reyes por sí mismo. Los venció porque Dios hizo que los venciera. Esto nos muestra que con la ayuda de Dios podemos vencer cualquier obstáculo y perseverar en nuestra caminata con él.

Más adelante, Dios hace un pacto con Abraham. (Génesis 15). Dios promete que su recompensa va a ser muy grande. Abraham consideraba que de nada valían las bendiciones y las recompensas si, al final, su heredero iba a ser uno de sus criados. Pero Dios le prometió que su heredero iba a ser su propio hijo y no un extraño. Dios le prometió también que el número de sus descendientes sería como las estrellas del cielo que no se pueden contar. Bueno, no solo un hijo, sino que de él surgirían innumerables generaciones. *"Abraham creyó a Dios y por eso el Señor lo aceptó como justo...."* Génesis 15:6).

> *...con la ayuda de Dios podemos vencer cualquier obstáculo y perseverar en nuestra caminata con él.*

¿Hubieses tú creído todas estas promesas? Las promesas de Dios se mantienen hoy en día para los que le son fieles. ¿Lo crees? ¿Qué crees que Dios no es capaz de hacer en tu vida? Dios es un Dios de lo imposible según los ojos o la mente humana.

Es bueno resaltar también que con las promesas de Dios también hay que estar en disposición de aceptar todos los retos que las mismas traen consigo. Dios le advirtió a Abraham que sus descendientes iban a vivir en un país extranjero y que serían esclavos y que serían también maltratados por cuatrocientos años. Pero también le prometió que luego saldrían libres y con grandes riquezas (Génesis 15:13-14). Esto se parece mucho a la promesa que Dios nos hace en Marcos 10:29-30, de que recibiremos cien veces más de lo que dejamos por el reino de Dios, pero con persecuciones. Para recibir todas estas bendiciones, necesitamos confiar en Dios, estar en disposición de sufrir por su causa y perseverar en nuestra caminata con él.

Como Dios prometió a Abraham un hijo, Abraham pudo haberse conformado y ver su promesa cumplida cuando Dios le dio a Ismael, el hijo de la esclava Agar. Sin embargo, Dios todavía le tenía una bendición más grande. Es posible que su bendición se quedara tronchada si la misma no era también compartida con su esposa Sara. Por lo tanto, Dios, viendo el corazón de Abraham, le prometió que tendría un hijo nacido de su esposa siendo ellos ancianos y después que Sara había dejado de tener sus períodos de menstruación (Génesis 18). Esa promesa se cumplió con el nacimiento de Isaac (Génesis 21:3). Isaac nació cuando Abraham tenía cien años de edad (Génesis 21:5).

A cada instante, se ve el corazón de Abraham. Su enfoque era también de siempre servir y no de ser servido. En el episodio cuando los ángeles se le aparecieron, su enfoque fue en servirles (Génesis 18:4-8). Dios bendice esos corazones. Lo vemos claramente en Jesús, pero eso viene desde el principio.

Pero el hecho que coronó a Abraham como el padre de la fe fue el obedecer a Dios cuando le pidió que sacrificara a su hijo Isaac. Después de Dios haberle dado a Abraham a su hijo Ismael, como resultado de su unión con la esclava de su esposa Sara, Dios le concedió a su esposa darle un hijo también. Esta fue una gran bendición para el matrimonio. ¿Y para quién fue la bendición en sí, para Sara o para Abraham? La promesa original fue a Abraham, pero la bendición le vino a través de su esposa. Ambos disfrutaron de la bendición. Esto se asemeja a la bendición que Ana tuvo de tener a Samuel después de ser estéril y de rogarle a Dios que le diera un hijo. Tanto Ana como su esposo Elcana disfrutaron de la bendición. Pero en sí la bendición vino por las oraciones de Ana (1 Samuel 1:15-16).

Luego de Dios darle a Abraham a su hijo Isaac, le pidió que lo ofreciera en sacrificio en un Holocausto. Abraham obedeció a Dios y no vaciló. Él caminó varios días hasta el lugar donde lo iba a sacrificar y no se ve que en algún momento vacilara en hacerlo.

Algo impactante de Abraham también fue cuando él pidió a los que lo acompañaban que se quedaran, mientras él iba a ofrecer el holocausto con su hijo y que luego los dos regresarían. Uno puede preguntarse en este caso si en realidad Abraham estaba diciendo que volverían los dos o era una forma de evitar que le hicieran alguna pregunta en la que él se viera en una encrucijada para revelar su plan. Conociendo la fe de Abraham, podemos deducir que es posible que Abraham estuviera confiando en que Dios tenía el poder, inclusive, de resucitar a Isaac luego de que fuera ofrecido en sacrificio.

Abraham obedeció a Dios y no vaciló.

Pensemos por un momento lo que emocionalmente pudo pasar con Abraham y lo que pudiera pasar con alguno de nosotros en una situación parecida. Isaac le dice a Abraham "Padre.....tenemos la leña y el fuego, pero ¿dónde está el cordero para el holocausto? (Génesis 22:7). En el lenguaje actual pudiéramos tener a un niño diciendo algo como "papi o papito". ¿Cómo te sentirías teniendo a tu hijo llamándote papi y tú sabiendo lo que vas a hacer con él? ¿Continuarías con tus planes? Bueno, de nuevo, si me dices que sí, te pido un chin de fe prestada. Abraham se sobrepuso a sus emociones y continuó con su plan por obediencia a Dios.

Finalmente, Dios vio su corazón de obedecerlo hasta el final. Como Dios vio su corazón, no permitió que le hiciera daño al muchacho. Para Abraham fue como si Dios le hubiese devuelto a su hijo. Me imagino el respiro profundo de Abraham en ese momento. Hay que resaltar también la obediencia de Isaac. La Biblia no describe la reacción de Isaac, pero podemos deducir que él tuvo que ser muy obediente para dejarse atar y estar a punto de ser sacrificado.

Es muy probable que, como padre, Abraham haya preparado a Isaac de antemano durante sus años de vida para también ser una persona obediente a Dios y muy sumisa. No es por nada que luego también vemos todas las bendiciones que Dios le da a Isaac como si fuera el mismo Abraham. Inclusive, podemos decir que la vida de Isaac fue más fácil que la de su padre por la base que Abraham ya había preparado. Tal y como Dios promete, cuando le somos fieles, Dios derrama bendiciones sobre nuestras generaciones (Éxodo 20:4-6).

Tal y como Dios promete, cuando le somos fieles, Dios derrama bendiciones sobre nuestras generaciones.

Al igual que a Abraham, Dios nos permite pasar por situaciones difíciles hasta llegar al límite para ver si resistimos y perseveramos en nuestra caminata con él hasta el final. Jesús lo hizo. Abraham lo hizo. Esteban lo hizo. Y muchos más lo han hecho. Rut Espinal lo hizo. José Flores lo hizo. Damián Jean-Baptist lo hizo. ¿Lo harás tú? ¿Enfrentarás todos los obstáculos de esta vida y perseverarás? Realmente, éste es el enfoque principal de este libro. Debemos imitar el ejemplo de nuestros antepasados y perseverar en nuestra caminata con Dios.

REFLEXIONES

1. ¿Conoces verdaderamente la historia de fe de Abraham y su impacto?

2. ¿A dónde estarías en disposición de ir si Dios te llama?

3. ¿Qué estarías en disposición de dar si Dios te lo pidiera?

4. ¿En qué punto está tu fe?

Capítulo XXII

José: Un amor Incondicional Por Dios

"....¿Cómo podría yo hacer algo tan malo y pecar contra Dios?".

- GÉNESIS 39:9b.

Yo he oído sobre muchos ejemplos de personas que han enfrentado situaciones difíciles en sus caminatas con Dios. Me identifico con muchos de ellos. Los mismos me ayudan a fortalecer mis convicciones cada vez más para obedecer a Dios y mantenerme fiel. Algunos de esos ejemplos son retantes. Pero viendo el sacrificio de Jesús en la cruz yo confío en que puedo pasar por la misma situación y vencer los obstáculos. Sin embargo, cuando se trata de perseverar ante retos y tentaciones emocionales y el hecho de ver las cosas desde el punto de vista espiritual, creo que el ejemplo de José sobresale por encima de todos los demás.

Una vez oí decir que el papel lo resiste todo y que podemos hacer afirmaciones cuando escribimos, pero que cuando llega la realidad es cuando se ve si en verdad podemos resistir. Yo siempre digo que un buen punto de partida para perseverar en nuestra caminata con Dios es la convicción de Pedro. Él mostró con todo su corazón que nunca abandonaría a Jesús (Mateo 26:33).

El caso de José, su amor a Dios y su firmeza para vencer la tentación sexual es algo que debe motivarnos a todos. Hoy en día las tentaciones y los pecados sexuales son de las causas principales para que muchas personas abandonen a Dios después de haber hecho un compromiso de seguirlo.

Luce como que estas tentaciones abundan por todos los lados. Toda la sociedad se encamina a llenarnos la mente de toda esta basura. No digo del sexo, sino de la interpretación equivocada de lo que el sexo significa. Se busca distorsionarlo en nuestras mentes. Esto lo tiene muy presente Satanás. Él sabe que esto es una gran debilidad para muchas personas. Ésta es una de las armas poderosas que él usa para distraer a personas débiles de carácter y arrastrarlas hacia el pecado. Pero los que mantienen su mirada siempre fija en Jesús y en agradar a Dios pueden vencer ésta y cualquier otra tentación.

José es un digno ejemplo de un joven que pudo resistir la tentación sexual.

José es un digno ejemplo de un joven que pudo resistir la tentación sexual. Él estuvo dispuesto a pagar un alto precio, inclusive, más allá de lo imaginado, por mantenerse fiel a su Dios. El simple hecho de poder disfrutar de un placer temporal sin importar las consecuencias inmediatas y futuras es algo que puede conducir a una persona a caer en este tipo de pecado. Y mucho más tentador es hacerlo cuando el evitarlo nos conlleva a un gran sacrificio emocional y de castigo al levantarse una calumnia contra uno.

Hoy en día, a una persona como José posiblemente se le cuestionaría su hombría y se le pudiera tildar de desviado. A José no le importó que lo calumniaran y que lo encarcelaran por mantenerse fiel a sus convicciones. Dios sabía por qué lo había escogido de antemano por encima de todos sus demás hermanos.

José fue escogido por Dios por encima de sus hermanos para una gran misión. Dios lo escogió para salvar a su familia de la muerte por el hambre. Esto, sin embargo, no significó que no tuvo que pasar por situaciones retantes y muy difíciles. Dios supo muy bien qué material escogía para pulirlo. Dios es sabio y no pierde el tiempo tomando un material de baja calidad. Dios no quería que cuando tratara de pulirlo en el fuego fuera a perder su tiempo y el resultado sea una basura.

A José no le importó que lo calumniaran y que lo encarcelaran por mantenerse fiel a sus convicciones.

Posiblemente las demás personas no veían la calidad interna de José. Dios, que no se fija en las apariencias, sino en el corazón, como dicen las Escrituras, sabía lo que tenía entre mano.

Posiblemente desde niño, José entendió que Dios tenía grandes planes para él. El entender esto fue posiblemente la base para su confianza, a pesar de los sufrimientos y las contrariedades de la vida.

José mostró un amor incondicional por Dios. José fue el resultado del amor de su padre Jacob por Raquel, por la cual él estuvo dispuesto a trabajar por siete años con su tío Labán. Luego tuvo que trabajar por siete años más al no recibirla en el momento esperado. Además, como en muchos de los casos en que Dios quiere hacer cosas grandes en la vida de una persona, no faltó el dramatismo original en el cual José pudo no haber nacido.

> *José mostró un amor incondicional por Dios.*

Como Jacob despreciaba a Lea, su primera esposa y hermana de Raquel, Dios la bendijo y mantuvo a Raquel estéril. Esto significaba que si esta condición continuaba, José pudo no haber nacido. Pero Dios es compasivo y siempre bendice a quienes recurren a él de todo corazón (Jeremías 29:11-13). Dios se acordó de Raquel. Él oyó su oración y le permitió tener hijos. Para ella, esto fue como quitarle la vergüenza y todo el sufrimiento que había pasado. De esa bendición es que nace José. Éste es el primer hijo de Raquel y Jacob.

Mirando un poco más hacia atrás, Dios promete bendiciones a Abraham. Ellas se van cumpliendo por medio de Isaac. Esa proyección no es difícil de predecir. Ahora bien, ¿con quién hubieses predicho tú que continuarían las bendiciones? ¿No hubieses pensado que con Rubén, su hijo mayor? Una vez en mis tiempos devocionales privados con Dios hice un repaso para ver qué pasó con los demás hijos de Jacob y por qué no recibieron las bendiciones que se pudieran predecir. Comenzando con Rubén, su hijo mayor, éste se metió en líos al acostarse con una de las concubinas de Jacob, su padre. Dejo de tarea para que ustedes mismos hagan sus estudios particulares sobre los demás hijos. Yo continuaré con mi enfoque en José, sus hechos y sus bendiciones.

Aparte de todas las cosas malas que algunos de los hermanos de José cometieron, se puede ver también la maldad en sus corazones y su mala conducta. En Génesis 37:2 vemos cómo José nadó contra la corriente al enfrentar la maldad de sus hermanos y llevarle la queja de sus maldades a su padre. Esto es muy parecido a lo que he descrito sobre Noé en el Capítulo 17, al plantear que nadó también contra la corriente. Hoy en día esto es algo que el mundo no perdonaría a José.

> *José no toleraba el pecado en su vida. Él tampoco toleraba el pecado en sus hermanos.*

Lo que más abunda hoy en día son personas que encubren la mala conducta de las otras. Algunas personas lo hacen por temor al qué dirán. Otras lo hacen por la falta de convicciones y debilidad de carácter. El encubrir la maldad de otras personas se da, inclusive, en las iglesias. Vemos

WAGNER MÉNDEZ

personas en pecado y no las enfrentamos. Estas personas incluyen a los pastores y dirigentes en todo el sentido de la palabra y en ambas direcciones. Cuando digo en ambas direcciones me refiero a pastores y dirigentes viviendo en pecado y también no enfrentando el pecado visible o no indagando en los corazones de los miembros de sus iglesias.

José no toleraba el pecado en su vida. Él tampoco toleraba el pecado en sus hermanos. Tal y como sucede hoy en día, era obvio que personas enfocadas en la maldad no iban a tolerar a una persona recta. Como dice Proverbios 29:27, "Los hombres honrados no soportan a los malvados, y los malvados no soportan a los honrados". ¿Se parece esto a alguna situación actual?

> *"Los hombres honrados no soportan a los malvados, y los malvados no soportan a los honrados".*
>
> *- Proverbios 29:27*

El problema también se agravaba con el favoritismo de su padre Jacob. Este favoritismo hizo que sus hermanos lo odiaran más y que ni siquiera lo saludaran (Génesis 37:4). Lo bueno es que Dios permite que situaciones pasen con un propósito. Él nos enseña a la luz de cualquier situación. Con la situación familiar en la casa de José aprendemos grandes lecciones sobre qué no hacer con nuestras hijas y cómo debemos ayudarlas.

Debemos tener presente cómo Dios bendice la rectitud de las personas más allá de lo que podemos imaginar. José fue recto a pesar de vivir con unos hermanos que no lo eran. Desde joven, Dios le reveló en sueños los grandes planes que tenía para él (Génesis 37:5-11). No creo que haya sido que José decidió serle fiel a Dios porque sabía que Dios lo iba a bendecir. Considero que era todo lo contrario. Dios iba a bendecir a José por su rectitud y su amor por él.

Y la paradójica forma de trabajar de Dios comenzó cuando los hermanos de José deciden venderlo como esclavo a los Ismaelitas, los cuales iban rumbo a Egipto. Ni José ni nadie se imaginaba lo que Dios estaba preparando en su vida. Sus hermanos pensaban que le estaban haciendo una maldad. Sin embargo, con su maldad estaban ayudando a que se cumpliera la voluntad de Dios para José y para su pueblo. Realmente Dios hace que sus planes se cumplan por encima de todo y aunque las personas se opongan o no contribuyan en la forma que se espera. Dios puede utilizar hasta las piedras o cosas inanimadas para hacer su trabajo cuando la gente no lo hace (Mateo 3:9).

José fue recto y enfrentó el pecado de sus hermanos. A diferencia de José, sus hermanos se hundían en el pecado. Y siempre que hay pecado, ese mismo pecado conlleva a más pecado. Lo primero que hacen sus hermanos cuando ven a José llegar para saber cómo estaban es hacer planes para matarlo. Finalmente no lo matan. Lo ponen en un pozo seco y luego lo venden a los Ismaelitas. ¿Y cómo iban a justificar esto que hicieron ante su padre?

El pecado, como no se enfrentó y se eliminó con arrepentimiento, hizo lo natural; conllevar a más pecado. Para ocultar lo que hicieron, tuvieron que engañar a su padre enviándole la túnica de José manchada de sangre para que él dedujera que un animal salvaje lo había despedazado y se lo había comido (Génesis 37:33). Y el pecado continuó generando más pecado. Estas personas fueron crueles con su papá al causarle un dolor tan grande y ni siquiera preocuparse por eso.

> *El pecado, como no se enfrentó y se eliminó con arrepentimiento, hizo lo natural; conllevar a más pecado.*

También podemos ver cómo el no ser recto y actuar en el momento en que debemos actuar para agradar a Dios puede hacer que perdamos la oportunidad de causar un impacto. Tanto Rubén como Judá tuvieron ideas de proteger a José. Pero no fueron radicales ni actuaron. Al no actuar inmediatamente, perdieron la oportunidad. Cuando se dieron cuenta, los demás hermanos ya lo habían vendido a los Ismaelitas.

Posiblemente Dios nos dé oportunidades únicas para actuar y causar un impacto y las rechazamos. Es posible que haya ideas que nos surjan u oportunidades que se nos presenten que sean únicas o exclusivas. Pensemos en varias situaciones bíblicas que no hubiesen causado un impacto eterno si no se hubiesen aprovechado.

Pensemos si Abraham no hubiese obedecido a Dios, si hubiese dejado que Isaac se case con una cananea; y aquí mismo, si José hubiese resistido a sus hermanos, los cuales posiblemente lo hubiesen matado; si José se hubiese dejado convencer por la esposa de Potifar; si Jesús hubiese llamado a los doce ejércitos de ángeles; si Pablo hubiese resistido a Jesús y hubiese continuado con sus planes de matar a los cristianos, si yo no hubiese tenido la determinación de ir a Puerto Rico y hacerme discípulo; si tú no te hubieses hecho un cristiano, asumiendo que si estás leyendo este libro es porque

> *Hay oportunidades que Dios nos da y que no debemos despreciar. Es posible que sean únicas y exclusivas para uno.*

ya eres un creyente; si no hubieses aprovechado la oportunidad para invitar a ese amigo o amiga tuya a la iglesia y que hoy ha decidido seguir a Jesús. Bueno, el curso de la humanidad fuera muy distinto. Hay oportunidades que Dios nos da y que no debemos despreciar. Es posible que sean únicas y exclusivas para uno.

José fue vendido como esclavo y Dios nunca lo abandonó. Dios no abandona a alguien con un corazón entregado como el de José. Lo que sus hermanos hicieron, algo externo a su corazón, no le causó ningún daño. Al contrario, le hizo bien y fue el comienzo del cumplimiento de las visiones que había tenido. José fue vendido a Potifar, funcionario del faraón y capitán de su guardia (Génesis 37:36). Dios siguió estando con José y bendiciéndolo a él y a su amo egipcio. Esto hizo que se ganara la simpatía de su amo y lo nombrara su ayudante personal y mayordomo de su casa (Génesis 39:1-5).

Satanás se disfraza de cualquier situación, hombre o mujer para buscar desviarnos y destruirnos.

Pero como sabemos, Satanás nunca deja de hacer su trabajo. Él se puede alejar, pero por un tiempo, como se describe en las tentaciones a Jesús en Lucas 4:13. Satanás se disfraza de cualquier situación, hombre o mujer para buscar desviarnos y destruirnos. Me imagino que Satanás, al ver las convicciones anteriores de José y su fidelidad ante tantas situaciones retantes, pensó que ésta sí iba a ser infalible e iba, de seguro, a hacer caer a José.

Satanás utilizó a la esposa de Potifar para tentar a José al pedirle que se acostara con ella. El aceptar una petición como ésa, desde el punto de vista del mundo, le hubiese evitado a José mucho sufrimiento y, posiblemente, la gente podía pensar que nadie se iba a enterar de eso. Es probable que Satanás pensara que un joven bien parecido y que causaba buena impresión no iba a dejar pasar esta oportunidad de mostrar su orgullo y poder compartir cuán conquistador era al poder estar con la esposa de su amo, un funcionario del faraón. Sin embargo, mientras los hombres del mundo pueden ver una persona como ella como una gran mujer, un hombre de Dios la ve exactamente como lo que es, una gran basura y una escoria social.

Para un hombre o una mujer de Dios no existe un precio que pueda comprar sus convicciones.

La respuesta de José a la petición de la esposa de Potifar fue contundente y con convicción, como lo hace un gran hombre de Dios. Él le respondió: "—*Mire usted, mi amo ha dejado a mi cargo todo lo que tiene, y estando yo aquí, no tiene de qué preocuparse. En esta casa nadie es más que yo; mi amo no me ha negado nada, sino sólo a usted, pues es su esposa; así que, ¿cómo podría yo hacer algo tan malo, y pecar contra Dios?*" (Génesis 39:8-9). Y actuando como el mismo

Satanás, la mujer no dejaba de insistir todos los días. Posiblemente Satanás pensaba que a la tercera o la cuarta o la quinta sería la vencida. Pero para un hombre o una mujer de Dios no existe un precio que pueda comprar sus convicciones. El único enfoque de un hombre o una mujer de Dios debe ser perseverar hasta el final y estar dispuesto a dar su vida si es necesario para mantenerse firme.

Las convicciones de José hicieron que esta mujer lo calumniara. Aunque la Biblia no lo dice, posiblemente José, por sus convicciones, no se defendió de las acusaciones, al igual que Jesús. Posiblemente él se daba cuenta que el defenderse no lo iba a ayudar en nada. Era su palabra contra la palabra de la esposa de un funcionario poseída por el mismo demonio. ¿A quién crees que el esposo le iba a creer, a José, un esclavo hebreo? Imposible. Obviamente, Potifar le creyó a su esposa. Posiblemente, Potifar ni siquiera se tomó un momento para preguntarle a José y tener una segunda opinión al respecto. Esto enojó al amo de José y ordenó que lo metieran en la cárcel, donde estaban los presos del rey (Génesis 39:19-20).

Dios no abandona nunca a alguien de convicciones profundas para él.

Bajo situaciones normales, esto pudo ser el final de José. Sin embargo, Dios no lo abandonaba. Dios no abandona nunca a alguien de convicciones profundas para él. Dios siguió bendiciendo a José en la cárcel más allá de lo imaginado y fortaleciendo las bases para todo lo que hoy sabemos sobre José, su familia y su descendencia.

Por las bendiciones de Dios, José se ganó la simpatía del jefe de la cárcel. Éste lo puso como jefe de los demás presos (Génesis 39:22). Estando en la cárcel, Dios también le dio sabiduría a José para interpretar sueños. Esta sabiduría, aunque las personas fueron malagradecidas con él, le sirvió para salir más tarde a interpretar el sueño del faraón.

También se ve la humildad de José al no tomar el crédito por lo que hacía. Él entendía que el crédito era de Dios, quien le daba la sabiduría para interpretar los sueños. Más aun, Dios mismo era el que le daba las interpretaciones (Génesis 40:8). La interpretación de este sueño fue,

José fue también paciente aceptando la voluntad de Dios.

finalmente, el trampolín para que José se convirtiera en el segundo hombre de importancia en Egipto, después del faraón. Eso también sentó las bases para salvar a su familia, el pueblo escogido por Dios (Génesis 41). Fue esto también el inicio para que se cumpliera lo que Dios le dijo a Abraham de que su descendencia viviría y sufriría en un lugar extranjero por cuatrocientos años, pero que luego sería libre.

José fue también paciente aceptando la voluntad de Dios. José pidió al copero del rey, cuya interpretación del sueño era que lo iban a instaurar de nuevo en su función, y de hecho así fue, que se acordara de él y le hablara al rey para que lo sacara de la cárcel. Sin embargo, el copero no volvió a acordarse de José (Génesis 40:23).

José siguió cumpliendo con sus responsabilidades en la cárcel y esperando pacientemente a que se hiciera la voluntad de Dios. José pudo muy bien amargarse la vida pensando que *Su rectitud y su amor incondicional por Dios no dejaban de producir bendiciones.* todo esto le estaba pasando por la maldad de sus hermanos y por la calumnia de la esposa de Potifar. También José pudo haber pensado que todo le estaba pasando por él ser recto y por denunciar las maldades de sus hermanos.

A ese punto él hubiese podido cambiar de opinión y decidir actuar de una forma diferente. Él pudo pensar que el ser recto no valía la pena, sino que, al contrario, le causaba sufrimiento. Pero no. Él decidió continuar siendo recto y siempre agradar a su Dios. Su rectitud y su amor incondicional por Dios no dejaban de producir bendiciones.

Aunque José en sí no buscaba honores, Dios buscaba la forma de exaltarlo por su rectitud y su amor. Dios *El honrar a Dios siempre tiene su recompensa.* ponía situaciones para que José fuera utilizado para servir con los dones que él le daba. El sueño del faraón fue una oportunidad que Dios proveyó para que José fuera útil, pueda salir de la cárcel y sea exaltado y nombrado Gobernador de Egipto. Y todo esto con el propósito de servir a su pueblo.

Ante el faraón, José no busca tomar el crédito por su sabiduría; él le da el honor a Dios. El honrar a Dios siempre tiene su recompensa. Al contrario, el tomar el honor para uno tiene sus consecuencias negativas. El tomar el honor para sí, cuando Dios le ordenó a Moisés que le dijera a la roca que permitiera que de ella brotara agua, fue la causa de qué Moisés no entrara a la tierra prometida (Números 20:12). José interpretó los sueños del faraón actuando con humildad y con sabiduría al mismo tiempo. Él se dejó usar por Dios. José le dio consejos al rey para que protegiera a su pueblo de la escasez de alimentos que vendría por siete años luego de siete años de abundancia. El rey confió y eso fue la salvación para el pueblo de Egipto y para el pueblo de Dios, la familia de José, también.

Por su sabiduría espiritual, su amor a Dios, su humildad y su amor por su gente, José fue nombrado Gobernador de Egipto. Dios le dio a José honores mucho más allá de lo que él se imaginaba, cuando lo que parecía era que lo estaba castigando con todas las situaciones por las que estaba pasando. Todo esto muestra que Dios nos permite pasar por diferentes situaciones para moldearnos y prepararnos para recibir y manejar las bendiciones.

Dios nos permite pasar por diferentes situaciones para moldearnos y prepararnos para recibir y manejar las bendiciones.

Hoy en día muchas personas, incluyendo los cristianos, buscamos los honores tratando de dejar a Dios a un lado y confiando más en nuestros propios talentos. Ese enfoque solo trae sufrimiento y dolor. La búsqueda de honores y riquezas hace que nuestras vidas se llenen de tormentos. A veces queremos servir en la iglesia sin tener el enfoque correcto. Queremos hacerlo supuestamente por servir a nuestro Dios y a la iglesia. Pero la verdadera intención es que lo hacemos para alimentar nuestro orgullo. Queremos que vean que estamos siendo utilizados para servir y para tratar de lucir que tenemos más talentos que otros. Hasta tanto nuestros corazones no sean moldeados para tener el enfoque correcto, Dios no nos usará como debe usarnos.

El que José haya sido nombrado por el rey como Gobernador de Egipto es algo impredecible para cualquier mente humana. Lo más predecible era que José sea castigado duramente y podía, inclusive, morir en la cárcel o salir a continuar siendo un esclavo más. Pero Dios nunca abandona a quien le es fiel por más tenebrosa que parezca la situación por la que se está pasando. Eso es algo que debe aumentar nuestra fe y fortalecer nuestras convicciones.

Hasta tanto nuestros corazones no sean moldeados para tener el enfoque correcto, Dios no nos usará como debe usarnos.

José fue la salvación para el pueblo egipcio y para su familia. Él fue un gran administrador y se enfocó en servir y no en servirse o ser servido. Su excelencia en hacer su trabajo hijo que se cumpliera la escritura de Proverbios 22:29 que dice que *"El que hace bien su trabajo, estará al servicio de reyes y no de gente insignificante"*. Las convicciones de José para su Dios, su corazón, su sacrificio y su entrega nos enseñan grandes lecciones para perseverar en nuestra caminata con Dios a pesar de las adversidades.

Yo me pongo a meditar sobre las situaciones adversas tan insignificantes por las que yo he tenido que pasar y cómo me he dejado dominar por las mismas. Me reta cuando me comparo con todo lo que José tuvo que pasar y cómo mantuvo su corazón siempre puro. Muchas veces me dejo dominar por mis emociones y quiero tomar venganza en situaciones insignificantes.

Una de las situaciones que más me descontrolan es manejar en la República Dominicana, principalmente cuando manejo con los choferes del transporte público. Como cristiano, más que otras tentaciones fuertes que me suceden, ésta es una de las situaciones que más me pone al borde de la tentación y el pecado, al dejarme controlar por las emociones. Si comparo esto con todo lo que José pasó, es verdaderamente insignificante.

Debemos aprovechar cada situación difícil que se nos presente para prepararnos para el futuro.

Veamos ahora la reacción de José cuando se encuentra con sus hermanos que van a Egipto en busca de alimentos. ¿Cómo tú hubieses reaccionado ante personas que te maltrataron, te odiaron, te vendieron como esclavo e hicieron sufrir a tu padre mintiéndole? De nuevo, y lo repito varias veces, si me dices que hubieses imitado la acción de José, te pido un poco de fe y buena actitud prestada. Necesitamos cerciorarnos que mantenemos una buena actitud ante situaciones prácticamente insignificantes que nos suceden para poder lidiar con situaciones más grandes como éstas por las que pasó José (Cantares 2:15-17).

En nuestra caminata con Dios no estamos exentos de llegar a esos extremos. En cualquier momento se nos puede presentar una situación similar. Si no estamos preparados para lidiar con ellas, tiramos por el suelo todo el sacrificio que hemos hecho para perseverar en nuestra caminata con Dios. Debemos ver estas situaciones y aprender las lecciones. Debemos aprovechar cada situación difícil que se nos presente para prepararnos para el futuro.

Un corazón como el de José realmente conmueve a Dios. Hagamos lo mismo para su gloria y honra.

La reacción de José ante sus hermanos demostró que su confianza estaba puesta en Dios. Él no albergaba ningún odio en su corazón por lo que sus hermanos habían hecho con él. José entendió claramente el plan que Dios tenía con él y por qué le permitió pasar por todo ese sufrimiento "injusto". ¿Entiendes tú lo que Dios te está enseñando hoy en día a través de las situaciones por las que te permite pasar?

Y yo me digo a mí mismo, qué bueno es poder escribir sobre esto, y qué difícil resulta muchas veces el ponerlo en práctica cuando se nos presentan las situaciones retantes. Pero por lo menos puedo decir que he vencido todos los obstáculos que se me han presentado en mi caminata con Dios. Estoy dispuesto a enfrentar con valentía y fe todos los que vengan sin importar la magnitud y el calibre. Mi expectativa es que todo esto que estoy escribiendo también me ayude a fortalecerme cada día más para perseverar en mi caminata con Dios y poder continuar siendo un testimonio vivo de lo que escribo. Dios todavía necesita de muchas personas que demos testimonio de su poder y todas las bendiciones que reciben los que le son fieles.

A veces creemos que las situaciones particulares por las que estamos pasando son las más difíciles por las que una persona puede pasar. Pensamos que la carga de otras personas es más ligera que la nuestra. Pero cada uno de nosotros tiene sus propios retos con los cuales tiene que lidiar. Debemos lidiar con ellos de una forma espiritual que agrade a Dios y perseverar en nuestra caminata con él para al final recibir nuestra recompensa. Un corazón como el de José realmente conmueve a Dios. Hagamos lo mismo para su gloria y honra. No esperemos recompensa alguna y veremos todas las bendiciones que nos lloverán perseverando en nuestra caminata con Dios.

REFLEXIONES

1. ¿Cuál sería tu actitud hacia alguien de quien tú esperas que te proteja y lo que hace es herirte más allá de lo que se pudiera herir a un enemigo, descargando todo su odio y envidia?

2. ¿Cómo reaccionarías si siendo fiel a Dios lo único que ves en el camino es sufrimiento y calumnia contra ti?

3. ¿Por qué crees que José se mantuvo fiel a pesar de todas las adversidades?

4. Si estuvieras en la situación de José en la casa de Potifar y recibieras esa tentación, ¿qué harías?

Capítulo XXIII

Y la Lista no Termina: Todavía Otros Viven

"Por eso, nosotros, teniendo a nuestro alrededor tantas personas que han demostrado su fe, dejemos a un lado lo que nos estorba y corramos con fortaleza la carrera que tenemos por delante. Fijemos nuestra mirada en Jesús, pues de él procede nuestra fe y él es quien la perfecciona...".

- HEBREOS 12:1-2a

A través de este libro hemos podido ver cómo sentar bases sólidas para perseverar en nuestra caminata con Dios. Se han incluido obstáculos que hay que vencer para perseverar. Hemos visto también ejemplos bíblicos de personas que son un ejemplo a seguir y que nos inspiran a mantenernos fieles a pesar de las circunstancias y los sufrimientos. Aunque no se incluyeron directamente en este libro para limitar el volumen, también podemos ver los ejemplos adicionales de otros hombres de fe en Hebreos 11. ¿Y qué quiere decir eso, que los ejemplos que nos inspiran solo están en la Biblia y ya no existen otros? No. La lista no termina. Todavía otros viven.

Originalmente pensé en dedicar este capítulo a un solo ejemplo. Sin embargo, luego pensé que era más provechoso tener testimonios vivientes de varias personas que han sido una inspiración para otras. Estos ejemplos vivientes pueden inspirarnos a hacer lo mismo cuando nos enfrentemos con obstáculos para vencer en nuestra caminata con Dios. Éstas son personas de carne y hueso, palpables, que siguen dando un gran testimonio hoy en día y se mantienen en la lucha ayudando a que otras personas se mantengan fieles. Estas personas pueden estar a nuestro alrededor, pero no siempre tenemos el tiempo para aprovechar sus testimonios o no siempre esos testimonios se están compartiendo. Estoy seguro que cualquiera de estas personas pudiera haber escrito este libro en vez de mí. El hecho de yo escribirlo es solo porque parece que Dios me ha inyectado algo en las venas que me ha inspirado a escribir y me permite disfrutarlo.

De la misma forma, hay muchos ejemplos esparcidos en el mundo, especialmente de personas que viven en lugares donde predominan los musulmanes o donde el cristianismo es prohibido. En el libro "Locos por Jesús" podemos ver muchos testimonios de personas que han dado sus vidas por perseverar en su caminata con Dios a pesar de la oposición de la mayoría. Veamos algunos testimonios de personas vivientes.

Milena: Heroína Anónima

¿Milena? ¿Y dónde está ese nombre en la Biblia? Sí lo está. Por lo menos está escrito a mano en un ejemplar de la Biblia. ¿En cuál? En la Biblia de mi mamá. También estoy seguro que su nombre está escrito para la eternidad en el libro de la vida. Es la promesa que Dios nos hace y mi mamá lo ha entendido muy bien.

Anteriormente, cuando estuve describiendo algunas cosas y testimonios sobre mi papá y su perseverancia, se pudo ver como que a mi mamá la había dejado un poco de lado. Prometí que más adelante iba a cerciorarme que hacía la compensación de lugar. Pues este es el momento.

¿Por qué heroína anónima? Por todo lo que mi mamá ha pasado en la vida, comenzando con la muerte de su mamá cuando ella apenas tenía cinco años de edad, y todo lo que tuvo que pasar en su matrimonio con mi papá, yo considero que este es un título más que adecuado.

Pero, Wagner, ¿y no es mejor que continúes enfocándote en asuntos bíblicos y dejes esta narración para otro tipo de libro. Alguien pudiera pensar de esta forma. Pero realmente lo que les voy a narrar aquí puede ser un gran testimonio que puede engrifar a cualquiera y que nos puede ayudar a perseverar en nuestra caminata con Dios. Mi mamá, a pesar de haber seguido a mi papá en su incredulidad, fue una de las personas que se hicieron discípulas al principio de nuestra misión en la República Dominicana. Su ejemplo nos conmueve.

El testimonio de mi mamá, en cuanto a perseverar para ver bendiciones en su matrimonio, es inspirador. Como cualquier otra mujer, mi mamá anhelaba tener un matrimonio en el cual su esposo fuera realmente su esposo, no de nadie más. Lamentablemente, el problema de infidelidad en la República Dominicana es muy grave. En los campos dominicanos, el que el hombre tenga y mantenga públicamente más de una mujer es normal. Parece como si las mujeres fueran un objeto sin valor. A veces, y lo he visto en mis familiares, se tiene más de una mujer viviendo juntas prácticamente y yendo al conuco a trabajar juntas. Yo llegué a ver eso con mi papá. Aparte de las otras mujeres con las cuales mi papá tuvo hijos e hijas después de juntarse con mi mamá, él tenía otra pública oficial paralela a mi mamá.

Aunque mi papá y mi mamá de juntaron para formar una "familia" en el 1962, no se casaron legalmente hasta el 1978. Y no por voluntad propia, sino por exigencia del Ministerio de Educación, cuando ella comenzó a trabajar como maestra de escuela primaria.

A pesar de las infidelidades y el sufrimiento, mi mamá nunca abandonó a mi papá. Se mantuvo fiel a él. Lo hizo por el temor de tener que levantar una familia sin la presencia de un padre. Independientemente de la razón, ella perseveró. Y por su perseverancia, Dios la bendijo grandemente. Su anhelado sueño de tener un verdadero esposo se cumplió. Mi papá comenzó a estudiar la Biblia la misma semana en que nuestro equipo misionero llegó a Santo Domingo, justo antes del primer servicio de inauguración de la iglesia. Uno de los retos para mi papá fue el de ser fiel a su esposa y romper la relación extramatrimonial que sostenía con otra persona, mamá de cuatro hijos de él, además de dos que había tenido anteriormente. Mi papá tomó el reto. Y fue bautizado a la edad de 54 años. Casi un año más tarde, mi mamá también fue bautizada. Así se cumplió el anhelado sueño de mi mamá de tener un esposo y qué tipo de esposo ahora. Un esposo fiel y que ama a Dios por encima de todo. ¿Hasta qué punto estarás tú en disposición de perseverar hasta ver un anhelado sueño hacerse realidad?

Juan Carlos: Reenfoque profesional por la voluntad de Dios

Con un potencial para tener una vida profesional y económica posiblemente por encima de cualquiera de nosotros los que le conocemos, Juan Carlos Polanco dejó sus estudios de derecho en una de las mejores universidades en la República Dominicana. Se fue a vivir a Nueva York y allá fue invitado a estudiar la Biblia. Impactado por la vida de Jesús, su deseo era siempre el de regresar a su República Dominicana para ayudar a su gente a conocer de Dios.

Su vida de estudiante en la universidad era un poco diferente a muchos de nosotros. Con recursos más holgados que muchos y una preparación en otro idioma que desde joven le permitía poder tener un trabajo y generar recursos, su potencial económico podía ser grande. Podía equipararse al de muchos de sus amigos que hoy han logrado muchas riquezas materiales.

Juan Carlos regresó de Nueva York como parte del equipo misionero enviado por la iglesia de allá para comenzar la de la República Dominicana. Todavía con su sueño de ser abogado, trata de reanudar sus estudios. Lamentablemente, por la política de la universidad de no reconocer los créditos de alguien que haya estado fuera por más de cinco años, ese sueño se troncha. Esto fue doloroso para él y para los amigos a su alrededor que entendemos lo que significa sacrificarse para estudiar. Sin embargo, por promesa cumplida de Dios, que da más de lo que uno sacrifica por él, Juan Carlos hoy es uno de los evangelistas de la Iglesia Internacional de Cristo en la República Dominicana, dirigiendo la Iglesia en Santiago de los Caballeros. A través de esto, Juan Carlos puede decir con gran satisfacción que su sueño de ayudar a muchas otras personas en necesidad, lo cual quería hacer a través del estudio de derecho, se ha hecho realidad.

Como ministro en la iglesia, Juan Carlos ha enfrentado muchos obstáculos, como todos nosotros, y los ha vencido para perseverar en su caminata con Dios. Juan Carlos ha ayudado a muchas personas a llegar al reino y a mantenerse fieles. El hecho de que yo esté fiel hoy en día es debido, en parte, a toda la ayuda recibida de él. También el hecho de que yo esté casado con mi bella esposa Guarina y tenga dos niñas adorables es por la ayuda que él me dio para que yo abriera los ojos y me enfocara en la belleza espiritual de mi esposa. Eso me conllevó también a ver su belleza exterior.

Cuando nos hacemos cristianos a veces tenemos estereotipos de personas que consideramos que se pueden hacer cristianas fácilmente y de las que no. Mirando hacia atrás, Juan Carlos es una de esas personas que yo hubiese considerado difíciles. Pero cuando Dios llama, los corazones sinceros responden. Él es la persona de más convicciones para Dios que yo haya conocido y que hayamos sido contemporáneos en el campus universitario en la PUCMM en Santiago de los Caballeros.

Juan Carlos continúa dando un poderoso testimonio de lo que significa dejar atrás el mundo y enfocarse totalmente en Dios. Hoy en día, luego de fracasos sentimentales antes de ser un discípulo, él tiene una gran familia entregada a Dios y apoyándolo para continuar llevando el mensaje a diferentes rincones de la República Dominicana.

Ángel Martínez: Deja tu tierra…

Tal y como Dios llamó a Abraham y le dijo que dejara su tierra y su familia para ir a un lugar desconocido, también lo hizo con Ángel Martínez. Los posibles integrantes del equipo misionero para la República Dominicana se estaban reuniendo y teniendo devocionales de preparación. Pero Ángel Martínez no estaba en la ecuación.

Ángel es un gringo de papá boricua y mamá sancristobalense (dominicana). Él nació en Brooklyn, Nueva York, y no conocía en sí la República Dominicana. Después de hacerse un discípulo en Nueva York, pasó por diferentes pruebas, al punto de llegar a estar en situaciones espirituales críticas. Sin embargo, ya Dios lo había escogido de antemano para enviarlo. Dios lo había escogido no solo para ser parte del equipo misionero para la República Dominicana, sino para que dirigiera el equipo y la iglesia.

Desde que llegamos a tierra dominicana, Ángel, conjuntamente con su hoy esposa Luz, han sido un ejemplo de estabilidad y de perseverancia en su caminata con Dios. Si hablé de la ayuda de Juan Carlos para mí, Ángel no se queda atrás. Al principio de la misión, y sigue siéndolo, cuando yo pasé por situaciones críticas, parecidas a las de él en Nueva York, Ángel fue esa valiosa ayuda para mí. Su radicalidad, su perseverancia en ayudarme y su ejemplo me conmovieron a yo ser también radical para perseverar en mi caminata con Dios.

Pero como Dios nos prueba con diferentes situaciones para ver qué tan agradecidos somos con él y cómo nos conformamos con lo que él nos da, Dios nos dio hijos/as a sus amigos a su alrededor, pero no a él. Hoy en día, con más de cuarenta años, Ángel y Luz están disfrutando de tener en su casa su primer bebé, como por obra y gracia del Espíritu Santo.

Bajo la dirección de Ángel; obviamente, guiado por el Espíritu Santo; nuestra iglesia en la República Dominicana ha crecido y se ha fortalecido. Además, sobre sus hombros está la responsabilidad de dirigir las iglesias en el Caribe. Y por sus convicciones y su ejemplo, no solo las iglesias del Caribe, sino también muchas iglesias en el mundo no nos lo quieren dejar tranquilo con nosotros. Lo tienen de vuelta y media viajando para todos los lados. Y espero que su nuevo bebé sea una excusa involuntaria, pero justificada, para que esté más tranquilo en casa.

Amauris Brea: Vuelve a tu tierra. Ella te necesita.

Noooooooo…. Por favor…Una expresión así pudo muy bien haber salido de la boca de Amauris Brea. Sin embargo, fue todo lo contrario. Cuando Dios lo llamó para que regresara a su tierra, él respondió a dicho llamado. Y lo hizo con convicción.

Amauris, antes de irse a vivir a Nueva York siendo aún joven, era un niño más de la calle en la República Dominicana. Sufría y deambulaba por las calles tratando de sobrevivir. Se fue con su mamá a vivir a Nueva York y pudo muy bien renegar y no mirar hacia atrás jamás. ¿Y Dios no nos pide que no miremos hacia atrás? Sí, así es. Pero lo pide cuando estamos en su reino.

En Nueva York, el enfoque de Amauris fue en todo, menos en ser un ejemplo social. Y ustedes lo pueden imaginar o le pueden preguntar si están cerca. Les dije que todavía otros viven. Él es un testimonio viviente.

Cuando Dios lo llamó a que lo siguiera, él aceptó el llamado. Él estudió la Biblia, dejó a un lado sus amistades que no lo ayudaban, posiblemente muchos de ellos están muertos hoy, dejó su enfoque material, y aceptó caminar en los pies de Jesús. Más tarde, no mucho tiempo después, cuando Dios lo llamó a que regresara a su país, él lo aceptó. A cualquier otra persona, esto pudo darle grima. Él pudo haber pensado que podía esperarle una vida de sufrimiento en las calles de Santo Domingo de nuevo. Y así fue. No fue distinto. Lo que fue distinto fue el enfoque. Amauris no salía y todavía no sale de las calles evangelizando y buscando que más personas vengan a Dios. Como los demás misioneros que regresamos, Amauris pasó hambre al regresar. Pero nada de eso le mató el gozo que tenía de estar ayudando a su gente en su tierra. Al contrario, lo fortaleció.

Originalmente, Amauris fue también de gran ayuda en ayudarme a fortalecer mis convicciones y perseverar. Más tarde, se unió su esposa en ayudarme, junto a mi esposa, a vencer los obstáculos del matrimonio.

En cuanto a su enfoque y evangelismo, Amauris era incansable y un gran ejemplo. Y sigue siéndolo. Era frecuente el que yo invitara a una persona a la iglesia y a estudiar la Biblia y que me dijera que ya lo habían invitado. ¿Y quién te invitó? Amauris. Así me pasó en una ocasión como a las cinco de la mañana. Invito a alguien en un carro público y, para mi sorpresa…bueno, no tanta, me dice que ya Amauris lo había invitado antes.

Amauris ha sido una inspiración para muchas personas en su entrega y en su vida de oración. En innumerables ocasiones, Amauris nos decía sobre todo su deseo de contar con un grupo de personas que oran y que dependen de Dios en vez de estar haciendo un esfuerzo extraordinario para lograr sus objetivos evangelísticos por su cuenta. La oración nos acerca a Dios y hace que nuestros objetivos se cumplan.

Hoy en día, Amauris sigue siendo un pilar en nuestra iglesia ayudando a muchas otras personas a perseverar con su ejemplo y sus enseñanzas. Además de cuidar de su familia y de tener un trabajo profesional a tiempo completo, él tiene la responsabilidad de dirigir una de nuestras iglesias en Santo Domingo.

Por otro lado, les menciono también que cuando Amauris regresó al país, no tenía un entrenamiento universitario. Él solo tenía su diploma de bachiller. A pesar de que tenía que trabajar para sobrevivir y sostenerse, Amauris tomó el reto de ingresar a la universidad. Ingresó originalmente y las circunstancias lo hicieron detenerse. Pero su visión de obtener un título universitario, no murió. Él mantuvo su esperanza viva. Años más tarde pudo graduarse de licenciado en administración de empresas. Eso le ha ayudado a poder tener un buen trabajo profesional para sostener su familia y no ser una carga para la iglesia, tal y como Pablo lo hacía, y poder retar a cualquier otra persona o estudiante a hacer lo mismo. Bueno, hasta a mí me ha retado, a pesar de que cuando yo regresé en la misión ya contaba con una maestría en economía y negocios.

Luz Martínez: Un ejemplo del amor de Jesús

Yo conocí a Luz Martínez (Luz Paulino Difó, nombre de soltera) cuando llegué a Puerto Rico en diciembre del 1993. Ella fue una de las personas que contribuyó a darme una calurosa bienvenida a la iglesia. Ella se cercioró de que yo viera un ejemplo de lo que significa el amor de Jesús puesto en práctica. Ella fue de las que contribuyó a que, como mencioné anteriormente, aun siendo ya un discípulo de Jesús y parte de nuestra iglesia en Puerto Rico, mi cerebro no entendiera a plenitud todo lo que yo estaba viviendo por el amor que recibía de las personas. Era una sensación más allá de lo explicable. Luego fui entendiendo que ese amor solo emana de las personas cuando están unidas a Jesús (Juan 15:1-10).

Es cierto que nadie puede mantenerse fiel en su caminata con Dios si su enfoque no está en Jesús y en mantenerse unido a él. Si nuestra confianza no está puesta en él, a un punto podemos caer. Pero también es cierto que el ejemplo de otras personas en el reino nos ayuda a perseverar. De la misma forma que existen muchas personas decepcionadas y renuentes a venir a la iglesia por el mal ejemplo de muchas personas que se llaman cristianas sin caminar a los pies de Jesús, así también los buenos ejemplos son como un imán para atraer a otras y ayudarles a perseverar.

La confianza depositada por Luz en un pecador como yo es algo que, además de mi enfoque en Jesús, me ayuda a perseverar. A veces yo puedo ser no tan espiritual y perder de vista por algunos instantes a Jesús y tal vez meterme en líos. Sin embargo, el saber que me veré cara a cara constantemente con personas que son un ejemplo y que me aprecian, son también una motivación más para mantenerme alejado de los problemas que me pudieran alejar de Dios.

Además del impacto inicial que Recibí en Puerto Rico, también vi el ejemplo de servicio de Luz. Posiblemente ella nunca se fijó en que yo observaba. Pero el ejemplo se servicio de ella era digno de imitar. Como interno sin sueldo que yo era para la iglesia en Puerto Rico ayudando a Raúl Vásquez en sus asuntos administrativos y a Roberto y a Michelle Carrillo en lo que necesitaran, incluyendo llevar a lavar el carro y a echarle gasolina, yo tenía que ir con frecuencia a la oficina en casa Roberto. En esas ocasiones, siempre veía a Luz cuidando de las hijas de ellos, Elena y Alexis. Era un trabajo de servidumbre. Era una imitación del enfoque de servicio de Jesús. Dios la estaba preparando para sentar la base para todo lo que hace hoy en día ayudando a muchas otras mujeres.

Su impacto en mi vida continuó en Santo Domingo cuando tuve el honor de formar parte del mismo equipo misionero para plantar la iglesia. Yo tengo muchas personas que, como hombre y persona de cierta rectitud, confían en mí. En el caso de Luz, yo entiendo que su confianza desborda los límites. Esa es una gran inspiración para no fallar en mi caminata con

Dios. Y no me mal interpreten. Si nuestro enfoque no está en Jesús, vamos a caer. Pero el ejemplo de otras personas en el reino es una fuerte inspiración para perseverar. Las hermanas en la iglesia son el mejor testimonio de lo que digo. Ellas han recibido ese apoyo y han visto a Luz como un ejemplo viviente.

A veces vemos a las personas y no conocemos sus vidas a profundidad. Pensamos que muchas personas se mantienen fieles a Dios por todo lo bueno y todas las bendiciones que Dios les ha dado. Pensamos en alguien como Job antes de que Dios le quitara todas sus posesiones y hasta su salud más allá de lo explicable. Pero cuando conocemos más a profundidad las situaciones difíciles por las que otras personas han pasado, nos sentimos inspirados a también perseverar.

Agradezco que Luz haya tenido la disposición de compartir un poco sobre su vida en este libro. Esto debe ser también un ejemplo a imitar para dejar cualquier situación del pasado a un lado para enfocarnos en vivir para Jesús y glorificar a nuestro Dios. Esto es lo que Luz nos cuenta.

"Mi nombre es Luz Martínez. Nací el 29 de enero del año 1969. Nací en la provincia María Trinidad Sánchez (Nagua). Soy la hija menor de mis padres, Hipólito Paulino y Herminia Difó. Soy la esposa de un hombre maravilloso llamado Ángel Martínez.

Pasé los primeros años de mi vida en una montaña hermosa con mi abuela paterna y mis hermanos. Me considero una persona amorosa, con empatía, servicial, con un genuino interés por el prójimo y un deseo profundo de dejar mis huellas dondequiera que voy.

He sido ministra desde los 21 años. Anterior a eso, trabajé como cajera, secretaria y consejera estudiantil. He viajado mucho, he impartido conferencias para mujeres, matrimonio y estudiantes a nivel internacional desde 1994. Todo esto lo he logrado con mucho esfuerzo y con la ayuda de mi Dios, ya que en mis primeros años de vida no tuve una base firme ni mucha estabilidad. Estudié la educación básica en El Factor de Nagua, la media en San Francisco de Macorís y el bachillerato en la ciudad de Nueva York. Esto les deja ver que no tuve una vida con suficiente tiempo para echar raíces en ningún lado. Eso fue hasta conocer de Dios.

Pero quiero que vean cómo el amor de Dios transformó mi vida cuando tenía 19 años. A esa edad me convertí y fui bautizada, estando en mi segundo año de la universidad, en la Iglesia de Cristo de la Ciudad de Nueva York.

Estudiar la Biblia, ver el amor de Jesús por mí, la misericordia de Dios y el amor de los hermanos en la iglesia me salvaron de la destrucción hacia la cual yo estaba dirigiendo mi vida. Yo estaba recién llegada a los Estados Unidos y era un tiempo bien difícil para mí. Me encontraba muy sola, sin amigas, con una mente muy turbada, llena de amargura, de enojo, de frustración y de confusión, ya que mi papá, el cual fue alcohólico toda su vida, había cometido suicidio hacía apenas nueve meses.

Mis padres se habían mudado a los Estados Unidos cuando yo tenía cuatro años de edad. A ellos les conllevó once años el conseguir los papeles para llevarme a vivir con ellos.

El golpe de perder el papá que por tantos años yo estaba esperando tener me afecto tremendamente. Caí en una depresión clínica para la cual debí haber sido tratada, pero no fue así. Muchas veces deseé morir, sentía que la vida no tenía razón de ser y que no valía la pena vivirla.

Mi vida se llenó de incertidumbre, inseguridad, mentira, impureza, egoísmo y orgullo. Me pasaban los días engañando y siendo engañada. Para cuando me invitaron a estudiar la Biblia, ya yo estaba cansada de una vida que apenas acababa de empezar. Me encontraba vacía, triste y sin un propósito. Traté de buscar refugio en los novios, el trabajo, los estudios y las fiestas. Pero esas cosas no llenaron el vacío que yo tenía en mi vida. No fue hasta que busqué refugio en la palabra de Dios que encontré paz para mi alma.

Hace ya casi 25 años que tomé la decisión de vivir una vida para magnificar la gloria de Dios, para darle valor a la cruz de Cristo y honrar su sacrificio. No ha pasado un solo día en el que yo no haya visto el amor y la misericordia de Dios para conmigo.

Desde hace ya 19 años, mi esposo y yo hemos tenido el privilegio de servir como pastores en una iglesia que verdaderamente nos ama y a la que amamos, la Iglesia de Cristo en la República Dominicana. Dios nos ha dado cuatro hermosas hijas de crianza y dos bellos nietecitos.

Hace unos seis años que Dios hizo posible el que pudiéramos construir nuestra casita con la ayuda de muchos amigos, familiares y una pareja en la iglesia. En los últimos 19 años, Dios nos ha dado el privilegio de ser misioneros, de entrenar a otros misioneros, de plantar iglesias y restaurar otras. Dios nos ha dado el privilegio de trabajar con un equipo de ministros que realmente aman a Dios, al pueblo de Dios y también nos aman a nosotros. Tanto mi esposo como yo, estamos eternamente agradecidos a Dios por desbordar tanta misericordia y protección sobre nosotros. Por eso, cada día me siento como se sentía el salmista cuando dijo: "¿A quién tengo en el cielo? ¡Sólo a ti! Estando contigo nada quiero en la tierra. Dios es mi herencia eterna y el que sostiene mi corazón…. Por eso me acercaré a Dios porque para mí eso es lo mejor (Salmo 73:25-26 y 28a). Y estoy segura de que lo es también para ti.

Mi anhelo es que cada uno de ustedes pueda ver el amor de Dios en sus vidas cada día como lo he visto yo".

¿Cuál es tú testimonio personal? ¿Cuáles son las ataduras que sigues cargando y que no te dejan ver la gloria de Dios en tu vida a plenitud?

Jesús Cruz: A pesar de la incredulidad

Siendo Jesús aún un adolescente, nuestras hermanas en Puerto iban a casa de Jesús a estudiar con su hermana. El enfoque de este adolescente boricua era simplemente molestar a las hermanas. Esto pudo haber parecido como que su corazón estaba duro y lejos de conocer a Dios. Luego su hermana se hizo discípula y Jesús se interesó en estudiar la Biblia. Pronto él también se hizo discípulo a los 18 años. Más tarde, Jesús se convirtió en un gran hombre de Dios y un hombre de profundas convicciones espirituales.

Jesús es uno de mis mejores amigos, a pesar de la distancia y el tiempo. Con menos de un año de ser discípulo, Jesús fue una de mis inspiraciones cuando yo me hice discípulo en Puerto Rico. Su amor por Dios y su entrega para siempre estar dependiendo de la Biblia y de la oración, así como también estar enfocado en ayudar a otras personas a través de la enseñanza de la Biblia, me ayudaron a crear convicciones profundas sobre lo que realmente significa ser un discípulo de Jesús. Tal y como mencioné anteriormente, Jesús fue sutil en ayudarme a vencer obstáculos de desánimo y nostalgia cuando yo tuve que quedarme en Puerto Rico, después de bautizarme, para luego ir con la misión a Santo Domingo.

Era obvio que personas como Jesús Cruz se mantendrían fieles a pesar de ver a otras no perseverar en su caminata con Dios. De todos los discípulos que estábamos y que compartíamos la casa en el Escorial en Puerto Rico, solo unos pocos hemos perseverado. Los que hemos perseverado lo hemos hecho por habernos aferrado a nuestras Biblias, a la oración y a hacer el trabajo para Dios cueste lo que cueste. Jesús Cruz es una de esas personas.

Hoy en día, Jesús Cruz, ¡y qué nombre tan espiritual!, dirige nuestra iglesia en Puerto Rico. Conjuntamente con su esposa Mirels, siguen ayudando a muchas personas a mantenerse fieles o a venir a Dios en la Isla del Encanto. Justamente, la primera charla bíblica que yo asistí en Puerto Rico fue una charla en la universidad dirigida por Jesús y Mirels. Aunque no había ningún enfoque sentimental especial entre ellos, más tarde Dios les hizo ver que los había creado el uno para el otro.

Al igual que los demás casos que he mencionado aquí en este capítulo, el testimonio de Jesús es viviente. A continuación el mismo Jesús nos da su testimonio.

"Me crie en un mundo donde se hablaba de Dios. De niño me "bautizaron" mis padres, como es costumbre de nuestra cultura boricua. Después iba a una iglesia con mi tía. En mi adolescencia mis padres empezaron a ir a una iglesia donde se enseñaba que un profeta recibió una plancha de oro con un mensaje nuevo para el mundo. Me impusieron las manos y experimenté cuantas cosas se hacen en el mundo religioso. Pero todo esto lo que hacía era crecer la desilusión, la decepción y el dolor. Con todo eso no veía cuál era el camino de mi vida. Estaba perdido, sin rumbo, sin dirección, solo, angustiado y preguntándome si de esto era que se trataba la vida.

Siendo un joven de 17 años, comencé a tratar de entender cuál era el propósito en esta vida. En esa búsqueda fui en busca de muchachas, alcohol, dinero y de toda clase de satisfacción de la carne. Ya decepcionado en esa búsqueda y desilusionado, cada día iba profundizándome en cada una de estas cosas. Decía que necesitaba más mujeres, más alcohol, más dinero. Pero todo empeoraba. La insatisfacción era cada vez más grande y la desilusión más dolorosa. Era como estar en un tipo de círculo vicioso que no había salida. Me recuerdo quedarme sin fuerzas de pensar cómo podría salir de ahí. Pero no veía ninguna otra manera de vivir.

Recuerdo estar en mi cama y mirar el techo después de llegar de un "night club" borracho y preguntándome qué le podría ofrecer a mis hijos si tuviera una familia y cómo sería como padre. Buscaba la respuesta y comenzaba a llorar, al no poder encontrarla. Pero aun así seguía viviendo como yo entendía que era vivir la vida. En realidad, lo que hacía no era vivir, sino sobrevivir.

Una mañana de un domingo, mi hermana Ivellisse toca mi puerta para invitarme a la iglesia. Escuché la invitación y mi corazón me dijo que sí, pero mi orgullo y mi desilusión por las iglesias decía no. Por siete meses, todos los domingos ella tocaba la puerta persistentemente. Un día, cuando menos lo esperaba, y por obra de Dios en su plan perfecto, llegaron dos hermanas a estudiar la Biblia con mi mamá. De lejos escuchaba lo que hablaban. Escuché algo que me impresionó. Fue la escritura en Mateo 28:18-19 sobre ir a todas las naciones y hacer discípulos. Me le acerqué a preguntar que si eso no es una responsabilidad exclusiva de un pastor o sacerdote. Ellas, con todo su amor, me explicaron la escritura de que esa es la responsabilidad de cada hombre y cada mujer que se quiere llamar cristiano o discípulo de Jesús. El comienzo de saber a dónde buscar algo más para mi vida ahí lo encontré.

Recuerdo mi primera visita a la iglesia. Llegué a un lugar donde no conocía a nadie y me dieron un recibimiento como si fuera parte de sus vidas. Vi abiertas puertas de confianza, vi amigos sinceros, vi que mi vida había encontrado algo que buscaba. Recuerdo escuchar esa predica de el hombre paralítico, el hombre bajado por sus amigos del techo de una casa que no era suya. Aunque en sí lo que más me impresionó fue que no tenía sueño durante el sermón. Después me invitaron a estudiar la Biblia y a cómo tener una relación con Dios. ¿Qué es eso de tener una relación con Dios?, me pregunté. Con mi corazón tan endurecido por los golpes de la vida, no podía ver que todo lo que experimentaba era algo que Dios mismo estaba preparando para mi corazón conocerle.

Empecé a estudiar escrituras una tras otra. Profundizaba en ellas y mi corazón latía cada vez más y más por conocer a ese Dios que nunca había conocido. Luego llegó un estudio donde mi corazón fue quebrantado. El estudio se titula "La Cruz". Pude ver con claridad a través de las Escrituras todo lo que Jesús hizo por nosotros, pero en especial por mí. En mi niñez escuché, vi películas, fui saturado de información, pero sin ninguna conexión emocional, sin un entendimiento claro de que si yo fuera el único ser en este planeta, Jesús todavía se sacrificaría por mí.

Nunca había tenido una conexión con la muerte de Jesús de esa manera. Desde ese momento vi con claridad no tan solo lo que es tener una relación con Dios, donde me comunico con él en la oración y escucho su palabra, sino también saber que él pagó el precio más alto por mí en la cruz. Desde ese momento, he tomado la mejor decisión, con solo 17 años, pero con un gran amor que me impulsaba y que todavía me impulsa hasta el día de hoy, de ser el hombre que Dios quiere".

REFLEXIONES

1. Y tu testimonio, ¿cuál es?

2. ¿Qué has tenido que sacrificar para mostrar tu amor a Dios y perseverar?

3. ¿Qué obstáculo estás tratando de vencer?

4. ¿Qué situación paradójica en tu caminata con Dios has experimentado y que al final hayas visto las bendiciones?

Capítulo XXIV

Y tu Dios Nunca te Abandonará

" Y oí una fuerte voz que venía del trono, y que decía: «Aquí está el lugar donde Dios vive con los hombres. Vivirá con ellos, y ellos serán su pueblo, y Dios mismo estará con ellos como su Dios".

- APOCALIPSIS 21:3

Perseverar en nuestra caminata con Dios es definitivamente un gran reto. En el proceso pasaremos por situaciones en las cuales nos preguntamos si sobreviviremos literalmente. Quien describe el tener una relación con Dios como una relación sin sufrimiento está muy lejos de la realidad. Pero de una cosa yo sí estoy seguro. Por más difícil que sea el camino, tu Dios nunca te abandonará. Él promete grandes bendiciones a quienes le sean fieles. Él, por su parte, es fiel para cumplir lo que promete (Romanos 15:8).

El tiempo de Dios es diferente a nuestro tiempo, su forma de pensar es diferente a nuestra forma de pensar. Hay una gran distancia entre él y nosotros. Sin embargo, tarde o temprano, recibiremos nuestra recompensa por nuestra fidelidad. Talvez no logremos exactamente lo que queremos, pero lo cierto es que nunca recibiremos menos de lo que esperamos. Lo que él nos da es de mucho más valor que lo que el ojo o la mente humana puede ver o puede imaginarse.

> *Por más difícil que sea el camino, tu Dios nunca te abandonará.*

Desde el principio hasta el final, desde el Génesis hasta el Apocalipsis, se muestra el gran amor de Dios por su pueblo y cómo él cumple con todas sus promesas. Es más, la Biblia entera es un relato de amor y promesas cumplidas. Por las personas que le aman, Dios está dispuesto a sacrificar pueblos y naciones (Jeremías 30:11). Y alguien se pregunta, ¿y eso no es ser cruel? No. Eso es amor. Para entender como Dios trabaja se necesita conocerlo más a él y su palabra. Una forma de comenzar es conociendo primero a Jesús. Eso es difícil hacerlo por cuenta propia. Para ello es bueno contar con el apoyo de una persona que verdaderamente conozca la Biblia, que esté viviendo por ella, que se enfoque en cumplir la encomienda de Jesús de hacer discípulos de todas las naciones y que esté dispuesta a sacrificar lo que sea para ayudar a alguien más a caminar en los pies de Jesús y a perseverar en su caminata con Dios.

Para entender como Dios trabaja se necesita conocerlo más a él y su palabra.

El describir todas las bendiciones de Dios para aquellas personas que se mantienen fieles a él es casi como transcribir la Biblia de nuevo. Toda la Biblia gira en torno a esto. Como esto es imposible de plasmar en un libro como éste, además de ser una redundancia, vamos a ver algunos ejemplos a través de la Biblia sobre el amor de Dios, sus bendiciones y cómo él siempre está al lado de los que le aman y perseveran en su caminata con él.

Dios es un Dios de bendiciones. Sus bendiciones se pueden ver desde el comienzo de la creación. En Génesis 1:22 Dios bendijo a los animales que había creado diciéndoles que tengan muchas crías, que llenen los mares y que haya muchas aves. Cuando Dios creó al hombre consideró que no era bueno que él estuviera solo y pensó en darle una ayuda idónea (Génesis 2:18). Más tarde él le da una mujer de compañera. ¡Y díganme que esa no es una gran bendición! Yo sé lo que muchos hombres hoy en día pueden pensar sobre el matrimonio por no conocer a Dios. El que conoce a Dios entiende perfectamente la gran bendición que representa el tener una esposa para el hombre como persona y para el bien de la humanidad como un todo.

Dios es un Dios de bendiciones. Sus bendiciones se pueden ver desde el comienzo de la creación.

Es cierto que Dios nos bendice porque quiere bendecirnos. Esto él lo hace independientemente de lo que hayamos hecho. Pero no es menos cierto que las bendiciones que recibimos también van a depender de si estamos listos para recibirlas. Dios sabe lo que nos conviene y lo que no nos conviene. Lo que recibimos depende de nuestros corazones y de cómo vamos a administrar tales bendiciones.

El simple hecho de Dios darnos la vida y de crearnos en la forma que nos creó son bendiciones más que suficientes para vivir agradecidos. Ahora nosotros necesitamos vivir mostrándole el agradecimiento a nuestro Dios. A veces pensamos que debemos esperar ver otras bendiciones para darle más a Dios. Pero no. Nosotros necesitamos vivir agradecidos por lo que Dios ha hecho por nosotros. Él nos ha bendecido y, mientras más agradecimiento sentimos por él, él continúa dándonos mucho más. De esa forma, la deuda que tenemos con él crece cada día más y nunca llegamos a pagársela, por más que tratemos.

Abel fue agradecido con Dios. Caín, por el contrario, no lo fue. Por agradecimiento, Abel le daba lo mejor de lo que tenía a Dios (Génesis 4:4). Por el pecado de Adán y Eva, Dios los pudo muy bien haber destruido para siempre. Pero por su gran amor, él tuvo compasión. Les dio su merecido al sacarlos del jardín del Edén, pero les

Dios sabe lo que nos conviene y lo que no nos conviene.

permitió seguir viviendo y teniendo hijos. De su tercer hijo, Set, surgió una gran descendencia hasta llegar a los tiempos de Noé. Por la maldad de los hombres sobre la tierra, a Dios le pesó haber creado al hombre (Génesis 6:6). Pero aunque Dios destruyó casi todo con el diluvio, por amor a Noé, el cual era el único fiel, él mostró su amor y le dio la oportunidad de continuar viviendo con toda su familia.

Dios también sabía que el hombre continuaría haciendo lo malo por la introducción del pecado en el mundo a través de Adán y Eva. Y desde el principio mismo, ya él tenía en mente a Jesús para utilizarlo para la redención del pecado y dar la oportunidad de nuevo a la humanidad de regresar a él. Ver la interrelación ente Génesis 12:7 y Gálatas 3:16. Dios habla con Abraham de "descendencia" en singular, refiriéndose a Cristo.

Al igual que había bendecido a los animales y a Adán, Dios también bendijo a Noé permitiéndole que tuviera muchos hijos para llenar toda la tierra. También puso a los hombres por encima de todo lo que existe en la tierra. Ésa es también una gran bendición. Es difícil estar sometido a algo o a alguien. El hombre en este caso estaría sometido solo

Noé resistió todo el ataque y toda la burla de la sociedad existente en su tiempo.

a Dios. ¡Y qué increíble es poder tener un jefe como él! Los que hemos trabajado como empleados lo sabemos muy bien.

Más adelante se ven las bendiciones que Dios da a Abram (Abraham), descendiente de Sem, el primer hijo de Noé. Es obvio que todas las bendiciones de los hombres, de Noé en adelante, van a recaer sobre él. Sí, pero las mismas no hubiesen recaído sobre él si no se hubiese mantenido fiel a Dios a pesar de que nadie más lo era. Lo que él hizo fue muy grande.

Noé resistió todo el ataque y toda la burla de la sociedad existente en su tiempo.

Dios continuó bendiciendo a Noé a través de su descendencia. Pero también él tenía opciones a través de las cuales bendecirlo. ¿Por qué bendecir a Abraham tan grandemente y no a los demás? Considero que esto no necesita mucha explicación. Es cuestión de leer todo lo que él hizo en la Biblia. Recordemos que, como hombres, Dios nos da libre albedrío para decidir una cosa u otra. Cuando Dios llama a Abram (Abraham), él pudo poner cincuenta mil excusas como muchos otros en la antigüedad y en el nuevo testamento lo hicieron (Génesis 12:12). Sin embargo, Abram fue obediente a pesar del reto tan fuerte que Dios le estaba dando de dejar sus tierras, sus parientes y la casa de su padre para irse a un lugar desconocido a la edad de setenta y cinco años. Ésta es una edad en la cual ya una persona está pensando en retirarse hoy en día. Abram confió en Dios y Dios lo bendijo más allá de lo que uno puede imaginarse.

Todo esto me sirvió de base para yo tomar la decisión de mudarme a Santiago, en vez de seguir viviendo en Santo Domingo, cuando Dios me llamó en julio del 2011, conjuntamente con mi familia. Tanía cierto temor, pero el ver el ejemplo de Abraham fue de gran inspiración para mí. Hoy todavía sigo esperando a ver lo que Dios hará conmigo y con mi familia, pero estoy plenamente confiado que él hará cosas grandes, aunque no sepa cuándo.

Hay otro aspecto de la obediencia a Dios y el hacer su voluntad que quiero resaltar de Abraham de nuevo. Es algo que no debemos perder de vista. A veces actuamos de acuerdo a lo que nosotros consideramos que es mejor y no de acuerdo a lo que es la voluntad de Dios. Como hombre obediente, Abraham siempre estaba dispuesto a aceptar y hacer la voluntad de Dios.

Abram confió en Dios y Dios lo bendijo más allá de lo que uno puede imaginarse.

Recordemos de nuevo la situación cuando Abraham y Lot, su sobrino, tuvieron que separarse, debido al crecimiento de su ganado y a los problemas que se estaban presentando con sus criados.

Recuerden que Abraham fue quien le propuso a Lot que se separaran. Me imagino que como su tío, Abraham pudo tomar una decisión y decirle a Lot que se fuera por un lado, que él se iba por el otro. Él pudo decidir tomar la tierra que él consideraba mejor o peor, como él quisiera. Sin embargo, en vez de tomar la decisión, Abraham decidió dejarla en manos de Dios. Él entendió que la decisión de Dios era mejor que la de él, independientemente de cómo luciera en ese momento.

Fíjate que cuando Lot tuvo que decidir, ¿qué decidió?, ¿en qué basó su decisión? Lot basó su decisión en el poder de la naturaleza humana. Él actuó por lo que sus ojos vieron. Él tomo la tierra que lucía mejor. ¿Fue realmente la mejor? No. Más adelante se pueden ver todos los problemas que Lot enfrentó desde el principio cayendo prisionero (Génesis 14:2-14), aunque la tierra lucía bonita, incluyendo, más tarde, la situación de Sodoma y Gomorra (Génesis 19:1-27). También se ve más tarde la situación de incesto con sus hijas, de donde surgen los moabitas y los amonitas, pueblos despreciados por Dios (Génesis 19:31-38)

Abraham, por su parte, dejó que la tierra que le correspondiera fuera la que Dios decidiera. Aunque no lucía como que era la mejor, Dios lo bendijo. Dios le dio un buen lugar donde vivir y bendiciones más allá de lo que él y cualquier humano podían imaginarse. Por su gran corazón y sus convicciones, Dios lo hizo el padre de la Fe y de todas las generaciones que son fieles a Dios.

El pueblo de Israel sufrió en Egipto y Dios lo permitió con un propósito.

Esta historia de Abraham también me inspiró en la decisión sobre escoger a mi esposa. Esa decisión no fue mía. Fue la decisión de Dios. ¿Y cómo tú lo sabes, Wagner? Es fácil. Cuando nos quitamos del medio y no empujamos para que se haga nuestra voluntad en el proceso de toma de decisiones, dejamos que sea Dios el que trabaje. Dios trabajó en esta decisión al poner a mi lado personas sabias que me ayudaran a decidir. Por mi cuenta, yo me hubiese enfocado en aspectos sin importancia, solo para alimentar mi ego. Con la ayuda de personas espirituales, pude enfocarme en aspectos espirituales y, a la larga, ver las cosas que yo buscaba en una mujer. Dios también moldeó mis ojos para poder apreciar la belleza mi princesa, su hija.

Además de bendiciones específicas a diferentes personas, la Biblia está llena de diferentes situaciones en donde se ven las grandes promesas y bendiciones de Dios para quienes lo aman y perseveran en su caminata con él. El pueblo de Israel sufrió en Egipto y Dios lo permitió con un propósito. Dios estaba moldeando el corazón de su pueblo. Dios entendía con quién estaba lidiando y todo lo que tenía que trabajar con ellos. Dios entendía cómo el pecado había invadido los

Para recibir las bendiciones de Dios debemos ser perseverantes.

corazones de su pueblo a pesar de ver tantas bendiciones. Este sufrimiento da firmeza, la firmeza nos permite ser aprobados y la aprobación nos da una esperanza que no nos defrauda (Romanos 5:1-5). A través del sufrimiento, Jesús logró la perfección también.

A pesar de todas las situaciones de Jacob, él también fue obediente a Dios y recibió grandes bendiciones. La primera bendición que Jacob recibió fue el cambio de su nombre. El nombre de Jacob significa hacer trampas. Jacob era un tramposo desde antes de nacer. Luego de que Jacob luchara con el ángel de Dios y venciera (Génesis 32:22-32), Dios le da la bendición de cambiarle el nombre y le pone Israel, el cual tiene un sonido parecido a "el que lucha con Dios o Dios lucha". Jacob demostró que era perseverante y Dios vio su corazón. Esa lucha fue una situación difícil que tuvo que enfrentar y no se rindió o se deshizo de la situación hasta que no recibió la bendición de Dios. A veces pasamos por situaciones difíciles y nos rendimos. Para recibir las bendiciones de Dios debemos ser perseverantes.

En Génesis 35 se describe también cómo cuando Dios le pide a Jacob que se vaya a Betel y que le construya un altar, él no vaciló en obedecerle. Jacob buscó eliminar todos los dioses extraños de entre ellos y se ve todo el agradecimiento a Dios por haberlo acompañado siempre cuando dice: "—*Saquen todos los dioses extraños que hay entre ustedes, báñense y cámbiense de ropa. Vámonos pronto a Betel, pues allá voy a construir un altar en honor del Dios que me ayudó cuando yo estaba afligido, y que me ha acompañado por dondequiera que he andado*" (Génesis 35:2-3).

Las bendiciones y promesas de Dios a Abraham se siguen cumpliendo por medio de las bendiciones a Jacob. Tengamos presente que Dios supo lo que hizo cuando escogió a Jacob. El entendía que, a pesar de todas las trampas que hacía, Jacob era obediente. Dios siempre está detrás de esos corazones. Lo contrario vemos con Esaú su hermano, el cual, de una forma medio inexplicable, perdió sus derechos de hijo mayor. Además, se ve cómo Esaú no aceptó la voluntad de Dios, sino que tuvo odio en su corazón (Génesis 27:41). Eso se puede comparar con la reacción de José más adelante.

Las bendiciones de Dios continúan a través de José. ¿Y por qué? Veamos un poco sobre su corazón y su reacción a situaciones adversas en su vida. José siempre tuvo una buena actitud hacia Dios y hacia todas las situaciones difíciles que le pasaban, cuando cualquier otra persona hubiese podido reaccionar muy diferente y llenar su corazón de amargura.

José es una persona admirable. De él aprendemos grandes lecciones para perseverar en nuestra caminata con Dios a pesar de las pruebas por las que pasamos. Esta historia se puede ver en Génesis 37 al 50 y le dedico un capítulo a esto también. La historia nos inspira a todos, pero es especialmente interesante también para jóvenes discípulos solteros

En José no existía la palabra infidelidad para Dios.

que luchan por perseverar en medio de la tanta perversidad que existe hoy en día y de toda la tentación al pecado sexual. Bueno...y no solo los solteros.

Definitivamente, Dios había escogido a José para algo grande. Posiblemente Dios vio su corazón y sus convicciones de antemano. A pesar de su cierta arrogancia y falta de sabiduría con sus hermanos, Dios lo bendijo por la confianza que tuvo. José nunca dudó sobre el plan que Dios tenía para él. En situaciones en las que muchos de nosotros posiblemente hubiésemos desistido de mantenernos firmes, José se mantuvo. Él veía a Dios trabajando en su vida a pesar de todas las adversidades por las que pasaba. Por su fe y su perseverancia, Dios lo bendijo más allá de lo que él y cualquiera de nosotros se hubiese podido imaginar. Su enfoque no era la búsqueda de poder ni de ambiciones materiales. Él simplemente quería mantenerse fiel a Dios cueste lo que cueste. En José no existía la palabra infidelidad para Dios. Por eso, en un país extraño, de una raza extraña, Dios lo puso como segundo hombre en importancia. Su perseverancia en su caminata con Dios tuvo un impacto en su familia y en todo el pueblo de Israel, el pueblo escogido por Dios. Él marcó la diferencia por encima de sus hermanos. Mientras en el corazón de sus hermanos había maldad, en el de él había amor y perdón. José también nadó contra la corriente al igual que Noé.

Dios nunca nos da menos de lo que le pedimos con fe y de lo que nuestros ojos pueden ver.

Más adelante, Dios también bendice a sus hijos, en especial a Efraín. Tal y como lo hizo con Jeremías (Jeremías 1:4-5), Dios escogió a Efraín desde antes. Lo escogió no por lo que Efraín hizo, sino porque Dios quiso. Efraín era menor que su hermano Manasés, pero Jacob lo puso por encima de Manasés al darle su bendición. Estemos preparados. Cuando perseveramos en nuestra caminata con Dios, no nos imaginamos todo lo que Dios puede hacer con cada uno de nosotros.

Antes de continuar describiendo todas estas bendiciones, déjenme mencionar la increíble bendición que Dios le dio a Jacob de ver de nuevo a su hijo José, al cual consideraba muerto. Jacob era una persona fiel a Dios y Dios lo bendijo grandemente. Pero posiblemente la bendición más grande que él pudo recibir, o por lo menos la más grande emocionalmente, fue ver prácticamente resucitado a su hijo José. Para él fue como una resurrección. Creo que la Biblia no lo menciona, pero es probable que Jacob nunca haya parado de orar porque Dios le permitiera ver de nuevo a su hijo aunque sea en el más allá. Posiblemente Jacob tuvo siempre la esperanza de verlo de nuevo y, por esa confianza, Dios le dio más de lo que él se imaginaba. Así es Dios. Él nunca nos da menos de lo que le pedimos con fe y de lo que nuestros ojos pueden ver.

La bendición de Efraín sobre su hermano Manasés y sobre todos los demás familiares, para continuar las promesas de Dios hechas a su antepasado Abraham, viene por decisión de Dios. Efraín no tuvo que hacer nada al respecto. Con Efraín también tenemos grandes lecciones que aprender.

A veces perseveramos en nuestra caminata con Dios por las bendiciones que sabemos que recibiremos, pero en otras ocasiones también es bueno que nos fijemos en las duras consecuencias que vienen como resultado de la desobediencia. Esto se describe claramente en Deuteronomio 28. La primera parte describe todo lo que trae consigo la obediencia y la segunda parte, todo lo que acarrea la desobediencia.

Inicialmente, Efraín fue obediente a Dios. Por eso Dios lo escogió y lo exaltó por encima de todos sus familiares. Dios estableció su santuario en Efraín, específicamente en Silo. Silo era el lugar especial en donde todos tenían que ir para alabar a Dios (Jeremías 7:12). Si analizamos los mapas, Silo se ve justamente en el centro del reino de Israel. Era el punto central y el lugar especial para alabar a Dios.

Pero, a pesar de todo lo que Dios hizo con Efraín, su tribu escogida, ellos se olvidaron de él. Se conformaron con vivir una vida religiosa y se apartaron del Dios que les había dado todas las bendiciones y el poder. Ellos pensaron que con el simple hecho de tener el cofre del pacto ya era suficiente (1 Samuel 4:3, 11 y 18). Su vida religiosa sin poder les acarreó su derrota. Al final, no fue en sí que ellos decidieron expresamente apartarse de Dios, sino que Dios se apartó de ellos (Salmos 78:58-61). Es como si una iglesia entera se hubiese apartado de Dios.

Necesitamos perseverar con poder para continuar recibiendo las bendiciones.

El grupo quedó junto, pero sin poder. Ellos continuaban considerándose como un pueblo especial escogido por Dios (Oseas 9:16-17 y 11:1-4).

Más adelante se puede ver cómo los enemigos, los filisteos, derrotaron al pueblo de Dios (Efraín). Nunca antes el pueblo de Israel había recibido una derrota. En nuestra caminata con Dios no podemos conformarnos con solo llegar al reino. Necesitamos perseverar con poder para continuar recibiendo las bendiciones.

En la historia de los grupos religiosos se han dado situaciones en que grupos han comenzado con un gran poder y entrega a Dios. Sin embargo, su desenfoque posterior les ha llevado a la ruina. Se han enfocado en adorar las cosas creadas por Dios y no en adorar al creador, Dios. Ningún grupo está exento de caer en esta situación. Para mantenerse firme, hay que mantenerse apegado a Dios y a su hijo Jesús aunque el hacerlo nos cueste la vida o sacrifiquemos las posesiones más preciadas.

Por el desenfoque y la desobediencia de Efraín, Dios, quien siempre muestra su compasión por su pueblo, escogió a David y a su amado monte

Sión. Y David cuidó su pueblo y lo guio con mano hábil y con corazón sincero (Salmos 78:65-72). De esa compasión de Dios y del escoger a David, podemos hoy ver los resultados.

En cuanto a las bendiciones de Dios, también podemos ver cuando él llamó a Moisés para ayudar y guiar a su pueblo. Moisés estaba muy quitado de bulla cuidando las ovejas de su suegro Jetro (Reuel). Moisés estuvo inseguro sobre si podía llevar a cabo la encomienda que Dios le estaba dando. Él se enfocó en sus debilidades y no en que Dios estaba con él y lo acompañaba. Dios nunca nos deja solos cuando estamos llevando a cabo su misión. Dios prometió estar con Moisés (Éxodo 3:12). Es más, vayamos un poco más atrás, veamos cómo Dios estuvo con Moisés cuando él era niño corriendo el riesgo de morir. Moisés no podía defenderse por sí solo y Dios fue quien lo rescató. Dios maniobró un plan perfecto para salvarlo y usarlo luego con un gran propósito.

Dios nunca nos deja solos cuando estamos llevando a cabo su misión.

Dios permitió a su pueblo que se fuera a vivir a Egipto y el pueblo estaba sufriendo. Sin embargo, Dios nunca lo abandonó. Dios estaba elaborando un plan para mostrar su poder ante un pueblo que tenía que moldear su corazón para amarlo más, el pueblo hebreo, y otro pueblo que no tenía ningún interés en él, el pueblo egipcio. Posiblemente nadie se imaginaba que Dios podía tener el poder para rescatar a un pueblo sumido en la esclavitud y sin una esperanza a la vista.

Más adelante, Moisés pudo darse por vencido en sus intentos de liberar al pueblo hablando con el faraón. Mientras más difícil se ponía la situación, más mostraba Dios su poder. Dios mismo trabajaba con el faraón para que sea más terco y se pueda ver más el poder que él iba a desplegar. ¿Cómo nos sentimos cuando tenemos que enfrentar situaciones de terquedad parecidas a ésta con las personas que queremos ayudar a cambiar de actitud hacia Dios? ¿Hasta qué punto perseveramos?

Dios nos bendice y quiere que perseveremos hasta el final. Tomemos el reto y veremos su recompensa.

Si Moisés no hubiese perseverado, posiblemente todavía el pueblo de Israel estuviera viviendo en la esclavitud en Egipto. Más adelante, Dios protegió a su pueblo en el desierto. Lo protegió de todas las inclemencias del tiempo, de las fieras salvajes, no permitió que su ropa se le gastara, le dio comida (maná y codornices) y los protegió de los demás pueblos. ¿Has pasado tú por situaciones similares en las cuales no sabes si vas a sobrevivir?

En el desierto muchos perdieron la fe y querían regresar hacia Egipto. De nuevo, ¿qué hubiese pasado con el pueblo si se hubiese devuelto hacia la esclavitud? Definitivamente que lo que estaban pasando en el desierto era bien difícil que pensaron volver a la situación que estaban en Egipto. Pero, por amor a su pueblo, Dios prefirió matar a los que no tenía fe y querían devolverse, para llevar a cabo su propósito con los que verdaderamente confiaban en él. Fijémonos que los que siguieron hacia adelante eran más jóvenes. ¿Qué lección podemos aprender de eso?

Dios protegió a su pueblo en el desierto.

Podemos seguir escribiendo sobre todos los actos de Dios acompañando a su pueblo, pero si describimos todo, tal y como dice Juan (Juan 21:25), se escribirían tantos libros que no cabrían en el mundo. O este libro se haría tan voluminoso que sería imposible de cargar y, en vez de ayudar a que alguien se inspire a perseverar, sería un obstáculo más en el camino.

Todos estos ejemplos del amor y las bendiciones de Dios deben inspirarnos a perseverar en nuestra caminata con él. Hemos visto ejemplos en la Biblia y hemos visto ejemplos de personas vivientes. Dios no nos abandona. Dios nos bendice y quiere que perseveremos hasta el final. Tomemos el reto y veremos su recompensa. Perseveremos en nuestra caminata con Dios.

REFLEXIONES

1. ¿Te has visto alguna vez tentado a darte por vencido y a no perseverar por no ver las bendiciones de Dios en tu vida?

2. Reflexiona sobre las bendiciones cumplidas en tu vida, compártelas y vive agradecido de Dios.

3. ¿Qué factores consideras que te pueden impedir no perseverar y que necesitas atacar con las herramientas que Dios pone en tus manos?

4. Te reto a apegarte a las Escrituras y a una vida de oración y que puedas comprometerte a perseverar siempre en tu caminata con Dios. Busca la ayuda y mantente unido a la fuente de energía, Dios.

Referencias Bibliográficas

Real Academia Española. Diccionario de la Real Académica Española. Versión en Línea. España.

Davis, F. Barton (2008). Closer than a Brother. Birmingham, Alabama, USA: Magi Media Publications.

Dobson, James (1993). Cuando lo que Dios Hace no Tiene Sentido. Miami, Florida, USA: Unilit.

Ferguson, Gordon (1995). The Victory of Surrender. Woburn, MA, USA: Discipleship Publications International.

Jones, Thomas and Sheila, Eds. (1993). Treinta Días al Pie de la Cruz. Woburn, MA, USA: Discipleship Publications International.

Jones, Thomas and Sheila, Eds. (1996). The Heart of a Champion. Woburn, MA, USA: Discipleship Publications International.

Jones, Thomas A. (1997). Mind Change (Second Edition, Revised and Expanded). Woburn, MA, USA: Discipleship Publications International.

Jones, Thomas and Sheila (2000). Las Promesas de Dios. Woburn, MA, USA: Discipleship Publications International.

Jones, Thomas and Sheila, Ed. (2001). A Man in All Seasons. Woburn, MA, USA: Discipleship Publications International.

Johnson, Steve (1999). I Wanna Hear Him Say, 'Well Done'. Woburn, MA, USA: Discipleship Publications International.

Kinnard, G. Steve (2000). Getting the Most from the Bible. Woburn, MA, USA: Discipleship Publications International.

Laing, Sam (1999). Poderoso Hombre de Dios. Woburn, MA, USA: Discipleship Publications International.

Lockward, Alfonso (1992). Nuevo Diccionario de la Biblia. Miami, FL, USA: Unilit.

Lucado, Max (2006). Enfrente a sus Gigantes. Nashville, Tennessee, USA: Betania/ Grupo Nelson.

Maxwell, John C. (2001). Sé Todo lo que Puedas Ser. Buenos Aires, Argentina: Peniel.

McDowell, Josh (1997). Más que un Carpintero. Miami, Florida, USA: Unilit.

Méndez, Wagner (2008). Estrategias y Tácticas para la Excelencia Académica. Santo Domingo: Editora Búho.

Méndez, Wagner (2009). El Firmamento es tu Límite. Santo Domingo: Editora Búho.

Omartian, Stormie (2001). El Poder del Esposo que Ora. Miami, FL, USA: Unilit.

Patterson, Michael L. (2001). Corriendo con Leones (Traducido por Wagner Méndez). 6010 Pinecreek Ridge Court Spring, Texas, USA: Illumination Publishers International.

Templer, Mark (2006). The Cross of the Savior. Woburn, MA, USA: Discipleship Publications International.

Petre, Kelly and Dede, Eds. (1999). Our God is an Awesome God. Woburn, MA, USA: Discipleship Publications International.

Wooten, Marty (1996). Power in Weakness. Woburn, MA, USA: Discipleship Publications International.

Ziegler, Tom & Lori, Eds. (1999). As For Me and My House. Woburn, MA, USA: Discipleship Publications International.

ACERCA DEL AUTOR

Wagner Méndez es un misionero en su propio país, la República Dominicana. Luego de hacerse cristiano en Puerto Rico, recibe entrenamiento y regresa con un equipo de misioneros de la ciudad de Nueva York, en donde comienzan la Iglesia de Cristo de Santo Domingo. Luego de un trabajo constante en la iglesia, se muda con su familia para estar con la iglesia en la ciudad de Santiago de los Caballeros en la región norte de la República Dominicana. Además de su tiempo dedicado a la iglesia, Wagner es un economista agrícola y consultor de negocios con más de 25 años de experiencia contribuyendo al desarrollo empresarial y el emprendimiento en el Caribe.

Otros Libros Escritos Por
Wagner Méndez

Made in the
USA
Lexington, KY